科技前沿与创新

主　编　赖　奇
副主编　罗学萍　秦振涛　刁　毅
　　　　石维富　范兴平　吴恩辉
　　　　武昭妤　肖　歧　谢臣哲

版权专有　侵权必究

图书在版编目（CIP）数据

科技前沿与创新/赖奇主编. —北京：北京理工大学出版社，2018.1（2022.8重印）
ISBN 978-7-5682-5275-1

Ⅰ.①科…　Ⅱ.①赖…　Ⅲ.①技术革新　Ⅳ.①F062.4

中国版本图书馆 CIP 数据核字（2018）第 021417 号

出版发行 / 北京理工大学出版社有限责任公司
社　　址 / 北京市海淀区中关村南大街 5 号
邮　　编 / 100081
电　　话 / （010）68914775（总编室）
　　　　　（010）82562903（教材售后服务热线）
　　　　　（010）68948351（其他图书服务热线）
网　　址 / http：//www.bitpress.com.cn
经　　销 / 全国各地新华书店
印　　刷 / 廊坊市印艺阁数字科技有限公司
开　　本 / 787 毫米×1092 毫米　1/16
印　　张 / 12.25　　　　　　　　　　　　　　　责任编辑 / 刘永兵
字　　数 / 295 千字　　　　　　　　　　　　　　文案编辑 / 郭贵娟
版　　次 / 2018 年 1 月第 1 版　2022 年 8 月第 2 次印刷　责任校对 / 周瑞红
定　　价 / 35.00 元　　　　　　　　　　　　　　责任印制 / 李志强

图书出现印装质量问题，请拨打售后服务热线，本社负责调换

前 言
创新是科技发展的必然

　　创新是一个国家进步的不竭动力，是一个民族屹立于世界民族之林强有力的保证。目前，中国经济已稳居世界第二，自主创新的发展取得了有目共睹的成就，为经济的发展注入了新的活力。中国科技的进步不仅体现在国家战略科研的大发展方面，而且体现在民用科技的繁荣方面。太空科技、高铁项目以及刚刚取得突破的大飞机项目都逐渐成为我国的核心科技，这些都将成为未来相当长的一段时间内我国经济发展的新发力点。华为、联想及中兴等企业也取得了长足的发展，生产出了让外界眼前一亮的产品，更研发出了让国外科技巨头羡慕的专利技术。以阿里巴巴、腾讯、百度为代表的互联网企业走在全球互联网的前端，这些互联网企业想要进一步发展就必须摆脱对国外的依赖，转而依靠自身的内生技术创新。当前，中国经济已经进入发展的新常态，原有的发展驱动力已无法推动如此大体量经济的高速前进，因此必须寻找新的突破点，而自主创新就是重要途径。

　　由于中国的高科技产业起步相对较晚，因此真正实现完全自主创新的领域有限，原创性还有待提高，部分核心技术受到国外限制，缴纳大笔专利费的现象到目前为止还未得到彻底改变。面对这种局面，如何行动以打破相关技术的垄断是当前的核心问题。在错过前几次科技革命之后，我们在第五次科技革命中有一些收获，但仍不足以支持中国复兴的梦想。从前几次科技革命的经验来看，从革命发生到投入实际应用的周期日益缩短，如激光技术发明以后，当年就投入了应用，电子计算机研制出来后也立即投入使用。科技革命产生的效益日益显著，如杂交技术和基因技术投入农业生产以后，不仅极大地增加了粮食产量，而且使粮食品质有了极大提高。正是由于现代科技的这一特征，反过来又成为推动科技革命发生和发展的强大动力。

　　第六次科技革命的结构虽未成型，但已日益清晰，那就是以信息科技革命为基础，以生物科技革命为主导，以能源科技革命、材料科技革命为主干。其中，信息科技革命的基础作用表现在：任何领域的科技革命都离不开信息的软硬件载体，信息是现代科技革命的核心。信息的软硬件载体每更新换代一次，其对现代科技革命的推动和支撑也就增强一次。由于生物运动是一种高级的运动形式，并带有高度综合的性质，因此生物科技革命每前进一步都会吸引其他领域的科技革命向其靠拢，并为之服务。此外，生物科技革命的影响面涉及农业、工业、医疗卫生和环境保护等诸多领域，并直接与人类生存相关，所以特别受人关注。至于能源科技革命、材料科技革命在当代科技革命中的主干地位及其社会影响则已被实践证明：离开能源科技革命，现代科技革命就缺少动力；离开材料科技革命，现代科技革命就失去载体和支撑。

目前科技革命总体上仍处在分散的"搜集材料"阶段，但其整体化趋势已经日益明显。首先，这种整体化趋势体现在科学与技术应用的日益紧密相连上。科学与技术的鸿沟正在被填平，恩格斯所说的那种"理论发现的，实际应用还根本无法预见"的情形已基本不存在了；其次，这种整体化趋势还表现在不同学科领域的科技革命日益紧密地关联上，例如，信息科技革命就成为其他各领域科技革命联系的基础。最后，这种整体化趋势还表现在科技革命与社会环境的不可分割的联系上。今天的科技革命日益成为整个社会发展的一个有机组成部分，或者说成为整个社会发展的一个子系统，它再也不能脱离整个社会发展的需要和制约而孤军奋进了。例如，社会生态环境对新能源的需要推动了太阳能与核能技术的诞生；自动化生产的需要推动了信息控制技术的生成；农业增产的需要推动了杂交技术和基因技术的发展；航天工程和军事工程的需要推动了材料技术和能源技术的突破；甚至以政治为主导的各种社会意识形态的发展需要也对科技革命起着激励作用，等等。在历史发展中，社会环境对科学技术的需求从未像今天这样强烈，科学技术的社会功能也从未像今天这样发挥得如此突出。这就决定了今天的科技工作者必须紧密联系社会环境的实际需要来开展科学技术研究工作。

坚持创新发展，是近代世界发展历程，尤其是中国自身改革成功的总结。科技自主创新是大势所趋，是时代发展的必然。当今世界，经济社会发展越来越依赖理论、制度、科技和文化等各领域的创新，竞争优势越来越取决于创新能力。为此，我们在毫不动摇地坚持改革开放、引进国外先进科技专长的同时，要不断地推动自我创新，攻坚克难，形成自身的科技优势，最终引领世界科技潮流。让我国的出口从产品转向科技，让我国从科技大国转为科技强国。因此，我们一定要抓住第六次科技革命的机遇，厚积薄发，不断创新，以引领发展，为实现我国的伟大复兴助力。机不可失，时不再来，在新一轮科技革命与创新的大发展面前，中国自上而下蓄势待发！我们期待能够有更多像支付宝、超级计算机、高铁、大飞机、青蒿素这样的高科技项目冲出国门，走向世界！

本书第1章由攀枝花学院的赖奇、罗学萍和攀钢集团西昌钢钒有限公司的肖歧编写；第2章由攀枝花学院的秦振涛、赖奇和天宏基金管理有限公司的谢臣哲编写；第3章由攀枝花学院的刁毅、赖奇编写；第4章由攀枝花学院的赖奇、石维富、范兴平编写；第5章由攀枝花学院的赖奇、吴恩辉编写；第6章由攀枝花学院的武昭妤、赖奇编写；第7章由攀枝花学院的罗学萍、赖奇编写。

本书在编写过程中，参阅了国内外公开发表的大量文献资料，在此向各位已注明和未注明的作者表示衷心的感谢！由于笔者水平有限、经验不足，书中难免存在不妥之处，恳请各位专家和读者不吝赐教，特此感谢！

编　者

目 录

第1章 科学技术是第一生产力 （1）
1.1 科学技术革命 （1）
1.1.1 两次科学革命 （2）
1.1.2 三次技术革命 （3）
1.2 人类面临的挑战 （4）
1.3 第六次科技革命——转型契机 （6）
1.4 科技创新 （8）
1.4.1 科学技术是第一生产力 （8）
1.4.2 创新是引领发展的第一动力 （8）
1.4.3 创新能力是创新的关键驱动力 （10）
思考题 （11）
参考文献 （11）

第2章 信息——人类沟通的桥梁 （12）
2.1 信息革命 （12）
2.1.1 信息 （12）
2.1.2 信息革命之硬件革命 （16）
2.1.3 信息革命之网络革命 （20）
2.1.4 信息革命之软件革命 （23）
2.2 "互联网+"——从现实世界到虚拟世界 （25）
2.2.1 "互联网+" （25）
2.2.2 虚拟现实技术 （27）
2.3 大数据与云计算——第三次浪潮的华彩乐章 （28）
2.3.1 大数据的出现 （28）
2.3.2 大数据的特点 （30）
2.3.3 大数据的处理 （30）

2.3.4　云计算 …………………………………………………………………………（32）
　2.4　人工智能 ………………………………………………………………………………（35）
　思考题 …………………………………………………………………………………………（39）
　参考文献 ………………………………………………………………………………………（39）

第3章　生命与健康——人类存在的基石 ………………………………………………（41）

　3.1　生物技术的发展现状 …………………………………………………………………（41）
　　3.1.1　生物技术 ………………………………………………………………………（42）
　　3.1.2　生物技术的发展历史 …………………………………………………………（43）
　　3.1.3　生物技术与人类健康 …………………………………………………………（46）
　3.2　基因工程——生命的密码 ……………………………………………………………（49）
　　3.2.1　基因工程的定义 ………………………………………………………………（50）
　　3.2.2　基因工程技术的发展 …………………………………………………………（50）
　　3.2.3　基因工程的研究内容 …………………………………………………………（53）
　　3.2.4　基因工程技术在人类健康中的应用 …………………………………………（55）
　3.3　细胞工程 ………………………………………………………………………………（58）
　　3.3.1　细胞工程的概念 ………………………………………………………………（58）
　　3.3.2　细胞工程的发展 ………………………………………………………………（58）
　　3.3.3　细胞工程技术 …………………………………………………………………（60）
　　3.3.4　细胞工程在医学上的应用 ……………………………………………………（60）
　3.4　酶工程 …………………………………………………………………………………（69）
　　3.4.1　酶与酶工程的概念 ……………………………………………………………（69）
　　3.4.2　酶工程技术的发展 ……………………………………………………………（69）
　　3.4.3　酶的催化作用特点 ……………………………………………………………（70）
　　3.4.4　酶的生产 ………………………………………………………………………（71）
　　3.4.5　酶工程在医学上的应用 ………………………………………………………（72）
　3.5　发酵工程 ………………………………………………………………………………（73）
　　3.5.1　发酵工程的发展历史 …………………………………………………………（73）
　　3.5.2　发酵工程的基本流程 …………………………………………………………（74）
　　3.5.3　发酵工程的培养技术 …………………………………………………………（74）
　　3.5.4　氨基酸的发酵生产 ……………………………………………………………（76）
　3.6　生物技术与其他技术的融合 …………………………………………………………（77）
　　3.6.1　生物信息技术 …………………………………………………………………（77）
　　3.6.2　医疗保健服务 …………………………………………………………………（78）
　思考题 …………………………………………………………………………………………（79）
　参考文献 ………………………………………………………………………………………（79）

第4章　材料——人类前进的标志和里程碑 ……………………………………………（81）

　4.1　未来的世界是新材料的世界 …………………………………………………………（81）

4.1.1	材料的分类	(81)
4.1.2	材料的组成、结构与性质	(82)
4.1.3	未来的材料	(91)

4.2 纳米材料——未来之星 (94)
   4.2.1 纳米的有关概念 (94)
   4.2.2 纳米技术 (94)
   4.2.3 纳米材料的特性、分类与制造方法 (97)
   4.2.4 纳米材料的未来 (101)

4.3 3D打印技术——低成本快速成型的希望 (104)
   4.3.1 3D打印技术的概念 (104)
   4.3.2 3D打印技术的发展历程 (104)
   4.3.3 多彩的3D打印技术 (105)
   4.3.4 3D打印技术的应用 (107)
   4.3.5 3D打印技术的重要意义 (108)
   4.3.6 3D打印技术存在的问题 (109)
   4.3.7 3D打印技术未来的发展方向 (110)

思考题 (111)
参考文献 (111)

第5章 能源——人类进步的驱动力 (114)

5.1 能源的定义及分类 (114)
   5.1.1 能源的定义 (114)
   5.1.2 能源的分类 (117)

5.2 能源利用现状 (118)
   5.2.1 能源利用历程 (118)
   5.2.2 能源利用现状 (120)
   5.2.3 能源利用面临的挑战 (122)

5.3 能源结构预测 (125)
   5.3.1 能源需求总量 (125)
   5.3.2 能源需求结构 (125)
   5.3.3 能源需求分布 (126)

5.4 绿色能源技术 (127)
   5.4.1 太阳能技术 (127)
   5.4.2 生物质能技术 (129)
   5.4.3 风力发电技术 (132)
   5.4.4 核能技术 (133)
   5.4.5 氢能 (133)

5.5 储能技术 (134)
   5.5.1 储能技术分类 (135)

5.5.2 能源技术的发展 .... (136)
5.6 低碳能源与技术 .... (137)
思考题 .... (139)
参考文献 .... (139)

第6章 高端装备制造——人类发展的阶梯 .... (142)
6.1 现今世界的高端装备 .... (142)
6.2 神奇的机器人 .... (144)
  6.2.1 工业机器人 .... (145)
  6.2.2 军用机器人 .... (147)
  6.2.3 民用机器人 .... (150)
6.3 激光革命与多功能的电子束 .... (151)
  6.3.1 激光 .... (151)
  6.3.2 电子束 .... (153)
6.4 交通运输——航空航天、高铁与航海 .... (158)
  6.4.1 航空航天 .... (158)
  6.4.2 高速铁路 .... (163)
  6.4.3 海洋工程装备 .... (164)
思考题 .... (168)
参考文献 .... (168)

第7章 科技改变未来 .... (170)
7.1 创新——科技力量的本源 .... (170)
7.2 中国科技——在创新中崛起 .... (172)
7.3 科技与教育 .... (174)
  7.3.1 教育存在的问题 .... (174)
  7.3.2 教育与创造力培养 .... (175)
7.4 科技创新——布局第六次科技革命 .... (179)
  7.4.1 科技开放——耗散结构理论 .... (180)
  7.4.2 科技能力升级——突变理论 .... (181)
  7.4.3 科技协同——协同学 .... (182)
思考题 .... (183)
参考文献 .... (184)

后记 .... (185)

第1章

科学技术是第一生产力

> 自16世纪以来，世界科技大致发生了五次革命（两次科学革命和三次技术革命），包括近代物理学诞生、蒸汽机和机械革命、电力和运输革命、相对论和量子论革命、电子和信息革命；世界经济大致发生了三次产业革命，包括机械化、电气化、自动化和信息化革命。中国曾错失前四次科技革命的机遇，在第五次科技革命中有一定收获并崭露头角。目前，第六次科技革命的核心专利争夺已经展开，第四次产业革命的来临已进入倒计时，它们将决定一个民族的世界地位，将影响一个国家的兴衰成败。

1.1 科学技术革命

自18世纪中叶以来，人类历史上先后发生了两次科学革命（见表1.1）、三次技术革命（见表1.2）。这五次科技革命均发源于西方国家及衍生国家，并由它们主导。

表1.1 两次科学革命

科学革命	开始时间	主要标志	表现形式
第一次	16世纪	近代科学诞生	哥白尼太阳中心说、伽利略运动学、牛顿力学
第二次	19世纪中后期	进化论、相对论、量子论、DNA双螺旋结构	进化论、相对论、量子力学、DNA与基因

表1.2　三次技术革命

技术革命	开始时间	主要标志	表现形式
第一次	18世纪60年代	蒸汽机与机械革命	蒸汽机、纺织机
第二次	19世纪70年代	内燃机与电力	内燃机、电动机、电信技术
第三次	20世纪中后期	电子计算机、信息网络	电子技术、计算机、半导体、自动化、信息网络

1.1.1 两次科学革命

1.1.1.1 第一次科学革命

哥白尼太阳中心说——近代自然科学的"独立宣言"。同时，生理学也掀起了一场革命。太阳中心说使天文学从宗教神学的束缚下解放出来，自然科学从此获得新生，这在近代科学的发展史上具有划时代的意义。

牛顿经典力学——标志着近代自然科学的兴起。牛顿在开普勒行星运动的三定律和伽利略运动学的基础上，建立了力学三定律和万有引力定律，完成了自然科学理论上的第一次大综合，创立了经典力学，成功地解释了当时认识的几乎所有的机械运动，开创了经典物理学分析方法。

1.1.1.2 第二次科学革命

18世纪下半叶至19世纪30年代初，科学界掀起了从自然界的状态研究转向过程研究的自然科学革命。19世纪30年代至19世纪中叶，能量守恒与转换定律、细胞学说和进化论成为揭示自然界运动形式普遍联系的自然科学三大发现。这三项重大成就形成了整个物理学、生物学、心理学等实验科学体系。到19世纪下半叶，揭示无机界和有机界联系的有机化学被创立，物理学第二次理论大综合——电磁理论也被创立。而第二次科学革命对今天影响更深远的成果是两个科学理论：相对论和量子力学。

小知识

狭义相对论——区别于牛顿时空观的新的平直时空理论。"狭义"表示它只适用于惯性参考系。其有两个基本假设：狭义相对性原理和光速不变原理。理论的核心方程式是洛伦兹变换（群）。狭义相对论预言了牛顿经典物理学所没有的一些新效应（相对论效应），如时间膨胀、长度收缩、横向多普勒效应、质速关系、质能关系等。一切微观物理理论（如基本粒子理论）和宏观引力理论（如广义相对论）都满足狭义相对论的要求。狭义相对论有著名的推论，即质能相当关系式：$E=mc^2$，其中E是能量，m是质量，c是光的速度（300 000 km/s）。如把1g物质代入m，算出的E相当于36 000t优质煤在常规状态下完全燃烧所释放的热能。

广义相对论——有两个基本原理。一是等效原理，即惯性力场与引力场的动力学效应是局部不可分辨的；二是广义相对性原理，即所有的物理定律在任何参考系中都取相同的形式。广义相对论揭示了物质、运动和时间、空间之间的内在联系。广义相对论直接推导出某些大质量恒星会终结为黑洞；广义相对论预言了引力波的存在（爱因斯坦，《论引力波》），且现已被直接观测所证实；广义相对论还是现代宇宙学的膨胀宇宙模型的理论基础。

量子力学——是几代科学家共同研究的成果，并在不断发展中。1900年德国物理学家普朗克提出量子论，即能量的发射和吸收不是连续的，而是一份一份的。后来爱因斯坦提出波粒二象性，即光是一种光波，也是粒子。1923年，法国物理学家德布罗意提出物质波的概念，所有的物质都具有波粒二象性。1928年，26岁的英国物理学家狄拉克写了《量子力学原理》。相对于量子力学而言，牛顿力学是量子力学在宏观低速运动状态下的特殊情况，而量子力学要考虑宇观世界、微观世界和介观世界高速运动的情况。

1.1.2 三次技术革命

1.1.2.1 第一次技术革命

18世纪中后期，一场对人类历史发展有着重大影响的革命首先在英国爆发。这场革命虽然没有刀光剑影，但却对人类社会生活的各个方面都产生了深刻的影响，大大改变了世界的面貌。其标志是瓦特改良蒸汽机，改良蒸汽机的投入使用使人类进入了"蒸汽时代"。

第一次技术革命所开创的"蒸汽时代"（1760—1840年），标志着农耕文明向工业文明的过渡，是人类发展史上的一个伟大奇迹。第一次技术革命开始于英国，是以资本主义机器大工业代替工场手工业的过程，其既是生产技术的革命，又是社会关系的革命。它促进了资本主义世界市场的初步形成。18世纪末19世纪初，第一次技术革命扩展到欧洲大陆、北美和日本。

1.1.2.2 第二次技术革命

第二次技术革命又叫电力革命，是从19世纪70年代开始的，在人类历史上开始了电气化的现代文明生活，人类社会由"蒸汽时代"进入了"电气时代"（1840—1950年）。

这次革命使电力、钢铁、铁路、化工、汽车等重工业兴起，石油成为新能源，并促使交通迅速发展，世界各国的交流更为频繁，并逐渐形成一个全球化的国际政治、经济体系。

1.1.2.3 第三次技术革命

第三次技术革命又叫信息革命，出现在20世纪40年代以后，是以原子能工业、电子计算机、空间技术、激光和基因工程等新兴的技术群为标志。它以电子计算机技术、通信技术和信息资源处理技术组成的信息技术为核心。

两次世界大战之后开始的第三次技术革命，以原子技术、航天技术、电子计算机的应用为代表，包括人工合成材料、分子生物学和遗传工程等高新技术。第三次技术革命使得全球信息和资源交流变得更为迅速，科学技术各个领域相互渗透，科学技术密切结合、相互促进，转换为直接生产力的速度加快。世界上大多数国家和地区都加入全球化进程之中，全球的政治、经济格局进一步确立，人类文明也达到了空前发达的程度。第三次技术革命如日中天，仍在全球蔓延和传播。

第三次技术革命最重要的高新技术有三项：第一项是信息技术。人类社会从几千年前的农业时代到几百年前的工业时代，又发展到当今的知识经济时代，而知识经济时代的核心技术就是信息技术，因此我们把 21 世纪称为信息时代。对于 20 世纪，我们过去有过多种说法，40 年代有了原子弹，就说人类进入了原子能时代；50 年代又说人类进入了空间时代，因为有了人造地球卫星和后来的宇宙飞船。再早一些，也说过 19 世纪是"电气时代"，18 世纪是"蒸汽时代"。不要小看"蒸汽时代""电气时代"这些提法，革命导师列宁在描述时代特征的时候就用了这些提法，他说，"蒸汽时代"是代表资本主义的，"电气时代"是代表社会主义的，而共产主义就等于苏维埃政权加全国电气化。作为高新技术的"信息时代"是从什么时候开始的呢？1945 年有了第一台电子计算机，以它为标志，以微电子技术为核心，人类进入了"信息时代"。

第二项是生物技术。生命科学作为前沿科学是从 1953 年发现 DNA 双螺旋结构开始的。生物技术作为高新技术是从 1970 年基因重组技术开始的。1968 年和 1970 年两位美国科学家阿尔伯和内森斯发现细胞中有两种"工具酶"，一种酶可以像剪刀一样把基因剪切下来，另外一种酶则像糨糊一样可以把基因粘贴连接上去，这样就可以重组基因。这就是生物技术的开端。现在，生物技术发展成了生物工程。生物工程有基因工程、蛋白质工程、细胞工程、酶工程、发酵工程，其中最重要的是基因工程。2000 年 6 月 26 日科学家宣布人类基因组草图的绘制工作已经完成，中国科学家参与了人类基因组 1% 的测序工作，跻身于美、英、德、法、日等发达国家基因组测序梯队之列。过去认为，人类的疾病只有极少数是与先天因素有关的，而绝大多数疾病是后天造成的。现在，基因技术揭示出来新的认识，人类几乎所有的疾病，或多或少，或直接或间接，都与基因有关，都可以通过基因技术治疗。寿命也与基因有关。高新技术的发展促使人类对自身和科学的认识深化和改变。

第三项是纳米①技术。20 世纪 80 年代以来，随着电子隧道显微镜的出现，人们对物质的研究和应用延伸到分子和原子的微观领域。物质在纳米尺度有许多特殊的物理、化学性质，所以纳米材料是一种新材料。

前三次技术革命分别对应了人类社会的三次工业革命，即蒸汽工业革命、电气工业革命和信息工业革命。因此，这三次技术革命又称为三次工业革命。

1.2 人类面临的挑战

前三次工业革命使人类发展进入了空前繁荣的时代，与此同时，也造成了巨大的能源、资源消耗，付出了巨大的环境代价、生态成本，扩大了人与自然之间的矛盾。进入 21 世纪，人类面临空前的全球人口与资源危机、全球生态与环境危机、全球能源与气候变化危机的多重挑战，这也是 21 世纪人类面临的主要问题。《奥秘》(How It Works) 杂志总结了可能导致世界毁灭的七大灾难性场景，其中包括：小行星撞击地球、核冬天、温室效应失控、伽马射线暴、全球性流行病的快速蔓延以及太阳衰亡等。

此外，生物污染可以直接危及人的生命和健康。某些超强病毒、超强病菌所引起的病症很难治疗。如大家熟知的艾滋病，目前还无特效治疗药物，免疫疫苗也没有获得成功。对人类威胁最大的污染物可能是由于化学、物理因素对某些微生物作用而诱导基因突变产生新的

---

① $1 \text{ nm} = 1 \times 10^{-9} \text{ m}$。

超强病毒、病菌。生物污染有些至今未被人类认识或未被重视，而且还会不断产生新的、不可预见的问题。

小知识

SARS 病毒——是引起严重急性呼吸综合征（SARS）的病毒，SARS 于 2002 年在中国广东顺德首先爆发并扩散至东南亚乃至全球，直至 2003 年中期，疫情才被逐渐控制。SARS 是由一种变异了的冠状病毒所引起的。据有关报道，变种冠状病毒与流感病毒有亲缘关系，其病源宿主可能是某种动物。SARS 病毒通过呼吸道分泌物排出体外，经口液、喷嚏、接触传染，并通过空气飞沫传播，感染高峰在秋冬和早春。

埃博拉病毒——西非埃博拉病毒疫情是自 2014 年 2 月爆发于西非的大规模病毒疫情，感染人数已经超过 1 万，死亡人数上升趋势正在减缓。2014 年西非埃博拉病毒疫情的感染及死亡人数都达到历史最高。埃博拉病毒首先出现于 1976 年非洲苏丹南部和刚果（金）的埃博拉河地区。作为十分罕见的烈性传染病病毒，埃博拉病毒能引起人类和灵长类动物产生出血热，有很高的死亡率，因而被世界卫生组织列为对人类危害最严重的病毒之一。埃博拉病毒通常通过血液和其他体液传播，迄今尚未有确认的通过空气传播的情形，感染潜伏期从 2 天到 21 天不等。患者的最初症状是突然发烧、头痛，随后是呕吐、腹泻和肾功能障碍，最后是体内外大出血，死亡。由于埃博拉病毒致死率极高，因此被美国疾病控制与预防中心归为最高等级之生物恐怖袭击的武器，被认为是最可怕的威胁公共安全、健康的潜在生物武器。

寨卡病毒——2015 年 5 月巴西确诊第一例寨卡病毒感染病例后，疫情迅速蔓延，短短 8 个月内就有 150 万人被感染。寨卡病毒主要通过蚊子（伊蚊）叮咬、血液和性传播。感染后症状与登革热相似，包括发烧、皮疹、关节疼痛、肌肉疼痛、头痛和结膜炎（红眼）。寨卡病毒感染者中，只有约 20% 会表现轻微症状，如发烧、皮疹、关节疼痛和结膜炎等，症状通常不到一周即可消失。但病毒感染可导致少数人出现神经和自身免疫系统症状，孕妇感染后可能导致新生儿小头畸形，严重者可导致小儿夭折。目前，该病主要是对症治疗，尚无针对性的药物和疫苗，但可通过防止蚊虫叮咬有效预防。

当今人类所面临的挑战众多，特别是贫困问题，仍是人类面临的严峻挑战之一，全球建立稳定、公正、合理的国际秩序依然任重道远。

人口、资源、环境问题是人类所经历的三大严峻问题，也是 21 世纪人类面临的三大主要问题。我国人口众多，资源相对不足，环境污染与生态环境的破坏也相对严重，因此，人口、资源、环境问题更是我国在 21 世纪所面临的重大问题。人口、资源、环境三者之间以及它们与社会、经济的发展之间相互联系、相互影响、相互制约。正确认识和处理好人口、资源、环境三者之间以及它们与社会、经济发展之间的辩证关系，走可持续发展的道路，是世界各国所共同选择的唯一正确道路。当然，也是我国全面建设小康社会的必由之路。解决人类所面临的严峻的人口、资源和环境问题，则需要科技的持续进步，由此引发了第六次科技革命——绿色工业革命。一系列生产函数的发生都是从以自然要素投入为特征，到以绿色要素投入为特征的跃迁，并普及整个社会。

1.3 第六次科技革命——转型契机

第一次科技革命从 16 世纪到 17 世纪，约 100 年；第二次科技革命从 18 世纪 60 年代到 19 世纪 60 年代，约 100 年；第三次科技革命从 19 世纪 70 年代到 20 世纪初，约 50 年；第四次科技革命从 19 世纪中后期到 20 世纪中叶，约 80 年；第五次科技革命从 20 世纪中后期到 21 世纪初，约 70 年，现在处于尾声，如大数据、云计算、物联网、智能化制造（3D 打印）和绿色能源等。虽然第六次科技革命还未开始，但预期时间是 2020—2050 年。

历史经验表明，全球性经济危机往往催生重大科技创新与突破。当今，一些重要科技领域已显现出革命性突破的先兆，新技术革命和产业革命初现端倪，世界正处于新一轮科技革命的"拂晓"。从科技整体发展趋势来看，科技革命有如下特点：第一，科学技术成果呈指数级增长；第二，科技知识的更新速度加快；第三，现代科技成果转换为商品的周期越来越短；第四，科技研究力量成倍增长。

从历史上看，每一次成功转型都是在压力之下实现的，每一次起飞的动力都是从压力转换而来。所以，紧扣第六次科技革命的契机是突破中等收入国家陷阱、实现国家腾飞的关键。

小知识

德国工业 4.0——工业 4.0（Industry 4.0）是德国于 2013 年 4 月在汉诺威工业博览会上正式推出的一个高科技战略计划。它是指利用信息物理系统（Cyber Physical System，CPS）将生产中的供应、制造和销售信息数据化和智慧化，最后达到高效个人定制化的产品供应。其目的是提高德国工业的竞争力，尤其是提高制造业的效率和智能化水平，以期在新一轮工业革命中抢占先机。

美国再工业化——20 世纪下半叶，信息时代的到来、劳动力成本高等因素，导致了全球经济的再分工。金融业的与日俱增和制造业的蜂拥外迁，成了当时"去工业化"中的美国突出的两大现象。也正是因为金融衍生品的狂潮和第二产业的日渐衰退，致使美国陷入了自大萧条后的最大经济危机，失业率甚至一度接近 10%，房地产行业大面积倒闭崩溃；即使是让美国人数百年以来引以为傲的汽车制造行业，也面临着破产的现实威胁。之后奥巴马政府竭力寻找引领美国经济走出困境的突破口，并最终把目光聚焦到"再工业化"上，其力图通过"再工业化"重振本土工业，寻找能够支撑未来经济增长的高端产业；通过产业升级化解高成本压力，实现经济的复苏。为了保障"再工业化"战略的顺利实施，美国已经推出了一系列相关的政策和措施，如大力发展新兴产业、支持中小企业发展及鼓励科技创新等。其力图通过这些手段加快科技的进步和传统产业的更新换代，以推动美国经济的复苏。从远期来看，美国真正的目标是要在世界经济领域掀起一场"战略大反攻"，以此作为抢占世界高端制造业的战略跳板。

中国制造 2025——2015 年 3 月 5 日，李克强总理提出"中国制造 2025"的计划并于

2015年3月25日由国务院常务会议审议通过了《中国制造2025》。《中国制造2025》是中国政府实施制造强国战略第一个十年的行动纲领。该计划提出，坚持"创新驱动、质量为先、绿色发展、结构优化、人才为本"的五项基本方针政策，坚持"市场主导、政府引导，立足当前、着眼长远，整体推进、重点突破，自主发展、开放合作"的八项基本原则，通过"三步走"战略实现我国迈入制造强国行列的战略目标：第一步，到2025年中国制造业整体迈入制造强国行列；第二步，到2035年中国制造业整体实力达到世界制造强国阵营的中等水平；第三步，到中华人民共和国成立100周年时，我国制造业的综合实力在世界制造强国中名列前茅。《中国制造2025》提出，要实行五大工程，包括制造业创新中心建设工程、强化基础工程、智能制造工程、绿色制造工程和高端装备创新工程；重点支持10个领域，包括新一代信息技术产业、高级数控机床和人工智能机器人、航空航天工业装备、海洋工程装备及高技术船舶、先进轨道交通器件、节能环保与新能源汽车、电力装备、农机装备、新材料、生物医药和高性能医疗器械。

全球经济增长乏力，贸易持续低迷、大宗商品价格下滑、金融市场动荡等一系列问题，使全球经济复苏前景愈显暗淡。为此，2016年世界经济论坛新领军者年会（夏季达沃斯论坛）围绕第六次科技革命，探讨了经济转型升级方法，欲借助转型力量，应对经济疲软带来的复杂挑战，为中国和世界经济发展献计献策，为实现更优质的经济增长提供方案。在此次年会上，对创新进行反思，探讨了基础研究、技术和商业模式领域的突破创新如何能更有效地发力，从而助力社会经济体系有效地发展。作为第六次科技革命的核心，信息化已成为当前全球经济转型升级的重要驱动力，并占领了新一轮产业竞争的制高点。以德国"工业4.0"战略为代表，各国政府均试图把握这一机遇，引导传统工业与信息化融合。创新是人类社会进步的动力之一，是经济社会转型不可或缺的元素。多数经济学家认为，当代技术创新正处于发展拐点，在不远的将来有望推动生产效率大幅上升。世界的未来取决于人类能否理解并积极塑造第六次科技革命，并使之服务全人类。这要求我们既要把握新技术突破带来的机遇和风险，又要重新思考自身的价值观。

当今世界正处于新一轮科技革命的"拂晓"，挑战与机遇并存，中国科技工作者应将目光投向黎明，勇做第六次科技革命的"领头羊"。中国错失了前四次科技革命的机遇。在第五次科技革命中，中国作为"跟踪者"崭露头角。即将到来的第六次新科技革命涉及科学和技术的深刻变革，为中国科技发展提供了难得的机遇。中国必须抢抓机遇、前瞻布局，力争在新一轮科技革命中赢得主动。

从历史上看，前几次工业革命都是以单一技术来带动，例如，蒸汽机、电气技术。在这种惯性思维下，人们也会想要用某种新技术来表征第六次科技革命。第六次科技革命，是继蒸汽技术革命、电力技术革命和信息技术革命之后的又一次科技革命，是物联网、云计算、3D打印机、无人控制技术、量子技术、能源、互联网等新技术、新概念不断涌现的科技革命。普遍认为，这一轮科技革命可能突破的领域有能源与资源工程、信息网络技术、先进材料和制造行业、农业、人口健康和基本科学问题，且新一代科技革命与产业变革必将引发产业技术和组织形式的深刻变革，为后发国家和地区赶超跨越提供十分难得的战略机遇。

当前我们很难准确预测究竟是哪类技术会成为关键主导力量。而这正深刻地反映出第六次科技革命不是由单一技术主导,而是新技术群体涌现,并且需要协同融合的特点。各种技术相互影响、共同发展形成新技术群,新技术群带动生产材料、制造工艺以及生产辅助技术等一系列重大关联技术发生群体突破,最终推动生产力发生改变。其中,信息技术对其他产业和新技术的促进作用非常明显,有很强的催化作用。

新能源是第六次科技革命的关键和核心。新能源本身就是经济发展的一个产业方向,促进新能源经济的发展,可以推动能源产业乃至经济产业的转变,从而对国民经济产生重大影响,故其也是未来全球的竞争核心。能源工业未来的方向是由能源资源型转向能源科技型。在全球经济普遍低迷的时期,我们应大力发展新能源科技。因为谁获得成功,未来的能源格局就可能被谁主导。

综上所述,第六次科技革命是以互联网产业化、工业智能化、工业一体化等新技术群为代表,以人工智能、清洁能源、无人控制技术和量子信息技术群为主的全新技术群革命。这是一场全新的绿色工业革命,它的实质就是大幅度地提高资源生产率;它的特点是经济增长与不可再生资源要素全面脱钩,与 CO_2 等温室气体排放脱钩,在重视经济发展的同时,更重视整体地球环境的可持续性发展。第六次科技革命并不只是强调局部科技的进步性,而是由一系列代表生产力发展方向的技术进步所引发的生产方式的深刻变革,是对传统生产制造方式的彻底改造,不管是对发达国家还是发展中国家都是一次重大的发展契机。

1.4 科技创新

当今世界,科学技术发展呈现出多点、群发突破的局势。新一代科技革命和产业变革正在萌发兴起,形成历史性交汇,并呈现出四大新特征:需求引领日益明显,创新驱动迫切紧张;学科交叉共同发展,群发突破局势初露;全球竞争日益激烈,创新格局急剧变化;组织形式持续改革,体制机制不断创新。特别是网络信息技术提供了功能强大的研发工具和前所未有的创新平台,使得创新无处不在、无时不在、无所不在。总结前几次科技革命的本质,有如下几条意见:第一,科学技术是第一生产力;第二,创新是引领发展的第一动力;第三,创新能力是创新的关键驱动。

1.4.1 科学技术是第一生产力

1988 年 9 月,邓小平同志根据当代科学技术发展的特点和现状,提出了"科学技术是第一生产力"的判断。他指出,科学技术是第一生产力既是当代科学技术发展的重要特点,也是科学技术发展的必然结果。社会生产力是人们改造自然的能力,自然科学作为人类认识自然、改造自然的基础科学,必然包括在社会生产力之中。科学技术一旦进入并用于生产过程中,便成为真正的、直接的生产力。现代科学技术发展的趋势和现状告诉我们,科学技术,特别是高新科学技术,正以越来越快的速度向生产力诸要素全面渗透,并同它们融合。

1.4.2 创新是引领发展的第一动力

创新是一个民族进步的灵魂,是一个国家兴旺发达的不竭动力,也是中华民族最深沉的民族禀赋。在激烈的国际竞争中,唯创新者进,唯创新者强,唯创新者胜。必须把创新作为引领发展的第一动力,把人才作为支撑发展的第一资源,将创新放在全局的核心位置,不断推进理论创新、制度创新、科技创新和文化创新等各方面创新,让创新渗透、融入一切工作之中,让创新在全社会蔚然成风。推进以科技创新为核心的全面创新,坚持以需求为导向和产业化方向,坚持企业在创新发展战略中的主体地位,发挥市场在资源配置中的决定性作用和社会主义制度的优越性,加强科技进步对经济增长发展的贡献作用,形成新的增长动力源泉,推动经济持续健康发展。

小知识

"创新"的定义有400多种。其中,最具经典意义的是经济学家熊彼特(J. Schumpeter)提出的"创新"概念。熊彼特首先赋予创新一词以经济学意义上的特殊用法,他区分了创新(Innovation)、发明(Invention)和创造(Creative):一种发明,只有当它被应用于经济活动时,才成为"创新"。熊彼特的"创新"不是一个技术概念,而是一个经济概念。熊彼特认为,"创新"是指以新的方式展开的生产,如对于某一给定的生产线,以新的方式组合各种原料及生产活动,以获取更好的经济产出。它具体包括以下五种情况:生产出一种新的产品;采用一种新的生产方法;开辟一个新的市场;获得一种原料或半成品的新的供应来源;实行一种新的企业组织形式。

创新,也叫创造,是个体根据一定目的和任务,运用一切已知的条件,产生出新颖、有价值的成果(精神的、社会的、物质的)的认知和行为活动。创新的最主要特点是新颖性和具有价值。创新可以分为狭义和广义两种。狭义的创新是在特定的环境中,从一个新思想的产生,到产品设计、试制、生产和营销等一系列相关活动,就是把经济和技术有机地结合起来的一种活动或过程。广义的创新则是不同参与者与机构(包括政府、大学、企业、科研机构等)相互作用,形成网络。在这个网络框架之中,任何一个节点都有可能是实现创新行为的特定空间。创新的行为可以表现在技术、制度或管理层面上,因此就有知识创新、技术创新、产品(服务)创新、理论创新、制度创新、管理创新、营销创新和文化创新等概念。

创新是引领发展的第一动力。我们的生活需要创新,我们的社会需要创新,我们的国家和民族需要创新。抓创新就是抓发展,谋创新就是谋未来。适应和引领我国经济发展新常态,关键是要依靠科技创新推动社会发展。各行各业都需要发展,如果行业缺乏创新,那么它只会停滞不前,甚至倒退。只有坚持创新精神,勇于实践,行业才能得到发展。当今社会处于一个飞速发展的时代,创新精神显得尤为重要。只有拥有创新精神的国家,才能让自己立于世界强国之林。市场是无情的,竞争是残酷的,只有坚持创新,个人才能体现价值,企业才能获得优势,国家才能繁荣富强。

爱迪生为了找到一种合适的材料做灯丝,不屈不挠地进行了8 000多次尝试。通过不断地尝试,他最终获得了巨大的成功。不仅科学需要创新和尝试,在人们的学习和生活中也同样需要创新和尝试。在学习和生活中,我们应尝试着举手发言,尝试着向课本质疑,尝试着与同学合作创新,还应尝试着理解别人、关心别人……在不断的尝试中,我们的智慧将得到增长；在不断的尝试中，我们的能力将得到提升；在不断的尝试中，我们的人性将得到升华。

创新也是丰富生活的手段。没有创新，就不会有电灯、电话；没有创新，就不会有汽车、飞机；没有创新，就不会有计算机、手机。没有创新，我们的生活就不会如此现代化，人们之间的联系也不会如此紧密。创新是走向美好生活的重要保证，是社会发展的根本源泉。

创新是民族振兴、国家富强的动力。在科学技术日新月异的今天，世界上各个国家都在争相创新。不创新就会落伍，不创新就会滞后。我国的现实状况要求我们，要想求生存，要想使我们的国家屹立于世界民族之林，就要加快创新的脚步，使创新落实到社会每个行业、每个角落。教育要创新，改革要创新，科技要创新。只有大胆实践，勇于探索，才能克服前进道路上的种种困难和挫折，向创新迈进。

1.4.3 创新能力是创新的关键驱动力

创新能力是进行创新活动所具备的各种能力的综合，是运用各类知识和理论，在科学、艺术、技术等实践活动领域中不断提供具有经济价值、社会价值和生态价值的新思想、新理论、新方法和新发明的能力。通常把能力分为通用能力和专业能力两大类。一般把学习能力、沟通交流能力和团队协作能力等归于通用能力；把工程能力、专业问题分析能力、设计/开发解决方案、研究能力、使用现代工具等归于专业能力。

创新能力包含形成或产生新思想、新观念或创意的能力，利用新的思想、观念或创意创造出新事物的能力，应用和实现新价值的能力。创新能力的内容较为广泛，它是基于学习能力、分析能力、综合能力、想象力、批判能力和组织协调能力之上的能力；是能提出问题，能首次提出新的概念、方法、理论、解决方案、实施方案的能力；是在提出问题之后解决问题的能力，即能针对问题选择和调动已有的知识、经验和方法，设计和实施解决方案。

创新能力包括丰富的想象力。只有经过丰富的想象力和良好的抽象思维，才能透过现象看到本质，从而完成创新活动。丰富的想象力意味着对现有事物能够提出新的有意义的想法，产生一些解决问题的新思路、新方法和能够被人们接受、认可的新观点，具有独创性和不可替代性。

创新能力包括对新颖事物的高度敏感性。这些新颖事物可能是一些信息，也可能是一些新思想，都孕育着事物的本质。同时它们又有新颖、奇特之处，与一般的现象不同，透过这些现象，可以抓住本质，实现发明创新。而对新颖事物要敏感是指我们要对事物具有高度的敏感性和洞察力，善于发现问题，捕捉一些平常人不易察觉的问题和奇特的、不同寻常的事情。对新颖事物的高度敏感性还要求我们要勤于观察。新颖事物尽管有新颖、奇特之处，但有时表现微弱，并且与一般事物混杂在一起，稍有疏忽就会遗漏。由于各种现象混杂在一起，难以分辨，而且新颖事物也不一定都有价值，因此，需要多提出疑问，多进行分析，区别哪些是正常现象，哪些是新颖事物；同时也要在新颖事物中分辨哪些是有价值的事物，哪些是无价值的干扰现象。回顾科学史，有所创造的科学家大多能细心体验和观察，并善于发现新颖事物、善于质疑，最终获得有利于科学发明的信息。

好的创新能力意味着具有灵活的不为人左右的思维方式，包括能够根据事物的变化，运用已有的知识和经验及时完善原定方案，寻求解决问题的最佳途径和方法等。即可以轻易摆脱思维惯性，打破原有的思维定式，将原有的认识结构从一种形态转换为另一种形态；思维效率高，可以根据不同的信息修正自己对问题的认识，具有极强的适应性、自我调节能力及应变能力。

好的创新能力意味着具有良好的心理品质和鲜明的个性特征。在挫折面前能很快调整自己的心态，在任何条件下，都不动摇自己的信念，具有坚强的战胜困难和挫折的毅力和勇气。一般具有较强的个性和独立性的人，对所从事的事业会表现得顽强、执着，有强烈的成就动机，对于抽象性、概括化的事物认知有浓厚兴趣。

思考题

1. 简述前五次科技革命的历程。
2. 简述现代科技革命的意义。
3. 如何应对人类面临的挑战？
4. 中国当前面临的问题有哪些？其原因是什么？
5. 第六次科技革命的发展趋势是什么？
6. 什么是创新？

参考文献

[1] 童易成，余珊珊，王浩豫，等. 基于回归分析的埃博拉疫情研究 [J]. 对外经贸，2015（8）：140-142.
[2] 段心鑫. 德国的工业4.0 [N]. 21世纪经济报道，2013-09-25.

第 2 章

信息——人类沟通的桥梁

> 信息是构成自然社会的基本要素之一。信息技术的迅猛发展及其在人类社会生活各个领域中的广泛应用，正在改变着人类的生活方式，推动着社会的变革。将军不必亲临沙场，即可运筹帷幄、决胜千里；商人不必走遍世界，即可纵横商海、财源广进；文人不必上图书馆、阅览室查阅资料，即可著书立说；足不出户，即可看书读报、办公学习、购物诊病、休闲娱乐……天涯近在咫尺，世界就在眼前。

2.1 信息革命

1776年3月，瓦特制作的第一台实用性蒸汽机，在英国波罗姆菲尔德煤矿点火，照亮了人类生活的一个新时代。瓦特的蒸汽机作为一项划时代的新技术，是试金石，是镜子，它甄别了人类所有生存集团参与竞争的品质，也映照出态度不同的国家此后数百年的兴衰沉浮。20 世纪中期，在人类发明创造的舞台上，降临了一个不同凡响的新事物，众多学者认为，这是人类另一项可以与蒸汽机相提并论的伟大发明。这项可能创生新时代的事物就是互联网。

2.1.1 信息

2.1.1.1 信息的定义及特征

目前"信息"有许多定义，我们一般把消息中有意义的成分认为是信息。"信息"一词有着悠久的历史，早在 2 000 多年前的西汉，即有"信"字出现，"信"可理解为消息。1928 年，信息论的先驱 Haltley 在《信息传输》一文中描述道："信息是指有新内容、新知识的消息。"1948 年，美国数学家、信息论的创始人 Shannon 在《通信的数学理论》中对信息进行了数学上的定义，信息被应用于消除随机也就是不确定的东西，并对信息熵和信息的计算方法进行了数学性的表示，奠定了信息学的基础。1975 年，意大利学者 G. Longo 指出："信息是反映事物的形成、关系和差别的东西，它包含在事物的差异之中，而不是事物本身。"迄今为止，信息的概念仍然存在分歧，尚未有一个统一的定义。

信息具有如下特征：

(1) 依附载体的特性

信息的表示、传播、存储不能独立存在，必须依附一定的载体，载体就是承载信息的事物。语言、文字、声音、图像、视频这些信息必须依赖纸张、胶片、磁盘、光盘等载体。信息的这一特征要求信息载体的设计和选择一定要与信息相匹配，并对其进行科学的编码，这样才能使信息的传递、保存及利用方便有效。

(2) 时效性

信息往往反映的只是事物某一特定时刻的内容，会随着时间的变化而变化，如新闻信息、交通信息、天气预报、会议通知和股市信息等。

(3) 价值性

信息是有价值的，就像人离不开空气和水一样。在现代社会，人类同样也离不开信息。可以说，能量、物质和信息是构成现代世界的三大要素，缺一不可。

(4) 真伪性

信息有真伪之分，真实的信息能够客观、准确地反映现实世界的事物，即信息的真实性；同时信息也可以是不真实的、伪造的，即信息的虚假性。信息真伪的区分需要信息的接收者根据所掌握的知识做出判断。

(5) 可传递性

信息在时间和空间上都具有传递性。从时间的延续性讲，信息可以借助于各种载体而被传递，信息在时间上的传递称为信息的存储；从空间转移的角度讲，信息可以从一个位置传递到另一个位置，信息在空间上的传递称为通信。

(6) 共享性

信息可以无限扩散，其本身不会因为知道的人数的增加而减少，但可能会因为信息的分享而使信息的所有者受到损失。例如，企业的技术专利、军事动态等就有这种共享性。故为了避免信息共享给信息的所有者造成损失，信息共享往往是有范围和有条件的。

2.1.1.2 信息技术定义

信息技术作为社会广泛使用的术语，目前还没有一个准确而且公认的定义，学术界、管理界和产业界等都根据各自的理解和使用，给出了自己对信息技术的定义。

联合国教科文组织的定义：信息技术是应用在信息加工和处理中的科学、技术和工程的训练方法及管理技巧。具体包括：计算机及其与人的相互作用；与之相应的社会、经济和文化等事物。

信息技术是一个含义广泛、复杂而又时刻变化的概念。经分析可以看出，上述定义的着眼点是强调信息技术的实施对象和应用功能。

许多信息技术方面的专家对信息技术的特征进行过较为细致的归纳和描述，虽然存在着较大的差异，但总的来说，信息技术作为一个独立的技术门类，其具有以下几个方面的技术特征：

（1）数字化

数字化就是用电磁等介质按照二进制编码的形式对信息进行表示和传输。二进制信号是一种易于用计算机表达的、状态稳定的信号，可以将信息的存储方式转换为磁介质上的电磁信号并对各种信息（声音、图像、影像、数据）进行存储。这是目前信息技术最明显的技术特征。

（2）网络化

网络化是指将分布在世界各地的计算机，通过网络设备连接起来，实现资源共享。数字化信息的网络给人类带来了全新的沟通方式。网络及信息发展异常迅速。计算机网络按其覆盖的范围，可分为局域网、广域网、城域网，网络化已成为国际化的标志之一。

（3）高速化

借助于计算机硬件技术和系统结构的发展，计算机的存储能力及信息处理能力都得到了增强，目前已经可以制作集成数十亿个晶体管的计算机芯片，多台计算机并行处理能力得到了极大的提升，现代通信在采用数据压缩技术和光纤通信技术后，速度越来越快，容量也越来越大。

（4）智能化

信息技术的智能化表现在各种超级计算机、神经计算机、超级智能芯片和算法都得到了发展。第六代计算机将具有人的思维，协同人类处理各种问题；智能的传感器将提供各种硬件支撑；智能多媒体将提供交互界面；智能系统将提供强大的推理、检索、学习功能。同时，还会出现类似人脑的智能通信网络，对各种故障进行自我检测、自我修复，人工智能理论方法在信息技术领域的深化和发展是现代信息技术发展的又一特征。

（5）个人化

个人化表现为信息技术的普及。个人通信使用的手机的智能化程度和清晰度较高，且价格便宜、能耗小、操作便捷。其除了能够提供语言服务外，还能进行数据处理，是全球性的网络通信和智能化的办公助手。

2.1.1.3 信息在计算机内的表示

计算机是信息的载体，是信息处理的工具，任何信息必须转换成二进制形式的数据后才能由计算机进行处理、存储和传输。

当前，国际社会都制定了面向信息技术的策略，包括美国、日本、韩国和印度等国家及欧盟，都将信息技术作为走出危机、开发新的增长点的重要依托。尤其是随着信息技术及智能终端的普及，移动互联网得到了高速的发展。未来5G技术将服务人民生活的各个方面，移动办公、无线支付、远程医疗、智能家居和智能交通等都会离我们每个人越来越近，并与我们的日常生活进一步深度融合。

2.1.1.4 信息技术重塑社会结构

信息技术的发展，极大地促进了物联网、大数据、云计算、移动互联网、车联网、手机、平板计算机、个人计算机以及遍布各个角落的传感器的发展。大数据将改变包括医学在内的诸多领域,特别是当可穿戴设备更加成熟后,移动技术可以连续、安全、私密地收集并分析你的数据。这可能包括你的工作、购物、睡觉、吃饭、锻炼等日常活动,借用这些数据你将得到一幅属于自己的健康评估自画像。在癌症治疗领域,肿瘤细胞的 DNA 对不同的癌症病人会引起不同的变化,故对不同的患者,使用相同的治疗方案不一定都能获得预期疗效。个性化的药物治疗是按照患者的条件开药方,即不再是"对症下药",而是变成了"对人下药",从大数据中找到规律,再用小数据去匹配每一个人。

(1) 移动互联网

移动互联网将移动通信和互联网二者结合起来,成为一体。移动互联网是移动网和互联网融合的产物,移动互联网业务呈现出移动通信业务与互联网业务相互融合的特征。在当前的 4G 时代以及即将到来的 5G 时代中,移动终端设备的发展对移动互联网的发展起重大作用。移动互联网把互联网放到人们的手中,实现了 24 小时随身在线的生活。人们可以在任何地方、任何时候通过移动互联网查阅信息、进行娱乐、在线沟通或远程工作。越来越多的人喜欢在购物、旅游、工作的时候掏出手机来查阅信息、查看位置、即时分享或协同工作。越来越多的人从登录互联网开始新的一天,从关闭互联网结束一天,通过互联网进行工作、交流、学习……这些新的生活方式,会给人类带来许多机会。

移动互联网的浪潮正在席卷社会的方方面面,新闻阅读、视频节目、电商购物、公交出行等热门应用都出现在移动终端上,这些应用在苹果和安卓商店的下载已达到数百亿次,且移动用户数量已经超过了 PC[①] 用户。这让众多企业级用户意识到移动应用的必要性,纷纷开始规划和摸索进入移动互联网行业,这在客观上加快了企业级移动应用市场的发展。世界各国都在建设自己的移动互联网,各个国家由于国情、文化的不同,在移动互联网业务的发展上也各有千秋,呈现出不同的特点。

(2) 物联网

物联网是在互联网的基础上,将用户端延伸和扩展到任何物品与物品之间进行信息交换和通信的一种网络概念,即通过射频识别(RFID)、红外感应器、全球定位系统、激光扫描器等信息传感设备,按约定的协议,把任何物品与互联网相连接,进行信息交换和通信,以实现智能化识别、定位、跟踪、监控和管理。物联网使商业系统、社会系统与物理系统融合,形成了全新的、智慧的基础设施和设备网络群,其应用可遍及工业监测、交通管理、物流管理、电力管理、环境保护、军事、公共安全、平安家居和个人健康等众多领域。

物联网的发展将对世界经济、政治、文化和军事等各个方面产生巨大的影响,并使人们的生活方式发生翻天覆地的变化。轻触一下身边的计算机或者掌中的手机,就可以联系千里之外的朋友、掌握某件商品的价格或了解某件事情的原委。可以随时远程关注家庭电子设备的运行状态,例如,通过一个短信就能打开空调;如果有人进入你的家中,那么你能很快收到短信提醒及闯入者的照片,这样的情景已经不再是想象,物联网正在逐步走入我们的生活。物联网的大规模普及将会开拓一个新的价值上万亿元规模的市场,这包括智能交通、智能家居、智能工业和智能消防等在内的几乎所有领域。物联网将带来新的变革,改变人类的生活。

---

① PC,Personal Computer,个人计算机。

信息技术的发展极大地促进了人类文明的发展。在人类文明的初期，人们的行动仅依靠步行和游泳，在逐渐学会使用工具和训练动物之后，才有了较为方便的马车、船等。这种文明持续了千百万年，直到第一次工业革命瓦特改良了蒸汽机。蒸汽火车的诞生让交通方式进入了一个新的纪元，然后慢慢地迎来了第二次工业革命，出现了内燃机，接着又有了汽车、飞机和轮船。第三次工业革命的到来，特别是电子信息技术，再次让我们领略了科技的强大，火箭和宇宙飞船使我们的文明和月球，甚至是宇宙连接了起来。随着移动互联网、大数据、云计算、物联网与人工智能等新技术、新业务和新生态的发展，各行各业正在以互联网为平台进行融合和创新，进入了快速发展的"互联网+"时代。

2.1.2 信息革命之硬件革命

2.1.2.1 计算机硬件革命

小知识

摩尔定律——是由英特尔（Intel）公司创始人之一戈登·摩尔（Gordon Moore）提出来的。其内容为：当价格不变时，集成电路上可容纳的元器件的数目，每隔18～24个月便会增加一倍，性能也将提升一倍。换言之，每一美元所能买到的计算机性能，将每隔18～24个月翻一倍以上。这一定律揭示了信息技术进步的速度。

以CPU[①]的发展史为例。CPU的性能一般用CPU频率来表示。CPU频率是CPU运算时的工作频率（1s内发生的同步脉冲数）的简称，单位是Hz。它决定计算机的运行速度，随着计算机的发展，主频由过去的MHz[②]发展到了当前的GHz[③]。通常来讲，对于同系列的处理器，主频越高就代表计算机的速度越快，但对于不同类型的处理器，这只能作为一个参数来参考。另外，CPU的运算速度还与CPU流水线的各方面的性能指标有关。由于主频并不直接代表运算速度，所以在一定情况下，很可能会出现主频较高的CPU，其实际运算速度较低的现象。因此，主频仅仅是CPU性能表现的一个方面，并不能代表CPU的整体性能。CPU的制造工艺是向密集度更高的方向发展。这意味着在相同面积的集成电路中，密集度越高，可以拥有的电路的功能越复杂。微电子技术之所以能够发展得如此迅速，就是因为该工艺技术的不断改进，使器件的特征尺寸不断缩小，集成度不断提高，功耗降低，器件性能得到提高。芯片制造工艺在1995年以后，从0.5μm、0.35μm、0.25μm、0.18μm、0.15μm、0.13μm、90nm、65nm、45nm、32nm、22nm，一直发展到了目前最新的14nm。

---

① CPU，Central Processing Unit，中央处理器。
② $1\text{MHz} = 1 \times 10^6 \text{Hz}$。
③ $1\text{GHz} = 1 \times 10^9 \text{Hz}$。

第2章 信息——人类沟通的桥梁

> **小知识**
>
> 1979年，Intel公司推出了8088芯片，它属于16位微处理器，内含29 000个晶体管，时钟频率为4.77MHz，地址总线为20位，可使用内存为1MB。
>
> 1982年，许多年轻的读者尚在襁褓之中的时候，Intel已经推出了划时代的最新产品80286芯片，该芯片比8006芯片和8088芯片有了飞跃式发展，虽然它仍旧是16位结构，但是在CPU的内部含有13.4万个晶体管，时钟频率由最初的6MHz逐步提高到20MHz。
>
> 1985年Intel推出了80386芯片，它是80X86系列中的第一种32位微处理器，而且制造工艺也有了很大的进步，与80286芯片相比，80386芯片内部内含27.5万个晶体管，时钟频率为12.5MHz，后逐步提高到33MHz。
>
> 1989年，Intel推出了80486芯片，这种芯片突破了100万个晶体管的界限，集成了120万个晶体管。80486芯片的时钟频率从25MHz逐步提高到50MHz。
>
> 在1999年年初，Intel推出了第三代奔腾处理器——奔腾Ⅲ，第一批奔腾Ⅲ处理器采用了Katmai内核，主频有450MHz和500MHz两种。
>
> 2000年以后，Intel推出了第四代奔腾处理器，被称为奔腾Ⅳ。奔腾Ⅳ起步频率为1.3GHz。随后又推出Core2 Duo、Core I3、Core I5和Core I7等处理器。

2.1.2.2 通信硬件革命

信息技术对我们身边的影响不仅体现在计算机的运行速度上，在交流方面，它也有着巨大的意义。人们学会交流后，慢慢地发明了文字，接着书信的使用让人们之间的交流产生了新的方式，电话机的诞生让人类的交流方式进入了一个新的时代。让我们来了解一下电话机的故事。

古人发现，用线将竹筒连在一起可以听到远处的声音。1876年3月，贝尔申请了电话的专利权，但电话机的发明人并非贝尔。早在1849年，意大利人安东尼奥·梅乌奇就发现并开始研究电话，并在1860年的时候，向公众展示了这个系统，还发表了关于这项发明的介绍。但是由于当时梅乌奇家中经济状况并不乐观，难以支付10美元的专利费，所以在1871年，梅乌奇申请了一种需要一年一更新的专利权。1876年2月14日，贝尔向美国专利局申请电话专利权。对专利的争夺僵持了3年。3年后的1889年10月18日，梅乌奇抱憾而终。但是在2002年6月16日，美国众议院269号决议声明，梅乌奇是电话的发明者，并将其称为"电话之父"。可以说这是一段曲折的历史，但历史不会停留，而是继续演化，之后又出现了BP机（寻呼机）。BP机从基站发射的寻呼信号和干扰中选择出需要接收的有用信号，并恢复成原来寻呼本机的基带信号之后，再由基带信号产生音响（或振动）和显示数字（或文字）。寻呼机是由被誉为"无线通信之父"的阿尔·格罗斯（Al Gross）发明的。1949年，格罗斯发明了第一部无线寻呼机；1951年，他又发明了第一部无线电话，手机便是由它进一步发展而来的。

1958年，苏联工程师列昂尼德·库普里扬诺维奇发明了ЛК-1型移动电话；1973年，美国摩托罗拉（2014年联想集团有限公司收购了其手机业务）工程师马丁·库帕发明了世界上第一部商业化手机，故严格意义上的手机发明者是马丁·库帕。手机类型，顾名思义就是指手机的外在类型，比较常用的分类是把手机分为直板式、折叠式（单屏、双屏）、滑盖式、旋转式和侧滑式等几类。

诺基亚（Nokia）是一家总部位于芬兰，主要从事移动通信产品生产的跨国公司。该公司成立于1865年，当时以造纸为主业，后来逐步向胶鞋、轮胎、电缆等领域扩展，最后发展成为一家手机制造商。自1996年以来，诺基亚曾连续14年居全球手机市场份额第一名。当具有新操作系统的智能手机崛起后，诺基亚全球手机销量第一的地位在2011年第二季度被中国的华为技术有限公司（简称"华为"）超越。2013年9月3日，微软公司宣布以约54.4亿欧元的价格收购诺基亚设备与服务部门（诺基亚手机业务），并获得相关专利和品牌的授权。诺基亚一直在努力发展Here地图服务、诺基亚解决方案与网络（NSN）和领先科技三大业务。2014年4月25日，诺基亚宣布完成与微软公司的手机业务交易，正式退出手机市场。诺基亚手机是当年的一个传奇，可以说是"前无古人，后无来者"，至今仍未有手机企业超越其创造的销量纪录。

第10名：诺基亚6010，2004年上市，销售75 000 000部。
第9名：诺基亚1208，2007年上市，销售100 000 000部。
第8名：诺基亚1600，2006年上市，销售130 000 000部。
第7名：摩托罗拉RAZR V3，2004年上市，销售超过130 000 000部。
第6名：诺基亚2600，2004年上市，销售135 000 000部。
第5名：诺基亚3310，2000年上市，销售136 000 000部。
第4名：诺基亚5230，2010年上市，销售150 000 000部。
第3名：诺基亚1200，2007年上市，销售150 000 000部。
第2名：诺基亚3210，1999年上市，销售160 000 000部。
第1名：诺基亚1110，2005年上市，销售250 000 000部，也是唯一一款销量超过2亿部的手机。

手机有不同的组件，包括CPU、电池、内存和摄像头等。随着手机应用的升级，用户希望手机的运行速度更快、游戏运行更流畅，同时，续航时间还要长。从手机硬件来看，所表现出来的就是手机的反应速度、持久性能和安全性能。

（1）反应速度

手机的反应速度与CPU、内存和芯片等的性能息息相关。通过综合设计，可获得尽可能高的计算速度，即手机的反应速度。

（2）持久性能

持久性能体现在使用时间上。手机电池最重要的参数是容量。只有大容量电池才能有比较好的续航能力，玩游戏、看电影、上网和通话等才能更持久。由于轻薄型的手机电池体积有限，故电池容量也有限，因此续航能力一直是困扰轻薄型手机的一大问题。为了尽可能提高电池容量，手机生产商使用大容量的电池材料，如磷酸铁锂，并充分利用每一个空间以使其能加入更多的充电材料。

（3）安全性能

手机的安全性能是我们最为关注的地方，包括电池发热、防水、防火和防爆等。电池发热是我们在手机使用中经常碰到的现象。由于手机在待机时的功耗很小，所以放电电流很小,因此电池不会发热,且电池电能的内耗很小。但是近90%的手机在长时间通话之后,其电池会发热,严重者连手机也会变热。因手机电池缺陷造成的爆炸和起火事故已有较多报道。

几年前,中国制造的手机还扮演着代工和低端的角色,而如今国产手机品牌已越来越得到消费者的认可。2014年,在国内手机销量排行榜上,中国手机品牌占据8席;全球十大智能手机品牌中,中国手机品牌占据6席。

小米科技有限责任公司(简称"小米")成立于2010年3月,小米手机的销量已从2012年的700万部增加至2014年的6 000万部。在2014年,国际数据公司IDC公布的三季度全球手机销售排行数据显示,小米成为当时仅次于三星和苹果的全球第三大智能手机制造商。

华为是于1987年创立于深圳的一家生产、销售通信设备的民营通信科技公司。其最初为一家生产用户交换机(PBX)的香港公司做销售代理。1989年,华为自主开发了PBX。截至2016年,华为的产品和解决方案已经应用于全球170多个国家,服务全球运营商50强中的45家及全球近1/3的人口。2010年,华为首次进入《财富》世界500强企业榜单,排名为第397位;2011年,排名为第352位;2012年,排名为第351位;2013年,华为首次超过全球第一大电信设备商爱立信,排名为第315位(爱立信为第333位);2014年,华为排名为第285位;2015年上升了57位,至第228位;2016年,华为又提升了近百位,居第129位。

(1) 华为麒麟手机芯片

2017年9月2日,在德国柏林国际消费类电子产品展览会上,华为发布了人工智能芯片麒麟970。首款采用麒麟970的华为手机(Mate 10),于2017年10月16日在德国慕尼黑正式发布。麒麟970芯片采用台积电10nm工艺,是全球首款内置独立NPU(神经网络单元)的智能手机AI计算平台。华为的新款芯片麒麟970,使Mate 10和其他高端手机具有了更快的处理速度和更低的功耗。目前,在手机芯片行业,尤其是高性能芯片领域,处于高通、联发科、海思和三星四家争霸的局面,但同时具有手机终端制造能力和芯片研发能力的只有华为、海思和三星,高通和联发科则只提供解决方案,没有手机终端制造能力。

(2) 华为徕卡镜头

镜头有两个比较重要的参数,即像素和光圈。像素越高,光圈越大,拍摄效果越好。此外,还有镜头的品牌,镜头是否凸出、是否支持光学防抖等。近几年兴起了双镜头。华为P10人像大师手机采用2 000万像素(黑白)+1 200万像素(彩色)镜头,Summarit H 1:2.2/27 ASPH徕卡镜头。徕卡镜头按照光圈来确定系列名,比如Summarit H 1:2.2/27 ASPH,是指光圈2.2或2.4的镜头。P10还可以实现徕卡相机的拍照体验,比如快门声、水印和界面等。同时,其提供的专业模式,可以让用户手动操控,支持ISO(感光度)、快门速度、曝光模式、测光模式和白平衡等参数的调节。

手机革命除了上述内容外,屏幕也是重要内容。现在大部分手机屏幕的分辨率都能做到1 080p(表示清晰度),其显示效果非常细腻。而且,无边框手机的诞生,引起了2.5D和3D屏幕的狂潮。这些前沿的产品正在被逐渐地应用到未来的手机当中。因此,手机会向更

科技前沿与创新

加智能的方向发展。至少目前会向更高像素、更大电量、更稳定的系统和更大的 RAM① 和 ROM② 的方向发展。

2.1.3 信息革命之网络革命

2.1.3.1 信息革命之互联网革命

计算机的普及使人们可以进行更多的活动。特别是由计算机相互连接并沟通而成的互联网（Internet）的兴起，显示出极大的魅力。将计算机网络互相连接在一起的方法称作"网络互联"，在这基础上发展出覆盖全世界的全球性互联网络称为互联网，简言之，互联网是互相连接在一起的网络结构。需要说明的是，互联网并不等同于万维网，万维网只是一个基于超文本相互链接的全球性系统，是互联网提供的服务之一。

小知识

互联网的起源——互联网始于1969年美国的 ARPA③ 网，是美军在 ARPA 网制定的协议，当时主要用于军事连接。之后，该协议将美国西南部的加利福尼亚大学洛杉矶分校、斯坦福大学研究学院、加利福尼亚大学和犹他州大学的4台主要的计算机连接起来。这个协议的连接任务由剑桥大学的 BBN 和 MA 执行。另一个推动互联网发展的广域网是 NSF 网，它最初是由美国国家科学基金会资助建设的，目的是连接美国的5个超级计算机中心，供100多所美国大学共享它们的资源。NSF 网采用 TCP/IP 协议，且与互联网相连。

ARPA 网和 NSF 网最初都是为科研服务的，其主要目的是为用户提供共享大型主机的宝贵资源。随着接入主机数量的增加，越来越多的人把互联网作为通信和交流的工具。一些公司还陆续在互联网上开展了商业活动。随着互联网的商业化，其在通信、信息检索和客户服务等方面的巨大潜力被挖掘出来，使互联网有了质的飞跃，并最终走向全球。其内容已从通信（QQ、电邮和微信等）、社交（Facebook、微博、QQ 空间、博客、论坛和朋友圈等）、网上贸易（网购、售票、转账汇款等）扩展到云端化服务（网盘、笔记、资源和计算等）、资源的共享（电子市场、门户资源和论坛资源等）、媒体（视频、音乐和文档等）、游戏、信息和定制服务（互联网电视直播媒体、数据及维护服务、物联网和网络营销）等方面。

案例

阿里巴巴——阿里巴巴集团无疑是中国互联网史上的一个奇迹，这个奇迹是由马云和他的团队共同创造的。刚开始创业时，18个人凑的50万元，是他们全部家底。1999年，中国互联网的形势十分严峻，虽然国外风险投资商拼命地给中国的网络公司投钱，但是网络公司

---

① RAM, Random Access Memory, 随机存取存储器。
② ROM, Read Only Memory, 只读存储器。
③ ARPA, 美国国防部高级研究计划署。

烧钱的速度更疯狂。50万元，不过是像新浪、搜狐和网易这样的大型门户网站一笔微不足道的广告费而已，所以他们刚开始创业时十分艰难。每个人每个月的工资只有500元，公司的每一分钱都恨不得掰成两半花。阿里巴巴曾因为资金的问题，到了难以维持的境地。时隔8年，2007年11月6日，阿里巴巴在香港联交所上市，市值200亿美元，一跃成为中国市值最大的互联网公司。马云和他的创业团队，由此缔造了整个中国互联网史上最大的奇迹。

2.1.3.2 信息革命之移动通信革命

过去上网人们主要依赖计算机，而现在手机已成为人们最常用的上网工具。其网速快、使用便捷的特点，使之迅速超越了其他上网工具。这其中移动通信技术的发展功不可没。纵观世界移动通信技术的发展史，我们已先后经历了1G移动通信技术时代、2G移动通信技术时代、3G移动通信技术时代和4G移动通信技术时代几个重要时代。

小知识

1G、2G、3G、4G与5G移动通信技术

1G移动通信技术指模拟蜂窝移动通信技术，其抗干扰性能差，能简单地使用FDMA技术，频率复用度和系统容量都不高。1G移动通信技术有两种制式，分别是来自美洲的AMPS和来自欧洲的TACS。中国使用TACS。

2G移动通信技术指第二代数字蜂窝移动通信技术，其加入了更多的多址技术，包括TDMA和CDMA，同时2G移动通信技术是数字通信，实现了语音的数字化，且抗干扰能力大大增强。可以说，2G移动通信技术为接下来的3G移动通信技术和4G移动通信技术奠定了基础，比如分组域的引入和对空中接口的兼容性改造，使手机不再只有语音、短信这样单一的功能，还可以更有效率地连入互联网。2G移动通信技术主要的制式也是两种，分别是来自欧洲ETSI组织的GSM（GPRS/EDGE）和来自美洲以高通公司为主力的TIA组织的CDMA IS95/CDMA2000 1x。

3G移动通信技术指第三代数字蜂窝移动通信技术，它在2G移动通信技术的基础上发展了高带宽的数据通信，并提高了语音通话的安全性。一般的3G数据通信带宽都在500Kb/s以上。目前常用的3G通信带宽有三种标准：WCDMA、CDMA2000、TD-SCDMA。这三种标准传输速度相对较快，能够较好地满足手机上网的需求，但播放高清视频较为吃力。

之后，ITU（国际电信联盟）提出了IMT-2000标准，要求符合IMT-2000标准的技术才能被接纳为3G移动通信技术。ITU向全世界征集IMT-2000标准的时候，许多国家和地区的通信标准化组织都提出了自己的技术，比如欧洲的ETSI和日本的ARIB/TTC提出了关键参数和技术大致相同的WCDMA技术，随后成立3GPP组织，并对WCDMA进行了标准化。美国以高通公司为首的TIA组织提出了CDMA2000，随后成立了3GPP2组织，对CDMA2000进行了标准化。中国当时的CWTS（现为CCSA）也提出了TD-SCDMA，随后加入3GPP组织中，与来自ETSI的UTRA TDD进行了融合，完成了标准化。

4G移动通信技术指第四代数字蜂窝移动通信技术，它是集3G移动通信技术与WLAN于一体，能够传输高质量视频图像且图像传输质量与高清晰度电视不相上下的技术。4G系统能够以100Mb/s的速度下载,比拨号上网快2 000倍,上传的速度也能达到20Mb/s,并能够满足几乎所有用户对于无线服务的要求。制定4G移动通信技术标准的主要是两个组织:一个是3GPP组织,它提出了LTE/LTE-Advanced,代表了绝大多数传统的运营商、通信设备制造商;另一个是IEEE组织,它提出了WirelessMAN-Advanced(WiMax的升级版)。目前LTE以占据绝对优势的地位成为4G移动通信技术的主流,WiMax家族被完全压制。

从用户角度讲,2G时代是拨号上网,3G时代是宽带上网,4G时代是光纤到户。按照平均速率来划分:2G带宽一般为12.2Kb/s,3G带宽为384Kb/s~2Mb/s,4G带宽则可以达到100Mb/s。对于用户而言,2G、3G和4G网络最大的区别在于传输速度不同。

5G移动通信技术标准是下一代数字蜂窝移动通信技术基础的核心。高通新推出的6GHz以下5GNR原型系统和实验平台,是推动5G移动通信技术迈向商用非常重要的一步,高通在这个原型系统上面应用了非常多的技术。5G移动通信技术将改变世界与我们之间的关系。

编码方式是通信技术中最"源头"的技术,会直接影响上、下行数据的传输速率,可以代表通信科学基础理论部分的整体实力。编码方式标准则是通信行业的门槛。标准之争就是最高话语权的争夺,标准一旦确立,就会对全球通信产业产生影响。

2016年10月14日,3GPP在葡萄牙里斯本举行5G移动通信技术长码方案讨论,5G移动通信技术中长码编码确认方案为美国的LDPC,LDPC方案的主要参与企业为美国的高通。5G移动通信技术三大编码候选技术的背后是真正的"三国之战":其中美国主推LDPC方案,法国主推Turbo2.0方案,中国主推Polar Code方案。美国以高通领队,中国以华为为首,法国则主要是Claude Berrou团队。华为的对手是美国公司主推的LDPC和TBCC方案,在关键的短码标准选择上,争论也异常激烈,几乎所有通信公司都参与其中,而具有竞争资格的三家企业方案是来自美国的LDPC方案、法国的Turbo2.0方案,以及中国华为的Polar Code方案。

2016年11月17日,在3GPP RAN1 87次会议的5G移动通信技术短码方案讨论中,支持华为方案的公司达到了59个,中国华为的Polar Code(极化码)方案战胜了其他竞争方案,最终成为控制信道上行和下行的短码方案。数据信道的上行和下行短码方案则是高通主导的LDPC方案。

2.1.3.3 信息革命之量子通信革命

自1945年世界第一台计算机"ENIAC"诞生而引发的电子信息科技革命开始,至今已数十年,其发展基本遵循了"摩尔定律"。然而,制约其发展的系列问题已越来越突出,例如,电子计算机的极限运算速度是否已经到来?全球化的电子信息网络如何应对网络安全?为应对上述问题,新的量子通信技术应运而生。

量子信息技术是量子物理与信息技术相结合发展起来的新学科,主要包括量子通信和量子计算两个领域。量子通信是利用量子纠缠效应进行信息传递的一种新型通信方式。量子纠缠是指在微观世界里,有共同来源的两个微观粒子之间存在着纠缠关系,不管它们距离多远,只要一个粒子状态发生变化,就能立即使另一个粒子状态发生相应变化。量子通信主要研究量子密码通信、量子远程传态和量子密集编码的技术等。量子计算则是另一种量子信息技术的应用。它依据量子力学理论进行计算,量子的重叠与牵连原理产生了巨大的计算能力。普通计算机中的 2 位寄存器在某一时间仅能存储 4 个二进制数(00、01、10、11)中的一个,而量子计算机中的 2 位量子位(Qubit)寄存器可同时存储这 4 个数,因为每一个量子比特可表示两个值。如果有更多量子比特的话,那么计算能力呈指数级提高。量子计算的基础和原理以及重要量子算法为在计算速度上超越当前计算机计算模型提供了可能。

小知识

2011 年 5 月 11 日,加拿大量子计算公司 D-Wave 正式发布了全球第一款商用型量子计算机 D-Wave One。D-Wave One 采用 128 量子比特的处理器,理论运算速度已经远远超越现有任何超级电子计算机。2016 年 8 月 16 日,我国在酒泉卫星发射中心成功将世界首颗量子科学实验卫星"墨子"号发射升空,这标志着我国量子信息技术科学研究又迈出重要一步。"墨子"号卫星承载着在国际上率先探索星地量子通信可能性的使命,并首次在空间尺度验证已有百年历史的量子理论的真实性。量子科学实验卫星的成功发射和在轨运行,使我国在量子通信技术实用化整体水平上保持了国际领先地位,实现了国家信息安全和信息技术水平的跨越式提升,有助于我国科学家在量子科学前沿领域取得重大突破,对推动我国空间科学卫星系列可持续发展具有重大意义。目前,中国科学院的量子中心在相关部门的支持下,已经实现了集成化的量子通信终端,该终端通过交换,可实现局域网之间无条件的安全传输,也可以实现量子网络的推广,且已经能够覆盖大概 6 000 平方公里①的城市,支持千节点、万用户的主网的需求。为了实现全程化广域量子通信,在中国科学院先导科技专项的支持下,我国科研人员正在努力通过"墨子"号卫星完成实验任务,实现广域量子体系构建。

2.1.4 信息革命之软件革命

2.1.4.1 计算机软件革命

计算机的运行离不开软件。

第一代软件(1946—1953 年)是用机器语言编写的,机器语言是内置在计算机电路中的指令,由 0 和 1 组成。当硬件变得更强大时,就需要更强大的软件工具使计算机的使用更有效。

第二代软件(1954—1964 年)是用高级程序设计语言编写的,高级程序设计语言的指令形式类似于自然语言和数学语言(例如,计算 2+6 的高级程序设计语言的指令就是 2+6),不仅容易学习,方便编程,而且提高了程序的可读性。IBM 公司从 1954 年开始研制高级程序设计语言,同年发明了第一个用于科学与工程计算的 FORTRAN 语言。在第一代和第

---

① 1 平方公里=1 km²。

二代软件时期，计算机软件都是规模较小的程序，没有什么系统化的方法，更没有对软件的开发过程进行任何管理。

第三代软件（1965—1970年）即操作系统。在这个时期，由于集成电路取代了晶体管，处理器的运算速度大幅提高，故处理器在等待运算器准备下一个作业时会出现"无所事事"的现象。因此，需要编写一种程序，使所有计算机资源都处于计算机的控制中，这种程序就是操作系统。

第四代软件（1971—1989年）是结构化程序设计技术。Pascal 语言和 Modula-2 语言采用的是结构化程序设计规则，Basic 这种为第三代计算机设计的语言也被升级为具有结构化的版本，此外，还出现了灵活且功能强大的 C 语言。更好用、更强大的操作系统被开发出来。为 IBM PC 开发的 PC-DOS 和为兼容机开发的 MS-DOS 都成了微型计算机的标准操作系统，而 Macintosh 操作系统引入了鼠标的概念和点击式的图形界面，彻底改变了人机交互的方式。

第五代软件（1990年至今）以微软公司的崛起、面向对象的程序设计方法的出现以及万维网（World Wide Web）的普及为标志。在这个时期，微软公司的 Windows 操作系统在 PC 市场占有显著优势。微软公司将文字处理软件 Word、电子制表软件 Excel、数据库管理软件 Access 和其他应用程序绑定在一个程序包中，合称为办公自动化软件。面向对象的程序设计方法的典型代表是 Java、C++和 C#等语言。

2.1.4.2 手机软件革命

早期的主流手机操作系统有以下几种：塞班、BlackBerry OS、Windows Mobile。但是在 2007 年，苹果公司推出了 iOS 操作系统；Google 推出了 Android 操作系统。iOS 跟 Android 两款操作系统凭借强大的优势，迅速占领了手机系统市场的大部分份额。

小知识

塞班——诺基亚的专用手机操作系统。其中塞班3是最新的塞班操作系统，最新版本的塞班操作系统的代号为 anus，相对于 S60 系统，anus 使用电容屏，支持多点触控，对大型3D游戏有更好的支持，整体运行更加流畅。诺基亚 N8/C7/E7/X7 等机型均使用此操作系统。

Android（安卓）——Google 推出的基于 Linux 平台的开源操作系统。

iOS——苹果公司开发的一款操作系统。

Windows Mobile——微软公司发布的操作系统，Windows Mobile 现在已经是继 Android、iOS 之后的第三大操作系统。

Palm OS——Palm 公司开发的一种操作系统。

21世纪的技术发展引发了软件业人士的普遍疑问：今后软件业的发展方向是什么？过去的软件业与今后的软件业有何不同？强大的诺基亚手机帝国都经不起时代的冲击，那么在即将到来的第六次科技革命中，手机又会走向何方？又有多少产业将面临威胁，又有多少产业即将兴起？

2.2 "互联网+"——从现实世界到虚拟世界

2.2.1 "互联网+"

2 200多年前,西西里岛东南端,叙拉古城外蜿蜒的沙滩上,"给我一个支点,我将撬起地球"的阿基米德以这样的方式思考着他想描绘的世界:眼前的沙滩以及天下所有沙漠中的沙粒能否用一个数字表达出来?他给了一个这样的描述——10^{100}。实际上,世界上的沙粒没有那么多,甚至宇宙中心以分子、粒子、原子存在的事物的总和都没有这样的量。人们将这个人类不可企及的理想量命名为Googol。2 200多年后,两位斯坦福大学的年轻人,产生了一个堪比阿基米德的人生理想,创立了Google(Googol的同音词,在汉语中被翻译为"谷歌")。

计算机历史学家马可·韦博,是美国计算机历史博物馆网络展区的策展人。他用了10年的时间、约300m² 的展示区,展示了互联网的发展历程,该展区将网景公司的可视化浏览器放在重要的展示位置。马可·韦博说:"网景公司的上市说明,一个基于互联网的公司能够给世界带来最强烈的震撼,这标志着互联网繁荣的开始。"在网景浏览器出现之前,浏览器只能浏览文字,浏览的内容和采用的浏览指令枯燥、难以记忆。网景公司很好地利用了鼠标,让网景浏览器在4个月内便将600多万台计算机接入了互联网,这在人类历史的发展中第一次出现。这种诱惑吸引了无数人投入其中,使互联网公司第一次向人类展示出惊人的发展速度和空前的规模,一个个互联网公司如雨后春笋般发展壮大起来,一个千帆竞渡的新时代已经到来。

"互联网+"意味着什么?

2004年的一天,宝洁公司的几个年轻人提议在品客薯片上印制图案来刺激消费者。这个点子得到一致认可,但怎么保证把图形印到薯片上,仍然保持薯片的完整呢?向人类提供了3万多种产品、拥有29 000项专利的宝洁公司被这个小问题困住了。时任宝洁公司CEO的雷富礼认为,现在到处都有发明家,为什么不把实验室延伸到他们的身边呢?于是宝洁公司将难题送上了网络平台。

这个世界早就准备好了解决问题的方案,意大利博洛尼亚一位大学教授发明的可食用喷涂墨汁就等待着宝洁公司的召唤。图案薯片的风行将整个宝洁公司引上了网络平台,在通过网络网罗的150万人的编外研发队伍面前,曾经令宝洁公司自傲的28个技术中心、9 000多名专职科研人员便显得微不足道。

在广度上,"互联网+"以信息通信业为基点全面应用到了第三产业,形成了互联网金融、互联网交通、互联网教育等新业态,并正在向第一产业和第二产业渗透,将全面推动传统工业生产方式的转变;农业互联网也在从电子商务等网络销售环节向生产领域渗透,这将为农业带来新的机遇,提供广阔的发展空间。在深度上,"互联网+"正在从信息传输逐渐渗透到销售、运营和制造等多个生产链环节,并将互联网进一步延伸,通过物联网把传感器、控制器、机器和人连接在一起,形成一个相互依赖的整体。

克里斯·安德森(美国《连线》杂志高级制作人,《长尾理论》作者):20世纪的合作模式是企业模式，企业雇用雇员，人们在同一个屋顶下为了某个目标而工作。而21世纪的合作模式就没有那么正式了，它是关于社群的，有些创意永远不会成为产品，有些社群永远不会成为公司，但是关键在于我们现在有了20世纪合作创新模式的替代品。

艾伯特·拉斯洛·巴拉巴西（美国东北大学复杂网络研究中心主任，《爆发：大数据时代预见未来的新思维》作者）：最成功的网络就是那些自组织的网络，想一想互联网，互联网的成功之道，并非是因为有个一手遮天的组织强迫我们接入互联网，而是因为所有的企业、个人都希望接入互联网。因此，正是我们成就了互联网的成长。

罗伯特·希勒（美国耶鲁大学教授，2013年诺贝尔经济学奖获得者）：人们低估了人类的多样性，我们有太多的与众不同，兴趣、品位和才华，互联网提供了机会去真正地创造机会，这会大大地提高生产率。我认为，未来几十年，我们将会看到令人惊叹的发展。

在工业化和城市化的进程中，中国是辛勤的学习者和追赶者。国门打开，市场开放，10多亿人的消费热潮，迅速地催生了与沃尔玛、西尔斯相仿的零售业巨人，苏宁便是这一领域的代表。

数以亿计的人节衣缩食的汇聚，创造了全球零售行业里独特的门类，也描画出苏宁发酵般的成长速率，短短20年间，一家蜷缩在南京街头的家电专营店成长为销售规模为400亿美元的行业领袖。

孙为民（苏宁云商集团副董事长）：过去我们做实体店面的时候，店越大，集客能力越强；店越多，渠道的影响力越大。信奉的一句话是什么呢？叫渠道为王。

但苏宁既赶上了自己的时代，又迎头撞进了别人的时代。新时代，令苏宁畏惧的新对手就是已经无处不在的电子商务，在这个领域里，一马当先的一家互联网公司很俏皮地给自己取名为淘宝。淘宝很淘，人行10多年，便和它的血亲兄弟天猫商城一道，淘出了14 000亿元的年销售额。其中与苏宁命运相关的电子电器销售额超过千亿元，每年还以将近一倍的速度增长着，而整个中国市场的电商销售额在2013年已经达到10万亿元，200多万新时代的投递员踩着电子指令的鼓点奔波出不同于过去的消费风景。

大趋势是在全球舞台上汇成的。从根本上说，互联网将改变每一个行业的市场结构，因为每个行业的市场结构都取决于你获取信息的能力。因此，每个行业都终将被互联网重构和改变，不管是音乐行业、电影行业还是其他行业。

在人类新时代迁徙的旅程中，网络游戏是另一个从来不曾想象的宏大疆场。2013年，中国网络游戏用户总数达到4.11亿人。2013年，中国游戏行业总收入达1 230亿元，而全球每周花在游戏上的时间已经超过了30亿小时。一款名为《英雄联盟》的竞技对战游戏曾经创造这样的纪录：同时在线的战队大军达到750万人，全球总注册用户数已超过7 000万，要知道德国人口总数还不到8 500万。而暴雪公司的《魔兽世界》意味着这样的数据：人们花在上面的时间加起来已经超过了500亿小时，约等于513万年。593万年前，我们人类的祖先刚刚站起身来。麦克·莫汉（暴雪娱乐首席执行官）曾说："在暴雪，我们确实有一个使命，我们致力于创造史上最宏大的、史诗般的娱乐体验。"我们认为娱乐有一种好处，那就是可以创造出一种彼此共享的方式，这也是为何在线游戏如此吸引我们的原因。在游戏的世界里，不仅充斥着竞争和胜负，这个世界甚至宣称：来吧，我给你如你所愿的再一次人生。于是，数千万人的"第二人生"快乐地开始了。在今天，人类似乎被分成三类人群："数字原住民""数字移民"和"数字难民"。伴随着网络发展成长起来的"数字原住民"，网络已经融入他们生活的方方面面；那些从技术爆炸之前的传统社会中转移而来的"数字移民"不断学习、不断向网络大陆迁徙；"数字难民"则远离着数字文化，生活在过往经验塑造的旧大陆之中。对于"数字移民"和"数字难民"，迁徙将是伴随他们一生的命题。

"互联网+"还使用在很多方面，共同促进着社会的发展。

2.2.2 虚拟现实技术

虚拟现实技术（VR）是仿真技术的一个重要方向，是仿真技术与计算机图形学、人机接口技术、多媒体技术、传感技术和网络技术等多种技术的集合，是一项富有挑战性的交叉技术。虚拟现实技术主要包括模拟环境、感知、自然技能和传感设备等方面。模拟环境是指由计算机生成的、实时动态的三维立体逼真图像；感知是指理想的虚拟现实技术应该具有人类所具有的感知。除计算机图形技术生成的视觉感知外，还有听觉、触觉/力觉、运动等感知，甚至还包括嗅觉和味觉等，故也称为多感知；自然技能是指人的头部转动，眼睛、手势或其他人体行为动作，由计算机来处理与参与者的动作相适应的数据，对用户的输入做出实时响应，并分别反馈到用户的五官；传感设备是指三维交互设备。

虚拟现实技术是多种技术的综合，包括实时三维计算机图形技术，广角（宽视野）立体显示技术，对观察者头、眼和手的跟踪技术，以及触觉/力觉反馈、立体声、网络传输、语音输入/输出技术等。虚拟现实技术可应用在医学、娱乐、房产开发、工业仿真、教育和虚拟社区等多方面。

以医学为例，在虚拟环境中，可以建立虚拟的人体模型，借助跟踪球、HMD、感觉手套，学生可以很容易地了解人体内部各器官的结构，这比现有的利用教科书教授相关知识的方式要有效得多。Pieper及Satara等研究者在20世纪90年代初基于两个SGI工作站建立了一个虚拟外科手术训练器，用于腿部及腹部外科手术模拟。这个虚拟环境包括虚拟的手术台与手术灯、虚拟的外科工具（如手术刀、注射器、手术钳等）、虚拟的人体模型与器官等。借助HMD及感觉手套，使用者可以对虚拟的人体模型进行手术。但该系统有待进一步改进，如提高环境的真实感、增加网络功能，以使其能同时培训多个使用者或可在外地专家的指导下工作等。在手术后果预测及改善残疾人生活状况，乃至新型药物的研制等方面，虚拟现实技术都有十分重要的意义。

医学院校的学生可以在虚拟实验室中进行"尸体"解剖和各种手术练习。由于这项技术不受标本、场地等限制，所以培训费用大大降低。一些用于医学培训、实习和研究的虚拟现实系统，仿真程度非常高，其优越性和效果是不可估量和不可比拟的。例如，导管插入动脉的模拟器，可以使学生反复实践导管插入动脉时的操作；眼睛手术模拟器，根据人眼的前部结构创造出三维立体图像，并带有实时的触觉反馈，学生利用它可以观察、模拟移去晶状体的全过程，并观察到眼睛前部结构的血管、虹膜和巩膜组织及角膜的透明度等。此外，还有麻醉虚拟现实系统、口腔手术模拟器等。

外科医生在真正动手术之前，通过虚拟现实技术的帮助，能在显示器上重复地模拟手术，移动人体内的器官，寻找最佳手术方案并提高熟练度。在远距离遥控外科手术、复杂手术的计划安排、手术过程的信息指导、手术后果预测及改善残疾人生活状况等方面，虚拟现实技术都发挥着十分重要的作用。

2.3 大数据与云计算——第三次浪潮的华彩乐章

2016年的淘宝"双十一"活动以1 207亿元收官，其中无线交易额占比81.87%，覆盖235个国家和地区，这一成绩创造了八届"双十一"以来的历史新高。52秒破10亿元；1小时破353亿元；首单13分钟便送达签收；2小时30分20秒，销售额超500亿元；12小时销售额超807亿元……

"双十一"全天，物流方面再次刷新全球纪录，菜鸟网络共产生6.57亿份物流订单；支付方面，支付宝的支付总笔数为10.5亿笔，其中，花呗支付占比20%；保险总保单量为6亿笔，总保障金额达到224亿元。

对品牌和商家来说，"双十一"也是一个"秀肌肉"的关键场合。据不完全统计，当天共有94个品牌交易额过亿元。其中优衣库以2分53秒交易额破亿元，成为2016年"双十一"全品类第一个"亿元俱乐部"商家。苹果手机首度亮相"双十一"，就在手机销售中夺魁。首次参战天猫"双十一"的法国娇兰，仅用12分钟，交易额已超过其入驻天猫时整月的预售额和"超级品牌日"全天销售额；同为该集团的MAKE UP FOR EVER仅用15分钟，交易额就达到2015年"双十一"全天的3倍。

此外，11月11日6时54分53秒，2016天猫"双十一"交易额超571亿元，超越2014年的"双十一"全天交易额；11月11日15时19分13秒，2016天猫"双十一"全球狂欢节交易额912亿元，无线交易占比83%，超越2015年的全天交易额；2016年11月11日18时55分36秒，天猫"双十一"交易额超1 000亿元，无线交易占比82%；2016年11月11日22时12分03秒，天猫"双十一"交易额首次达到1 111亿元。

从2009年5 000万元的交易额，到2015年的912亿元交易额，再到2016年单日进入千亿元交易额，背后是阿里巴巴生态从裂变到聚变的过程。阿里巴巴董事局主席马云认为，阿里巴巴正在构筑的是未来商业的基础设施，包括交易市场、支付、物流、云计算和大数据，不仅让商家与互联网连接，更让商家与未来的商业模式相连接。

2.3.1 大数据的出现

大卫·温伯格（美国哈佛大学互联网研究中心高级研究员）：我觉得，这似乎是互联网时代的悖论，一方面，互联网给了我们巨大的自由，任何人都能够畅所欲言，并被全世界知道，我们获得比历史上任何时候更大的自由；另一方面，数字技术的进步也同样意味着万事万物都能被追踪，经过追踪，个人信息和行为将显露无遗。

伦纳德·克兰罗克（互联网之父，美国加州大学洛杉矶分校特聘教授）：有没有看过一幅漫画，一条大狗坐在计算机旁边上网，旁边还有一条小狗，大狗对小狗说："在互联网上，没有人知道你是一条狗。"事实是，人们不仅知道这是一条狗，而且知道它早餐吃了什么，穿了什么衣服……

维克托·迈尔·舍恩伯格（英国牛津大学互联网研究所教授，《大数据时代》作者）：我的担忧不是因为我们进入了一个被监视的社会，而是我们进入了一个人类行为被如此精确预测的社会，我们降低了人类的自由意志以及人类的个人特征，而这些远比被监视更加危险。

人类面临的危险已经被描绘得具体而真切，英国剑桥大学的研究者表示，他们可以通过网络数据预测一个人的性取向，判断一个人的父母是否曾经离婚。美国东北大学跟踪研究了10万名手机用户，分析了1 600万条通话记录和位置信息，他们得出的结论是，预测一个人在未来某时刻的地点位置，准确率可以达到93.6%。

安德鲁·基恩（《网民的狂欢》作者）：彻底的透明化，将使我们不再成为人。我建议，只有我们保持一定程度的自我隐私，才不会丢掉人的核心——人性，才不会丢掉人类最重要的东西。

网络为人类实现了不会遗忘的记忆，永远记住了每个人的每个行为。

美国教师米歇尔，年少时曾尝试过大麻，盗取过她喜欢的某件物品，20岁的时候，她为此专门写了一本书，反省自己的少不更事，并上传到网络。在她32岁时，这部私人作品中的劣迹被同事发现，于是她失去了当下的工作，此后的数年间，她辗转美国各地求职都被拒绝，她知道是自己的过往又被搜索了出来，年少时吸食大麻和偶然的偷盗成为她摆脱不了的人生噩梦。

丹尼尔·格罗斯（美国《新闻周刊》编辑）：当我还是个孩子的时候，可以说愚蠢的话、做愚蠢的事，没有人会知道，也不会被保存下来，但现在你做的每件事情，你在脸谱、推特上这些动作，都会被永远地记录下来。

加拿大心理咨询师安德鲁·菲尔德玛在穿越美加边境接一位朋友的时候，毫无思想准备地被美国警方扣留。原因是值班警察在网络搜寻中得知这位加拿大的来客服用过致幻剂，尽管这件事发生在40多年前，而这件事是菲尔德玛曾经在一篇论文中自己透露的。

阿莱克斯·克罗托斯基（英国伦敦政治经济学院访问学者）：现在与过去的一个不同，我认为是互联网不会忘记信息，你可以非常容易地找到一个人的所有信息，在某种程度上，成为私家侦探是非常容易的，因为每个人的信息都在那儿，这对社会应对而言是有意思的演变。

网络永远记住了我们，网络不会遗忘每一个岁月。我们在数字时代实现了永生，但没有人知道那些永远存在的数据会在什么时候、以什么方式，给一个人带来什么。

辛迪·柯恩（美国电子前沿基金会法律主管）：我们知道他们收集了美国的电话记录，监控了深海电缆；我们知道他们从国外复制了人们的通信记录。所有这些行为都是非法的，全球所有公民需要站起来，呼吁我们在交流时应保有隐私，这是人类尊严的一部分。

卢哈诺·弗洛里迪（英国牛津大学互联网研究所教授）：国家安全问题是每个政府都面临的问题，安全性的强度通常取决于掌握国家动态信息的多少，如果我们想要保护，就需要预测，如果要预测，就要获得信息，获得信息就意味着要监控，每个政府都有保护公民的职责和保护公民人权不受侵犯的职责，但这两项职责是相违背的，安全性和隐私性之间的平衡，是每个国家都面临的困难抉择。

随着网络信息化的日益普遍，电子商务、社交网络及移动互联网技术正在不断拓宽互联网的应用领域，我们正处在一个数据不断增长的大数据时代，大数据不断影响着人们的社会、经济、文化，大数据时代对人类的数据驾驭能力提出了新的挑战与机遇。数据中心正在成为新时代的"信息电厂"，成为知识经济的基础设施。大数据正在影响着人们的生活，改变着人类的思维方式。

经过近半个世纪的发展，信息技术已经能够解决云计算中结构性数据的存取、处理及应用。结构性数据具有智能化的特点，如同学生在输入学号以后，就可以查到记录着成绩、登录时间、年龄、网络信息和消费记录等的信息，这些数据的特征就是"逻辑性"非常强，且"因果"紧密相关。

在人们的日常生活中，数据并没有明显的因果关系，如天气状况、交通状况与人的心理活动等，这些数据是即时的、海量的、弹性的，如某一天的天气状态分析会包含上百个PB（Petabyte，1Petabyte = 1 024TB）的数据。而某一事件，如iPhone7的发布，在互联网上的相关数据（图片、视频、文章、讨论等）就会全部爆发出来。

传统的计算机所解决的是结构性数据的问题，这种新的非结构性数据的问题需要一种新的计算机架构来解决。在互联网时代，在日常生活中，人们所产生的是以PB为单位的结构性及非结构性数据，这就是人们面临的大数据时代。

大数据是各种数据的结合，且无法在一段时间内利用软件工具对其内容进行抓取、管理和处理。大数据应用技术，就是要在各种大量的数据中，快速提取到有价值的信息。目前，并行处理、数据挖掘网络、分布式数据库、互联网、云计算和分布式文件处理等多种技术被应用于大数据处理。

2.3.2 大数据的特点

维克托·迈尔·舍恩伯格（英国牛津大学互联网研究所教授，《大数据时代》作者）：大数据时代中，数据的真正价值体现在所谓的"二次用途"中。数据的这种使用，在这之前从未有人想过，在大数据时代，旧的隐私条例失效了，失效后，我们就需要新的条例，同时，我们还要尽可能地让数据长久存在，因为数据有很多附加价值，定时删除数据是我们在保护大数据使用价值和保护个人隐私之间求得平衡的一个办法。

大数据具有以下四个基本特征：

一是数据量巨大。据百度搜索公司表明，其首页每天需要提供超过 2.5PB 的数据。如果打印出来，则需要超过 5 000 亿张的 A4 纸。而人类的印刷资料都没有超过200PB。

二是数据的类型多样化。目前所处理的数据包括了传统的数据，同时还包括了图片、音频、地理信息等数据，其中非结构性数据占据了大多数。

三是数据处理速度快。需要在 1 秒或者更短的时间内，从各种类型的数据当中快速获得有价值的信息。

四是价值密度低。如在监控视频中，几个小时的数据中有用的数据可能只有不到 10 秒。

2.3.3 大数据的处理

（1）采集

通过一个或者多个数据库来接收发自客户端（Web、APP 或者各种类型的传感器数据接收器）的各类型数据，用户对这些接收到的数据进行简单的应用（查询和计算等）。如电子商务网站会利用关系型数据库 MySQL 和 Oracle 来存储每次交易的数据，同时，Redis 和 MongoDB 这样的 NoSQL 数据库也被应用于数据采集。

在大数据采集中，数据的并发数非常高，可能有成千上万的用户同时进行访问和操作，如"双十一"期间的淘宝和春节期间的火车票购票网站。此时，需要在采集端部署多个数据库才能保证系统的平稳运行。如何在多个数据库之间进行数据负载均衡及分片合并，就需要更深入地设计。

（2）导入/预处理

大数据采集端配置了多个数据库，若要对这些海量的数据进行分析，就需要将这些获取的数据重新集中到一个更大型的分布式数据库当中，或者存储集群当中，在导入前可以进行一些初步的压缩或者预处理工作。

预处理的难点在于，需要导入的来自采集端的数据量非常巨大，每秒钟可以达到几百兆，甚至上千兆。

（3）统计和分析

大数据的统计和分析依赖分布式数据库，或者计算集群，只有这样才能满足常见的统计分析及分类汇总。同时为了保证实时性，目前一些实时性较好的软件，如 EMC 的 GreenPlum、Oracle 的 Exadata 以及基于 MySQL 的列式存储 Infobright 等，在进行处理批量数据或者半结构化数据时都需要用到 Hadoop。

统计和分析这部分的主要特点和挑战是：涉及的数据量大，其对系统资源，特别是 I/O 会有极大的占用。

（4）挖掘

与大数据的统计和分析不同，数据挖掘的主要目的是从数据中找出有意义的内容。目前，其主要应用于预测，如百度推出的股票预测就是基于大数据挖掘的，采用的方法主要是 Kmeans，用于统计、分析及分类的 SVM 和 NaiveBayes 等。因为这些方法以单线程为主，要处理的数据量特别巨大，所以处理的速度有待提升。

对大数据的处理主要涉及这四个方面，随着计算机技术的发展，大容量、高价值、高速度、多样化必将成为大数据发展的趋势。

小知识

百度大脑——2016 年 9 月 1 日，百度首次向外界全面展示了百度人工智能成果。百度宣布对广大开发者、创业者及传统企业开放百度大脑的核心能力和底层技术。开放的百度大脑，将引领整个互联网行业进入下一幕。百度大脑有三个组成部分：一是超大规模的计算；二是先进的算法；三是海量的大数据。百度大脑有全球目前最大的深度学习的神经网络，有万亿级的参数，有千亿级的特征训练和不同的模型，同时还有几十万台服务器，有各种不同的架构——GPU、CPU、FPG，当然也有海量的数据。这些数据有搜索的、定位的、交易的，可以打造个性化的知识图谱、商业逻辑和用户画像。百度大脑有很多功能，包括语音、图像、自然语言以及用户画像。目前，这些功能已经用到了百度的各个产品里面，包括 VR、

AR、医疗、教育、金融和交通等。

2.3.4 云计算

云计算（Cloud Computing）通过互联网来实现，即通过在互联网中增加相关服务、利用和交互相关模式来实现，一般涉及的是网络当中用来提供动态及能够扩展的且虚拟化的相关资源。这种方式使存在于网络当中的软硬件资源可以按照实际需求分配给需要资源的计算机和其他设备。云可以理解为互联网或者网络。交互和使用就是按照实际需求，通过易扩展的形式获取资源；更广泛地说，云计算是服务的交互使用模式，利用网络，按照易扩展、按需的形式获取所需服务。这种服务可以与互联网相关，服务相关软件；也可以是其他服务将计算能力转换为一种商品，且可以通过互联网进行流通。

云计算的特征主要有：

（1）计算资源分配动态化

根据实际需求的动态申请及释放的不同资源，合理、及时地增加相应的资源，从而实现资源自适应的分配，当用户使用完毕，立刻释放资源。云计算为用户解决了资源的动态需求，实现了资源的最优化利用。

（2）资源需求自助化服务

利用云计算实现用户资源的自助性，资源提供商无须与用户进行交互，即可获得需要的资源。同时，云服务商可以根据用户的需求提供相应的服务菜单，用户可以自助地选择一定的服务内容及项目。

（3）依赖网络

云计算的整体架构和相关组件通过网络进行连接，并存在于互联网当中，通过网络向用户提供相关服务。用户通过有线设备或者无线设备，利用云平台应用实现对网络资源的使用，保证了云计算无处不在。

（4）云资源的透明化和池化

对云资源的提供商而言，各种硬件资源（存储、计算、网络及资源逻辑等）的异构性被屏蔽，所有的限制被打破，各种计算资源可以被统一调度和管理，形成"资源池"，按照用户需求提供服务；且这些资源是透明的、无穷大，对用户而言，不需要了解云资源的内部结构，只关注需求是否得到满足。

2.3.4.1 云计算的技术

云计算的核心技术是并行计算（Parallel Computing）。并行计算是指同时使用多种计算资源解决计算问题的过程。通过并行计算集群完成数据的处理，再将处理的结果返回给用户。

2.3.4.2 云计算和大数据

（1）云计算和大数据的关系

一般来说，大数据与云计算是静与动的关系；数据是用于计算的对象，属于静态对象，而云计算的核心是计算，为动态的概念。在实际应用中，大数据注重存储功能，云计算强调计算能力，这两者存在一定的关联。大数据需要具有快速的处理能力（如数据转换、清洁、统计、分析等能力），这种能力就是计算能力。同时，云计算也是相对的，如基础硬件设备提供的主要是数据存储能力，这两者是相辅相成的。数据在当今社会发挥着无可比拟的作用，而大数据更是人类的宝藏，云计算是找到宝藏的那把钥匙。

案例

美国明尼苏达州一家塔吉特门店被客户投诉，一位中年男子指控塔吉特将婴儿产品优惠券寄给他的女儿——一个高中生。但没多久他却来电道歉，因为女儿经他逼问后坦承自己真的怀孕了。塔吉特百货就是靠分析用户所有的购物数据，然后通过相关关系分析得出事情的真实状况的。

互联网时代，超大体量和多种类型的数据，大大超出了传统数据库的处理能力，这就需要依赖大数据技术来管理这些体量巨大的数据，并且从这些数据中获取有价值的资源。大数据的处理技术将不断更新换代，相关产品也会不断出现，必将迎来互联网领域新的黄金时代。大数据的本质也是数据，其关键的技术依然逃不脱：

大数据存储和管理；

大数据检索使用（包括数据挖掘和智能分析）。

围绕大数据，一批新兴的数据挖掘、数据存储、数据处理与分析技术将不断涌现，这使处理海量数据更加容易、更加便宜和迅速，成为企业业务经营的好助手，甚至可以改变许多行业的经营方式。

1）大数据采用的商业模式体系——利用云计算及其分布式的架构。

大数据技术不仅改变了世界，同时改变了传统计算机的运行方式，所处理的数据呈现"爆炸式"增长，无论是文档、音频、视频，还是文章、微博、电子邮件，或是其他的，如遥感图像、蓝光数据等。同时，要求处理数据的速度更快、实时性更强、更具有普及性。在资源池中，用户根据实际需要获取计算资源、信息服务及存储空间。通过云计算，用户获取的存储空间和计算能力更加廉价，同时利用分布式架构，能更好地支持数据的处理和存取需要。低价、快速、大容量，这些都将为大数据更快的普及和利用奠定基础。

2）大数据的管理——云数据库。

云数据库的出现为大数据的管理提供了新的思路。由于云数据库通过分布的大量低成本的服务器和存储设备来处理数据，因此可以对各种网页及交互性应用中的海量数据提供帮助。利用分布式技术，实现了对海量数据的实时处理，满足了大数据环境下业务的需求。云计算对关系型数据库的发展带来一定的影响，当前大多数的系统仍然采用关系型数据库，如银行业及证券行业。随着云计算的不断发展，必然会对这些系统带来冲击，从而影响相关业务系统及电子商务技术的发展。同时，基于关系型数据库服务的云数据库产品将是云数据库的主要发展方向。云数据库提供了海量数据的并行处理能力和良好的可伸缩性等特性，同时支持在线分析处理（OLAP）和在线事务处理（OLTP），提供了超强性能的数据库云服务，并成为集群环境和云计算环境的理想平台。云数据库是一个高度可扩展、安全和可容错的数据库,通过整合客户能降低成本,管理多个数据,同时还能提高系统的性能,协助做出更好的决策。

这样的云数据库具有以下特点:

a. 处理的数据是海量的:对电商及电信运营商等运营分析系统等大型系统,其处理的数据数量是 PB 级的,数据流量是百万级的。

b. 采用集群管理:利用分布式应用实现对系统的管理、应用和部署。

c. 低延迟读写速度:响应速度的提高,可以增加用户的满意度。

d. 架构及运营成本:系统的软硬件成本及人力成本都降低了很多。

利用云数据库及相关技术,如数据节点的动态迁移、中心管理、副本容错、SN(Share Nothing)体系、数据压缩和任务追踪等,降低磁盘空间、缩短磁盘 I/O 的时间、提高数据操作的速度。

云数据库需要不断升级才能更好地适应云计算模式;同时,传统的数据库要不断升级才能增强云数据库的应用,适应云计算方式;拥有虚拟支持、动态资源配置及可扩展等,云数据库才可以在未来发挥更大的作用。

(2)云计算改变着大数据

云计算可以为大数据提供便宜的、可扩展的计算资源和磁盘空间,从而使中小企业利用大数据进行分析成为可能。

由于网络资源非常巨大,并分布于整个网络当中,故需要借助异构系统进行精确分析和处理。从大数据到云计算还需要依赖云资源的完善及数据通信带宽的提高。大数据技术的发展还需要能够将原始数据转入云环境,且云资源池可以不断扩展。

案例

全球零售业巨头沃尔玛在对消费者购物行为进行分析时发现,男性顾客在购买婴儿尿布时,常常会顺便搭配几瓶啤酒来犒劳自己,于是推出了将啤酒和尿布摆在一起的促销手段。没想到这个举措居然使尿布和啤酒的销量都大幅增加了。如今,"啤酒+尿布"的数据分析成果早已成了大数据技术应用的经典案例,被人津津乐道。

当人们从大数据分析中尝到甜头后,数据分析集就会逐步扩大。目前大部分的企业所分析的数据量一般以 TB 为单位,按照目前数据的发展速度,很快将会进入 PB 时代。特别是目前在 100~500TB 和 500+TB 范围的分析数据集的数量呈 3 倍或 4 倍的增长。随着数据分析集的扩大,以前部门层级的数据集将不能满足大数据分析的需求,它们将成为企业级数据库(EDW)的一个子集。根据 TDWI 的调查,如今大概有 2/3 的用户已经在使用企业级数据库,未来这一比例将会更高。传统的数据库可以正常持续,但是会有一些变化,一方面,数据集和操作性数据存储(ODS)的数量会减少;另一方面,传统的数据库厂商会提升它们产品的数据容量和数据类型,以满足大数据分析的需要。

(3) 大数据和云计算是未来的发展方向和趋势

虽然大数据目前在国内还处于萌芽阶段，但其商业价值已得到了体现。在不久的将来，云计算资源和大数据存储空间都将成为可以交易的商品。但是数据量大并不一定是大数据，大数据的特征还包括数据的种类多、数据的价值大及非标准化的数据多等。大数据是通过数据的共享及交叉复用来实现其价值最大化的。未来的大数据必将成为一个产业，通过数据的维护、发布、管理及复用，使资源的价值最大化。

大数据的整体态势和发展趋势主要体现在：大数据对人类的生活、大数据对安全隐私、大数据对经济发展、大数据对学术等都将产生深远的影响。总的来说，大数据的数据规模将变得更大，数据资源化、数据的价值最大化、数据的私有化是今后的发展趋势。大数据将催生众多相关职业，产生更多的数据工程师、数据分析师，有相关经验的专业人才会变得非常紧缺。随着大数据及云计算技术的不断发展，数据联盟将会不断涌现，这些专业的团体将会在大数据分析及应用中获得最大化的利益。同时，数据的隐私问题也会变得异常突出，通过大数据分析可以获取大量的个人及企业的隐私，对大数据的监管将变得异常紧迫。大数据在国家、社会和企业层面成为重要的战略资源，数据资源化成为新的战略制高点。

2.4 人工智能

小知识

1997年IBM的超级计算机"深蓝"打败了世界象棋冠军卡斯帕罗夫，这个机器的胜利标志着人工智能领域的研究从复制人类智能转向了专门领域的深层技术。

2014年，人工智能在DARPA的一项机器车穿越沙漠的挑战赛中发挥了巨大作用。这项挑战的成功预示着未来机器车能够自动驾驶，让人从驾驶的疲劳中解放出来。尽管家家有一台机器人的时代还没来临，但人工智能在这方面已经前进了一大步。如果未来的计算能力能够以指数级增长，那么真正的人工智能时代也许不远了——那可能是一个人和机器结合的时代，人类的认知能力将大大增强，身体将更加健康。

谷歌自动驾驶汽车于2012年5月获得了美国首个自动驾驶车辆许可证。2014年12月中下旬，谷歌首次展示了自动驾驶原型车成品，该车可全功能运行。2015年5月，谷歌宣布将于2015年夏天在加利福尼亚州山景城的公路上测试其生产的自动驾驶汽车。

2014年4月，中国搜索引擎、互联网巨头百度与德国宝马宣布，开始自动驾驶研究项目，并在北京和上海路况复杂的高速公路上进行测试。

2016年3月，谷歌旗下的AlphaGo与韩国九段棋手李世石之间的人机世纪大战落下帷幕。在这一场世纪之战中，AlphaGo以4:1的比分成功击败李世石而取得胜利，引起了全世界的关注。

随着人类对自身认识的加深和不断探索，如何让机器具有人的功能引起了众多科学家的兴趣，机器人应运而生。人类最初发明机器人的目的是让机器人代替人来完成那些枯燥、单调、危险的工作。随着科技的迅猛发展，智能机器人越来越具有人的特点，变得越来越聪明，功能也越来越强大。科学家们正致力于研发能够理解人类语言、模仿人类动作、具有人类外形的智能机器人。日本在机器人的研发方面处于世界领先水平，每年还会举办各种世界级机器人大赛，如机器人足球赛、机器人跳舞大赛、机器人马拉松大赛等。

如今，人工智能成果已经遍布现代经济的各个角落——银行的防交易诈骗系统、手机语音识别、搜索引擎的数据检索，等等。在商业领域之外，人工智能的应用包括帮助医生诊断疾病、利用视觉识别系统监视海滩和泳池，等等。如今大多数的科学领域都依赖着某种形式的人工智能，人工智能工具已经成为科学家的强大工具，可用来理解数据集。在第六次科技革命中，自动驾驶汽车将成为人工智能的突破领域。据预测，截至2035年全球将拥有近1 180万辆自动驾驶汽车，而全自动化无人驾驶汽车的推出速度会相对较慢。预测至2025年，全球自动驾驶汽车销量将占汽车总销量的0.2%。2025年自动驾驶汽车电子技术将使汽车售价上升7 000美元至1万美元不等，至2035年，随着无人驾驶变成现实，这一数字将上升到9.2%。预计至2035年自动驾驶汽车全球总销量将由2025年的23万辆上升至1 180万辆。从这些数据来看，无人驾驶将会占据第六次科技革命的巨大市场。

特斯拉自动辅助驾驶系统已被证明可以提高车辆在道路上行驶的安全性。特斯拉选装自主辅助驾驶套件后，当驾驶员使用钥匙启用召唤功能时，车辆会自动驶出车库，并探测驾驶员所在位置，停靠到驾驶员附近，随后驾驶员进入车辆发动汽车、上路，准备开始感受一段融合了尖端科技的愉快旅程。整套最新的2.0硬件系统包括了8个摄像头，可以覆盖360°可视范围，对周围环境最远监控距离可以达到250m；12个超声波传感器，增强前置雷达，通过冗余波长提供周围最丰富的数据；此外，车辆还搭载着比上一代运算快40倍的处理器，运用特斯拉公司自主研发的声呐与雷达系统软件，当车辆收到驾驶员发出的变道信息时，系统会根据周围道路的情况，自动完成车道变换。当车辆接近目的地的时候，系统会自动搜寻适合泊车的车位，并自动探测周边车距，将车辆停入车位，完成旅程。

当你走出家门时，一辆汽车已经停在你面前；当你靠近车门，接触车门把手的时候，车门自动开了。打开车门上车后，在操控面板上选择目的地和放松模式后，座椅会缓缓下降，调整至最舒服的休息状态，副驾驶手套箱位置将翻起一块大尺寸液晶显示屏，让你尽享娱乐。汽车则安全、高速地行驶，车外的道路很畅通，汽车高速穿越路口时也不会相撞，汽车之间直接沟通，转向、减速、加速等行为都可提前预测、告知，并自行处理。有警车、救护车行进的道路上，社会车辆会自动避让。汽车到达目的地后，会自动去下一个有需求的人面前继续运输。这就是人们理想中的未来汽车：高度智能化无人驾驶汽车。

无人驾驶还能做其他的吗？答案是肯定的。当全球无人驾驶全面推行时，人们可以不用去车库提车，甚至有可能不用去考驾驶证，没有车位停车就让你的车自己去找停车位吧！出租车也许就没有司机了，与滴滴打车类似的软件也许会大力发展起来，会有一个超大的互联网和数据库为无人驾驶服务，当然地图的精准定位就显得更加重要了。无人驾驶还会具备紧急刹车、提前预警等功能，甚至还会有密码、指纹识别、人脸识别等更加安全高端的功能。例如，前方有车急剧减速，在你需要时间反应时，无人驾驶已经启动了紧急制动功能。或者当前方出现塌方、泥石流、暴雪、大雨或有雾天气时，无人驾驶会提前提醒你，给你更贴心的服务，进而可能会发展成"微软公司的 Cortana（微软小娜）"，当你不高兴时，它会陪你聊天，当你心情好，它会自动播放歌曲来为你助兴……

　　无人驾驶飞机会不会也有类似的发展呢？机器人工业的兴起引发了人们对人与机器的关系的思考。著名科幻小说家艾萨克·阿西莫夫在他的机器人相关作品中为机器人设定了行为准则，即机器人定律。虽然这一定律在现实机器人工业中没有应用，但目前很多人工智能和机器人领域的技术专家也认同这个准则，随着技术的发展，机器人定律可能成为未来机器人的安全准则。提出机器人定律的重大现实意义，也催生了建立在机器人定律基础上的新兴学科——机械伦理学，这是一门旨在研究人类和机械之间的关系的全新学科。

　　人工智能除了这些，还有些什么呢？

（1）谷歌人工智能项目 DeepMind

　　位于伦敦的谷歌研发部门 DeepMind 已经开发出能够自主玩视频游戏的人工智能技术。以 DeepMind 技术为基础的计算机系统，能以惊人的速度学习，可快速掌握游戏玩法，精通游戏获胜方法。此前，团队将其称为深度 Q-network 学习网络，仅需观察游戏画面以及游戏得分的变化情况，即可分析获得"通关技巧"以及掌握得高分的玩法及算法，能够达到专业级人类玩家的水平。目前这个系统在相同算法、网络架构以及参数的设定下，已经经过 49 个游戏的测试，目前已经能够熟练操作 22 种游戏，达到专家级的游戏水平。这套系统进一步证明，人工智能可以通过深度学习掌握游戏技巧，并获得和人类一样的操控力，甚至在某些方面超过人类。

（2）IBM Watson Analytics

　　2015 年，IBM 发布了 Watson Analytics。Watson Analytics 实现了基于自然语言的认知服务，可以为商务人士即时提供预测和可视化分析工具。Watson Analytics 于 2016 年年末推出了基于云服务的免费增值应用版本 Freemium Version，其可在计算机及移动设备上使用。Watson Analytics 可提供自助式分析功能，包括数据访问、数据清洗、数据仓库，帮助企业用户获取和准备数据，并基于此进行分析、实现结果可视化，为使用者采取有效行动和开展进一步交互提供基础和便利。Watson Analytics 的计算能力相当于 40 亿个神经突触，但耗电只有 2.5 W。目前存储 1BT 的信息需要 100 万个原子，IBM 新一代存储技术只需要 12 个原子。在这样一个大数据爆发的年代，这样一项存储技术具有划时代的意义。

（3）微软公司的人工智能产品 Torque

　　2016 年 2 月，微软发布了一款为安卓平台的用户量身打造、以手势驱动并语音交互的人工智能产品 Torque。作为微软公司在安卓平台上的首个人工智能产品，同时也是微软公司首个针对可穿戴设备的中文产品，Torque 的目标是用最小的界面把信息的传递做到最直接、最及时。Torque 的诞生解放了安卓用户的双手，用户只需要轻轻摇动手腕，然后对它说"快乐大本营主持人""最近的肯德基在哪""打电话给张勇"等指令，就能体验以极简的动作轻松得到信息和完成更多任务。这也正是微软公司对移动互联时代、移动生产力和效率的理解。据微软公司有关负责人表示，Torque 和"小冰""小娜"等微软人工智能产品一样，都采用了必应大数据平台作为底层引擎，来处理每个用户通过手机和移动互联网上传到云里的语音命令；而微软公司（亚洲）互联网工程院的人工智能产品团队，针对中国用户的偏好和习惯，在功能上做了特殊设计和本地化开发。

（4）新闻写作机器人

美联社①于 2014 年夏天启用 Wordsmith 平台自动撰写财经新闻。按照美联社商业新闻主管 Lou Ferrara 的说法，采用基于算法的机器进行新闻写作后，在无须增加新的人手的情况下，美联社的商业新闻中关于企业季度经营状况的报道量，增加了 10 多倍，从原先每季度 300 篇上升到 4 400 篇，而与此同时，能把之前用于此类报道的记者"解放"出来，让其可以从事更具有创造性和挑战性的新闻策划和新闻源拓展工作。该系统刚上线时，尚需人工审稿并对平台加以调整，三个月后已完全不需要人为干预。

（5）Skype 实时翻译工具

微软公司的实时翻译工具 Skype 将语音识别技术和微软公司所谓的"深度神经网络及微软已得到证明的静态机器翻译技术"结合在一起，能自动翻译不同语言的语音通话和即时通信消息。目前支持英语、西班牙语、意大利语和汉语普通话。此外，即时通信消息的翻译已支持 50 种语言，包括法语、日语、阿拉伯语、威尔士语，甚至克林贡语。前三种识别结果的准确率已经达到了 90% 以上。这款翻译工具集成了机器翻译、语音识别、机器学习、大数据等先进技术，因此被广泛看好。据了解，Skype 中文实时口译所需的语音识别技术，由微软（中国）和微软（美国）的研究人员联合开发。

由此我们便可以知道，人工智能的发展潜力巨大，以后我们的保安、宠物、工人、司机和医生等，都可能由人工智能来代替。让我们拭目以待吧！

小知识

机器人零定律：机器人必须保护人类的整体利益不受伤害；机器人第一定律：机器人不得伤害人类个体，或者目睹人类个体将遭受危险而袖手不管，除非这违反了机器人零定律；机器人第二定律：机器人必须服从人给予它的命令，当该命令与零定律或者第一定律冲突时例外；机器人第三定律：机器人在不违反机器人零定律、机器人第一定律和机器人第二定律的情况下，要尽可能保护自己的生存。

今天的人工智能是擅长单个方面的人工智能，比如，能战胜象棋世界冠军的人工智能，但是它只会下象棋。未来的人工智能也许能和人类比肩，人类能干的脑力活它都能干。也许有一天人工智能可以是比人类强万倍的。到那时，治愈不治之症、寿命 200 岁等都将变成可能。

---

① 美联社，美国联合通讯社。

思考题

1. 什么是信息？
2. 什么是互联网？
3. 硬件革命、网络革命的未来如何？
4. 什么是大数据？请举例说明。
5. 什么是云计算？
6. 什么是人工智能？
7. 未来的手机会如何？

参考文献

[1] 王观然．中国移动互联网发展创新理论实证研究［D］．北京：中国人民大学，2012．

[2] 孙巍，王玉珍．物联网技术在医疗监管中的应用初探［J］．医疗卫生装备，2012，33（7）：123－124．

[3] 陈如凯，王凯，李刚，等．浅谈计算机中央处理器的发展方向［J］．计算机光盘软件与应用，2011（4）：95－95．

[4] 赵静蕊．物美价廉为何没能中标？［J］．石油石化物资采购，2008（11）：44．

[5] 张良友．X86历史之旅［J］．吉林农业科技学院学报，2007，16（1）：36－38．

[6] 季常弘．"互联网＋"背景下高职教育的思考［J］．辽宁省交通高等专科学校学报，2015，17（6）：40－43．

[7] 李威．基于IP地址的网络实体地理位置定位技术研究与实现［D］．北京：北京交通大学，2012．

[8] 李欠欠．简述新技术、新材料与工业设计的关系［J］．才智，2015（26）：363．

[9] 杨传名．全数字直流电控系统可行性研究［J］．中小企业管理与科技，2013（3）：244－246．

[10] 丁健，倪明芳．量子通信技术引领网络信息安全新方向［C］．//第二十六届全国计算机信息管理学术交流会论文集．2012：271－275．

[11] 刘瑶．基于TDABC法的物流中心成本分析与控制研究［D］．成都：西南交通大学，2014．

[12] 曹志娟．"十三五"新面貌："中国制造"升级为"中国创造"［J］．决策探索，2016（6）：4－9．

[13] 刘玉．财经动态［J］．国际融资，2015（1）：72－73．

[14] 姚展．虚拟现实技术在数字图书馆中的应用［J］．计算机编程技巧与维护，2016（13）：84－85．

[15] 李晓亮．基于虚拟现实的陶瓷结合剂CBN砂轮磨削研究［D］．沈阳：东北大学，2009．

[16] 孙烁．水体光照效果的渲染方法［D］．青岛：中国海洋大学，2007．

[17] 宋扬. 基于运动估计的镜像康复技术研究 [D]. 沈阳：沈阳理工大学，2013.

[18] 武昊蔚. 一种可行的大规模云层真实感建模及绘制研究 [D]. 成都：电子科技大学，2010.

[19] 吴昊. 面向预警决策的大数据管理平台软件体系结构研究 [D]. 天津：天津大学，2013.

[20] 金兼斌. 机器新闻写作：一场正在发生的革命 [J]. 新闻与写作，2014(9)：30-35.

第3章

生命与健康——人类存在的基石

> 生物技术是当今科技发展的主要推动力之一，是当前发展最快、潜力最大和影响最深远的一项高新技术，也是21世纪解决人类面临的人口、健康、粮食、能源、资源与环境等问题，实现可持续发展的有效途径之一。生物技术被广泛应用于化工、食品、能源、医药卫生和农林等领域，已成为最具潜力的高新技术，并已产生极大的经济效益，必将成为第六次科技革命的支柱产业之一。

生物技术是以分子遗传学为主，研究生命活动规律、生命的本质、生命的发育规律，以及生物之间、生物与环境之间相互关联的一项技术，其最终目的是诊断治疗遗传病、提高农作物产量、改善人类生活与保护环境。

3.1 生物技术的发展现状

当前，生物技术正进入大规模产业化阶段，生物医药和生物农业日趋成熟，生物制造、生物能源和生物环保快速兴起。

全球生物产业快速发展，年增长率远高于世界经济增长率，生物产业已成为增长最快的经济领域。《2015年世界前沿技术发展报告》指出，2014年全球制药产业总收入达到10 572万美元，同比增长6.4%。全球最大的医药市场咨询公司艾美仕发布的《2020年全球药物使用》报告显示，2015年全球药物支出约1.07万亿美元，预计到2020年将达到1.4万亿美元；未来5年全球药物支出的复合年均增长率将达到7%，远高于全球3%左右的经济增长速率。

当前，各国的医疗政策越来越倾向支持高技术药物的研发与应用。预计到2020年，生物技术药物的研发费用将达2 910亿美元，其在全球药物研发总费用中的占比将超过25%。

近年来，我国生物医药产业发展迅猛。2015 年，我国医药制造业规模以上工业企业实现主营业务收入 25 537.1 亿元，同比增长 9.1%，远高于全国规模以上工业企业 0.8% 的整体增速。从利润总额看，2015 年我国医药制造业规模以上工业企业实现利润总额 2 627.3 亿元，同比增长 12.9%，增速较快，高于全国规模以上工业企业 5.76% 的整体增速。

生物技术是一门既传统又新兴的学科，其发展历程包括传统生物技术与现代生物技术两个阶段；其基本技术包括基因工程、细胞工程、发酵工程和酶工程与蛋白质工程。

3.1.1 生物技术

生物技术（Biotechnology）也称为生物工程（Bioengineering），是将生物化学、生物学与微生物学基础知识与化学工程相结合，并应用于医药、农业和能源产品开发与环境保护的技术；是将自然科学知识与工程技术相结合，在生物催化剂的作用下将物料加工转换，以获得产品或提供社会服务的技术；是生命科学与工程技术相结合获得产品的综合性技术；是以生命科学为基础，利用生物体系（组织、细胞及组分）和工程原理，提供商品或社会服务的综合科学技术。

生物技术主要是生物学、化学与工程学相互联系形成的综合性学科。现代生物技术包括基因工程、细胞工程、发酵工程及酶工程与蛋白质工程，其中基因工程是核心。与现代生物技术相关的学科很多，如生物学（生物化学、分子生物学、微生物学、细胞生物学、遗传学等）、化学、工程学（化学工程、机械工程、电子工程等）、医学、药学和农学等。这些技术相互联系、相互影响，形成一门多学科与技术互相渗透的综合性学科。

总的来说，生物技术是以现代生命科学为基础，结合其他基础学科的科学原理，采用先进的工程技术手段，按照预先的设计改造生物体或加工生物原料，为人类生产出所需产品或达到某种目的的一种技术；生物技术也是对生命有机体在分子水平、细胞水平、组织水平和个体水平进行不同层次的创造性设计和改造，使之能定向组建具有特定性状的新物种或新品系，从而造福人类的现代应用技术学科。

3.1.1.1 基因工程

小知识

人类基因组计划（Human Genome Project，HGP）是由美国科学家于 1985 年率先提出的，于 1990 年正式启动，是由美国、英国、法国、德国、日本和中国科学家共同参与的一项预算达 30 亿美元的计划。其目的是测定人类染色体中所包含的 30 亿个碱基对组成的核苷酸序列，从而绘制人类基因组图谱，并辨识其载有的基因及其序列，达到破译人类遗传信息的最终目的。2001 年，人类基因组工作草图的发表被认为是人类基因组计划成功的里程碑。人类基因组计划与曼哈顿原子弹计划和阿波罗计划并称为三大科学计划，也被誉为生命科学的"登月计划"。

基因工程（Genetic Engineering）又称遗传工程。从狭义上讲，基因工程是指将一种或多种生物体（供体）的基因与载体在体外进行拼接重组，然后转入另一种生物体（受体）

内，使之按照人们的意愿遗传并表达出新的性状的技术。因此，供体、受体和载体称为基因工程的三大要素，其中相对于受体而言，来自供体的基因属于外源基因。从广义上讲，基因工程是DNA重组技术的产业化设计与应用，包括上游技术和下游技术两大组成部分；上游技术是外源基因重组、克隆和表达的设计与构建（即狭义的基因工程）；下游技术则涉及含有重组外源基因的生物细胞的大规模培养以及外源基因表达产物的分离纯化过程。因此，广义的基因工程概念更倾向于工程学的范畴。

基因工程是生物技术的核心，在人类疾病诊断与治疗中起重要的作用。例如，利用转基因动植物作为生物反应器可生产目标蛋白质；基因诊断与基因治疗已开始临床实验；基因芯片已开始使用。由此说明，基因工程在人类健康中已起到重要作用。

3.1.1.2 细胞工程

细胞工程（Cell Engineering）就是在细胞水平上，按预定的设计，有计划地改变细胞的遗传特性与细胞培养技术以产生新的品种；或通过大规模细胞培养以获得人们所需的物质；或将一种生物细胞中携带全套遗传信息的基因或染色体整个转入另一种生物细胞，从而改变细胞的遗传性，改造生物的性状和功能，创造新的生物类型的工程技术。细胞工程包括动植物细胞体外培养技术、细胞融合技术、细胞器移植技术、克隆技术和干细胞技术等。

3.1.1.3 酶工程与蛋白质工程

酶来源于生物体，几乎都是具有催化功能的蛋白质，能降低反应活化能，加快反应速率，并且在反应结束后能恢复到原来的状态。酶反应有单一酶催化反应与多酶催化反应。

酶工程（Enzyme Engineering）是应用酶的催化功能，对酶进行修饰改造，借助生物反应器与工艺过程，通过工程化生产为人类生产产品并提供有益服务的技术。酶工程包括酶的生产、酶与细胞的固定化、酶的修饰与应用、酶反应器的设计与制造和酶反应动力学等。

蛋白质工程（Protein Engineering）是将蛋白质结晶、计算机辅助设计与蛋白质化学等基础知识与基因工程知识相结合，通过人工定向改造基因，对编码蛋白质的相应基因进行有针对性的设计与改造，达到对蛋白质进行修饰、改造、拼接的目的，以获得更优良、更符合人类需要的新型蛋白质的技术。

3.1.1.4 发酵工程

发酵工程（Fermentation Engineering）也称为微生物工程，是工程学与微生物学的结合，是利用微生物的特性，通过现代化工程技术，生产有用物质或直接将其应用于工业化生产的一门技术，即在人工控制条件下，通过微生物的生命活动来获取人们所需要的生物质的技术。

发酵工程技术包括菌种筛选与选育、菌种规模化培养、发酵罐与生物反应器、代谢产物发酵和分离和微生物机能的利用等。

3.1.2 生物技术的发展历史

人类对生物技术的探索与实践历史悠久，生物技术的发展可分为传统生物技术时期、近代生物技术时期和现代生物技术时期三个时期。

3.1.2.1 传统生物技术时期

传统生物技术历史悠久，史前时期人们对传统生物技术就有一定认识。在西方，公元前6000年，古苏美尔人和古巴比伦人就已开始啤酒发酵；公元前4000年，古埃及人开始用发酵的面团制作面包；公元前2500年，古巴尔干人开始制作酸奶；公元前2000年，古埃及人已掌握用裸麦制啤酒的技术；公元前2000年，古亚述人已会酿造葡萄酒；公元前1700年，古西班牙人曾用类似细菌浸提铜矿的方法获得铜。

在石器时代，我国人民已利用谷物造酒；在夏代初期，我国人民已经开始用黏高粱（秫）造酒；在商代后期，我国人民发现用发霉的豆腐可以治疗外伤；在周代后期，我国人民已能酿制豆腐、酱油和醋；在汉代，我国人民已经开始酿制葡萄酒；在明代，我国人民已经广泛种植天花活痘苗以预防天花。

1590年，荷兰人詹生（Janssen）制作了世界上最早的显微镜，但该显微镜放大倍数有限，无法观察到微生物的活动。1665年，英国人胡克（Hooke）制作的显微镜能够观察到霉菌与植物细胞，但该显微镜放大倍数有限，无法观察到细菌和酵母。1676年，荷兰人列文·虎克（Leeuwen Hoek）用自制的镜片制作了能放大300倍的显微镜，并首先观察与描绘了杆菌、球菌与螺旋菌等微生物，为了解与研究微生物、开创近代生物技术创造了条件。1833年，佩恩（Payen）和帕索兹（Persoz）从麦芽的水提物中用乙醇沉淀获得一种可使淀粉水解生成可溶性糖的物质，称为淀粉酶。1838年，德国的施莱登（Schleiden）与施旺（Schwann）共同提出细胞学说，认为一切植物和动物都是由细胞组成的，细胞是一切动植物的基本单位，这对现代生物学的发展有重要的意义。1858年，托劳贝（Traube）提出发酵是靠酶的作用进行的。1866年，被称为"微生物学之父"的法国人巴斯德（Pasteur）揭示了发酵的秘密，证实了发酵是由微生物引起的，建立了微生物的纯种培养技术，提出了防治葡萄酒变酸的巴斯德消毒法，并指出酒精是酵母菌细胞生命活动的产物，不同微生物可引起不同的发酵。巴斯德的发现使人类认识到微生物与发酵的关系，为发酵技术提供了科学的理论基础，使发酵技术进入科学的轨道。丹麦人汉逊（Hansan）在1874年从牛胃中提取出凝乳酶，发现了啤酒酵母纯培养方法，并在1878年提出了"汉逊稀释法"纯培养原理；在1879年他又发现了醋酸杆菌。1876年，德国人库尼（Kuhne）首次将酵母中进行乙醇发酵的物质称为酶，创造了"Enzyme"一词，该词来自希腊文，意为"在酵母中"。1881年，德国人科赫（Koch）与其助手发明了琼脂固体培养基。1897年，德国人毕希纳（Buchner）发现酵母细胞被磨碎后仍能进行酒精发酵，故认为是酶在起作用，他在1907年因该发现而获得诺贝尔化学奖。1914年建立了食品与饲料酵母生产线，1915年建立了面包酵母生产线。

在这一阶段，人们对生物技术的认识是知其然而不知其所以然，直到物理、化学等其他自然科学的不断发展才揭示出传统生物技术的奥秘。这一时期的产品主要有乳酸、酒精、面包、柠檬酸、淀粉酶、蛋白酶等，大多数属厌氧发酵过程产物，产物的化学结构比原料更简单，且对生产设备要求不高，规模一般也不大。

3.1.2.2 近代生物技术时期

1926年，美国生化学家萨姆纳（Summer）首次从刀豆中分离纯化得到了脲酶结晶，并证实其具有蛋白质的性质；之后他又分别与人合作获得胃蛋白酶晶体（1930年）和过氧化氢酶晶体（1937年）；在1946年他和同事共同获得诺贝尔化学奖。

1928年，英国的弗莱明（Fleming）在研究金黄色葡萄球菌时偶然发现，在一个被青霉菌污染的培养皿中，被青霉菌污染部分周围的葡萄球菌被杀死，并形成一个透明圈。于是弗莱明将青霉菌进行了分离并加以培养，发现青霉菌培养液能抑制各种细菌的生长，他把其中的活性成分命名为青霉素。1941年，因第二次世界大战爆发，大量伤员需要一种比当时磺胺类药物更有效、更安全的药物来治疗外伤炎症及其继发性传染病，从而促进了青霉素等微生物药物的研究与开发。此后，英国当局让病理学家弗洛里（Florey）和生化学家钱恩（Chain）加入弗莱明的研究团队，以加速青霉素的研究开发。弗洛里与钱恩经过研究获得了青霉素结晶体，用青霉素对动物进行实验，并对一患血液感染的病人进行临床实验，证明了青霉素具有良好的效果，且毒性很小，从而证实了青霉素是一个有效的抗菌物质，开创了青霉素时代。此后，因战事发展，英国难以进行进一步研究，故其后的青霉素开发在美国药厂中完成。由于青霉素是好氧微生物产生的次级代谢产物，所以，其产量比乙醇与有机酸等初级代谢产物低很多。最初只能以扁瓶为发酵容器，湿麦麸为培养基，采用表面培养法生产青霉素。但该方法技术落后，耗费大量劳动力，获得的青霉素量少，不能满足需求。20世纪40年代，在英、美科学家的共同努力下，在辉瑞（Phizer）药厂建立了一座由14个26 m^{3}发酵罐组成的青霉素生产车间。该车间用从发霉的甜瓜中筛选出适于液体培养的产黄青霉作菌株，使青霉素的发酵效价提高了几百倍；以玉米浆与乳糖为主的培养基使青霉素发酵效价提高了10倍；用大型带机械搅拌与无菌通气装置的发酵罐代替瓶子，且用当时新型逆流离心萃取机，从发酵液中提取青霉素，减少了pH对青霉素的破坏。1945年，弗莱明、弗洛里和钱恩因发现并开发了青霉素而被授予诺贝尔医学奖。

青霉素的规模化生产标志着抗生素时代的开始。我国第一座生产青霉素的工厂于1954年在上海建成并投产。

微生物学、生物化学、医学和化学工程学等学科的发展也促进了抗生素研究的不断深入。在弗莱明发现青霉素后，美国放线菌专家Waksman与其同事于1941年从放线菌培养液中找到了紫放线菌素；于1944年又发现了第一个可用于临床的由放线菌所产生的抗生素——链霉素。Waksman团队开创了寻找新抗生素来源的新途径，随后人们相继发现了其他众多的抗生素：1947年，发现了第一个广谱抗生素——氯霉素；1948年发现了金霉素；1949年发现了新霉素；1950年发现了土霉素、制霉菌素和鱼素；1952年发现了红霉素；1953年发现了四环素。

在青霉素工业化生产后，陆续开发了近百个新的抗生素及其次级代谢产物的工业微生物产品。在青霉素发酵基础上发展起来的培养技术，迅速被用于有机酸、酶制剂、氨基酸、维生素和多糖等初级代谢产物的生产，以取代原来落后的固体或表面发酵方式。

这一时期的产品主要有氨基酸、有机酸、酶制剂等初级代谢产物，抗生素、多糖等次级代谢产物和6-氨基青霉烷酸等酶反应产物；这一阶段大多属好氧发酵，要求在纯种或无菌条件下反应，发酵菌种的活力与性能得到显著的提高，在发酵中要求通入无菌空气，发酵技术与设备有显著发展，反应规模较大，且对产品质量要求严格。

3.1.2.3 现代生物技术时期

现代生物技术以20世纪70年代DNA重组技术的建立为标志。1944年，Avery等通过肺炎双球菌（Diplococcus Pneumoniae）转换实验，证明了DNA是遗传信息的携带者，也证明了DNA可以把一个细菌的性状转换给另一个细菌。该研究开创了现代生物学，是基因工程的先导。1953年，Watson和Crick提出了DNA双螺旋结构模型，阐述了DNA半保留复制机理，随后的X射线衍射也证明了DNA具有规则的双螺旋结构，这一研究奠定了分子生物学的基础，开启分子生物学研究的新纪元，极大地推动了生物科学的发展。由于一切生命活动都是由包括酶和非酶蛋白质行使其功能的结果，所以遗传信息和蛋白质的关系就成了研究生命活动的关键问题。

1958年，Crick提出了中心法则，指出遗传信息的流程为：DNA转录为RNA，以mRNA为模板翻译蛋白质，蛋白质反过来协助前两项流程，并协助DNA自我复制，即DNA→RNA→蛋白质。1961年，Monod和Jacob提出了基因的操纵子学说。1961年，Nirenberg和Khorana破译了遗传密码，明确了DNA编码的遗传信息传递给蛋白质的机理，明确了遗传信息是以遗传密码传递的。1965年，64个遗传密码全部被破译，并编排了遗传密码字典，由此揭开了DNA编码的遗传信息传递给蛋白质的秘密。1972年，Berg首先实现了DNA体外重组技术，标志着基因工程技术的开始。1973年，美国的Cohen和Boyer等首次在实验室中实验了基因转移，即分别将编码卡拉霉素和四环素抗性基因的两种质粒进行酶切，连接后将其重组的DNA分子转换进入大肠杆菌，结果发现，某些转换菌落兼有上述两种抗生素的抗性，从而第一次成功地获得基因的克隆。此后，世界各地的研究人员很快研究出基因分离、鉴定与克隆的方法，不仅构建出高产的基因工程菌，还使微生物生产出其自身不能产生的外源蛋白质，包括植物、动物与人类的多种活性蛋白。1975年，利用细胞融合技术培养出单克隆抗体，可用作临床诊断试剂或生化治疗剂。1976年，美国成立了第一家基因工程公司。1980年，科学家首次通过显微注射法培育出了世界上第一个转基因动物——转基因小鼠。1982年，美国Eli-Lilly药厂生产出第一个基因工程产品——胰岛素。1983年，采用农杆菌介导法培育出第一例转基因植物——转基因烟草。

基因工程技术向人们提供了一种全新的技术手段，使人们可以按照意愿切割DNA、分离基因并经重组后导入其他生物或细胞以改造农作物或畜牧品种；也可导入细菌这种简单的生物体，由细菌生产大量有用的蛋白质，或作为药物，或作为疫苗；还可直接导入人体内进行基因治疗。

随着基因工程技术的发展，基因工程技术带动了细胞工程、酶工程与蛋白质工程及发酵工程的发展，并推动了现代生物技术的发展。

这一阶段的产品虽不多，但其潜力很大。生物技术是当今国际上重点的高技术领域，已成为世界各国的经济战略重点，成为人类解决农业、医疗、保健和环境保护等诸多发展问题的主要手段。

3.1.3 生物技术与人类健康

健康是人类最关心的问题之一，在日常生活中，人们除了锻炼身体、保持良好的生活习惯和营养平衡以预防疾病发生外，在患病后还需要正确诊断、用针对性的药物治疗来保证健康。生物技术可在满足人类营养需求、疾病预防、疾病诊断与治疗等方面起重要作用。

生物技术是当今科技发展的主要推动力，生物技术产业已成为国际竞争的焦点，对解决人类面临的人口、健康、粮食、能源和环境等主要问题具有重大战略意义。

作为 21 世纪发展最快的学科，生物技术必将成为 21 世纪经济发展的新动力，成为 21 世纪的支柱产业之一。

3.1.3.1 生物技术与药物生产

我国的药用植物资源很丰富，据调查约有 11 000 种有药用价值的植物。近年来，随着生物技术的快速发展，生物技术已广泛用于药用植物分子水平的真伪鉴定、基因指纹图谱法的药用植物品种鉴定、药用植物中次生代谢产物的生产、药用植物的无性繁殖及抗病虫品种选育。

(1) 固定化细胞培养技术

固定化细胞培养技术是利用物理或化学的方法，将活细胞与固体的水不溶性支持物结合，使其既不溶于水，又能保持细胞活性的技术。固定化细胞技术的优点主要有：省去了先将细胞破碎再提取细胞内的酶的过程，降低了制备成本；由于酶在细胞内环境中稳定性高，因此完整的细胞固定化后，细胞内的酶活力损失小，活性收率提高；由于保持了细胞内原有的多酶体系，故对某些需要多步催化的反应过程，可一步完成；易于控制反应条件、易于收获。目前，固定化植物细胞技术已被用于全合成、半合成和生物转换等反应以生成多种药用成分。固定化细胞培养技术主要用于生产由植物细胞产生的可自发释放到培养液中的一些有效成分，如黄酮、蒽醌、色素与生物碱等。

(2) 植物的组织培养

植物的组织培养是指将小块植物组织进行培养，诱导其分化成小植株，从而达到快速繁殖的目的。其优点是周期短、繁殖速度快，并且不受季节、气候和自然灾害的影响，可实现工厂化生产。利用组织培养技术可解决药用植物繁殖能力低、资源匮乏的问题。目前，已有近 200 种药用植物经离体培养获得了试管植物，并且芦荟、苦丁茶、枸杞、三白草、怀地黄、金钱莲和石斛等的组织培养技术已被广泛地应用于工厂化生产。

到目前为止，已从 400 余种药用植物中建立了组织与细胞培养物，并从中分离出 600 余种代谢产物。同时，已用植物细胞培养获得了人参、西洋参、丹参、紫草、甘草和黄连等有效物质。

(3) 基因工程技术在药用植物开发中的应用

基因工程技术在药用植物开发中应用广泛。常见的应用有：利用农杆菌感染植物组织形成毛状根与畸形芽；利用根瘤农杆菌中的 Ti 质粒产生的畸形芽生产药用植物叶片中的活性成分；利用毛状根的培养从木本植物或难以培养的植物细胞中获得含量较高的次生代谢产物；同时，也可利用次生代谢产物合成过程的关键酶来提高次生代谢产物的产量。

(4) 分子生物学在中药材鉴定中的应用

传统的中药材鉴定方法主要是鉴定中药材生物体遗传的表现型，主要有药源鉴定、性状鉴定、显微鉴定、理化鉴定与生物鉴定等方法，传统的中药材鉴定方法的缺点是重复，且稳定性差。而分子生物学鉴定中药材的优点是准确性高、重现性高、真实性高、可靠性高，并且不受样品限制。当前用于中药材鉴定的分子生物学技术主要有 PCR（聚合酶链式反应）、RAPD（随机扩增多态性 DNA）、RFLP（限制性内切酶片段多态性）、AFLP（扩增片段长度多态性）、SSR（简单重复序列）、ISSR（简单序列重复区间扩增多态性）、RFLP（限制性片段长度多态性)、SCAR(序列特异扩增区域)、SNP(单核苷酸多态性)、DNF(DNA 扩增产物指纹分析)和 MAAP(多重任意扩增子图谱)等。

3.1.3.2 生物技术开发新型药物

生物制药就是用基因工程、酶工程、细胞工程与发酵工程等现代生物技术,以及重组 DNA 技术、单克隆抗体技术等新技术生产多肽、蛋白质、激素、酶类、疫苗、单克隆抗体和细胞因子等药物。

生物技术药物也指用 DNA 重组、杂交瘤与细胞培养等现代生物技术生产的医药产品及为诊断、治疗或免疫等合成的多肽与核酸。

现代生物药物主要包括基因工程药物、基因药物、天然生物药物与生物制品。基因工程药物是用基因工程与蛋白质工程技术制造的重组活性肽、蛋白质及其修饰物,主要包括细胞因子干扰素类药物、细胞因子白介素类与肿瘤坏死因子药物、造血系统生长因子类药物、生长因子类药物、重组多肽与蛋白质类激素和心血管治疗剂与酶制剂等。基因药物是以 DNA、RNA 及其衍生物等基因物质进行疾病治疗的药物,主要包括基因治疗用的重组目的 DNA 片段、重组疫苗、反义药物与核酶等。天然生物药物可从生物材料中直接提取、纯化获得,也可用化学合成法来生产,其主要包括抗生素类、维生素类、氨基酸类、核苷酸类、酶与辅酶类、酶抑制剂、免疫调节剂和受体拮抗剂等微生物药物以及天然生化药物与海洋生物药物等。生物制品是用微生物、微生物代谢产物、动物毒素、人或动物的血液或组织等加工制成的用来预防、治疗和诊断特定传染病或其他有关疾病的免疫制剂,可分为预防用制品、治疗用制品和诊断用制品,主要包括菌苗、疫苗、毒素和应变原与血液制品等。

目前,约 2/3 的现代生物技术被用于医药产业。1977 年,美国首先采用大肠杆菌生产出人类第一个基因工程药物——人生长激素释放的抑制激素,开辟了生物技术药物生产的新纪元,使其价格下降至 300 美元/g。1982 年,用于治疗糖尿病的第一个基因工程药物——人胰岛素批准上市,成了现代生物工程药物的里程碑。2001 年,人类基因组计划的完成开创了生物技术的一个重要的里程碑。人类基因组计划能为生物技术新药的研究与开发提供越来越多、越来越明确的靶点。这既大大开拓了基因工程药物的范畴,也成为连接天然药物与生物药物的桥梁。

美国的生物制药水平在全球居首位。2010 年,美国 FDA[①] 批准上市新药 24 种,其中新分子实体 11 种、新生物制品 10 种和新疫苗 3 种,其他各种管理批准类型 80 项。与 2008 年相比,2010 年美国 FDA 批准的药物总数与新实体分子数均有所下降,但新组方与新剂型数量是增加的。所批准的新药中包括多项药物研究史上的新药物。例如,Gilenya 是首个用于复发性多发性硬化症的口服治疗药物;Xiaflex 是首个用于治疗掌腱膜挛缩症的药物;Egriflta 是首个用于脂肪代谢障碍的药物。

我国的生物制药技术经过 20 年的发展,虽有显著的进步,但与欧美相比仍有一定的差距。主要体现在:大肠杆菌表达的药物产品占主导;同一产品,生产厂家多、生产规模小;动物细胞大规模培养技术的高门槛阻碍了生物制药产业的发展;以细胞因子等激动剂为主;仿制能力不足,创新能力较弱。

---

① FDA, Food and Drug Administration, 食品及药物管理局。

3.1.3.3 生物技术与疾病预防、诊断及治疗

生物技术药物作为医疗药品，在疾病预防、诊断与治疗上起到其他药物不能替代的重要作用。生物技术药物按照作用可分为预防类药物、诊断类药物与治疗类药物。预防类药物是我国医疗卫生中的重要药物。常见的预防类药物有菌苗、疫苗、类毒素与冠心病防治药物；诊断类药物是用作疾病诊断的药物，主要包括免疫诊断试剂、酶诊断试剂、器官功能诊断药物、放射性核素诊断药物、诊断用单克隆抗体与诊断用 DNA 芯片；治疗类药物是用作疾病治疗的药物，主要包括内分泌障碍治疗剂、维生素类药物、中枢神经系统药物、血液与造血系统药物、呼吸系统药物、心血管系统药物、消化系统药物、抗感染药物、免疫调节剂、抗病毒药物、抗肿瘤药物、抗辐射药物、计划生育药物等。

生物技术在疾病预防与诊断上有着重要作用，在公元 10 世纪我国就已经开始接种人痘预防天花，这是生物技术预防疾病的最早记载。但传统疫苗存在着效果不理想、被感染风险大等不足，而利用基因工程技术生产的新型重组疫苗有安全、高效的作用，可以弥补传统疫苗的不足。目前已开发出甲型和乙型病毒性肝炎疫苗、霍乱和痢疾等肠道传染病疫苗、血吸虫与疟疾等寄生性疫苗、流行性出血热疫苗和 EB 病毒疫苗等生物技术疫苗。

利用淋巴细胞杂交瘤，通过细胞培养，制备出专一性强、生物学结构单一的单克隆抗体，既可用于疾病治疗，又可用于疾病的诊断。单克隆抗体技术已在疾病诊断、预防与治疗中成为有力工具。

在疾病的预防中，基因工程疫苗正发挥着重要的作用。目前，利用基因工程技术已生产出乙型肝炎疫苗、流感疫苗、狂犬病疫苗、疟疾疫苗、口蹄疫疫苗与幼牲腹泻疫苗等多种基因工程疫苗。基因工程技术也生产出人胰岛素、人生长激素、人脑激素、α-干扰素、脲激酶等治疗性药物。此外，基因工程技术还可生产 DNA 诊断试剂，即 DNA 探针，主要用来诊断传染性疾病与遗传性疾病。胰岛素可调节体内糖分解代谢，是治疗糖尿病的特效药；人生长激素是治疗侏儒的唯一有效药物。

酶工程药物分为诊断用药物和治疗用药物。酶的诊断有两种方法：一是根据人体内原有酶活力变化来诊断疾病；二是利用酶来测定体内某些物质的含量，从而达到诊断疾病的目的。例如，肝内富含与氨基酸代谢有关的谷丙转氨酶等酶类，正常情况下，细胞内、外的酶有正常的浓度梯度，当有炎症时，谷丙转氨酶会渗到细胞外，使血液中能测定出，所以，谷丙转氨酶成为肝炎诊断的指标。酶法测定有快速、简便、灵敏等优点，在疾病诊断上常将酶与配套试剂以一定比例混合制备成检测试纸或诊断试剂盒，或将工具酶制备成酶电极，从而达到简便快速、微量化、连续化、自动化检测疾病的目的。

3.2 基因工程——生命的密码

基因工程（Gene Engineering），又称为基因操作或遗传工程，是对基因进行分离、分析、改造、检测、表达、重组和转移等操作的总称；也是通过工具酶，在体外将目的基因、基因片段或其他 DNA 元件进行切割，与适当的载体进行连接和重组，导入相应受体细胞，并使外源基因进行复制和表达，定向改造受体生物性状或获得表达产物的操作。

案例

乔布斯是世界上第一个对自身所有 DNA 和肿瘤 DNA 进行测序的人。他得到的不是样本，而是包括整个基因的数据文档。医生按照所有基因按需下药，最终这种方式帮助乔布斯延长了好几年的生命。

3.2.1 基因工程的定义

狭义的基因工程是将一种或多种生物体（供体）的基因与载体在体外进行拼接重组，然后转入另一种生物体（受体）内，使之按照人们的意愿遗传并表达出新的性状；而广义的基因工程是 DNA 重组技术的产业化设计与应用，包括上游的外源基因重组、克隆和表达的设计与构建、下游的重组外源基因的生物细胞的大规模培养以及外源基因表达产物的分离纯化。

3.2.2 基因工程技术的发展

3.2.2.1 基因工程的理论基础

1934 年，Avery 在学术会议上首次报道了肺炎双球菌转换实验，但当时该论文未获得公认；1944 年，这一成果得以公开发表，明确了遗传的物质基础，证明了遗传信息的分子载体是 DNA，也证实了 DNA 可以把一个细菌的性状转给另一个细菌。Avery 的研究工作是现代生物科学的开端，也开创了基因工程。1952 年，A. D. Hershy 和 M. Chase 通过 T_2 噬菌体侵染细菌实验进一步证明了遗传物质是 DNA。

1953 年，Watson 和 Crick 发现了 DNA 的双螺旋结构，揭示了 DNA 的双螺旋结构与半保留复制机制。1957 年，Crick 又提出了遗传信息传递的"中心法则"，阐述了遗传信息流传递的方式：DNA→RNA→蛋白质，从分子水平揭示了遗传现象。

研究发现，不同基因具有相同的遗传基础，所有生物的 DNA 基本结构都相同，不同生物的基因可以重组互换，少数 RNA 病毒的 RNA 可通过反转录产生 cDNA，且不影响基因的重组和互换。除少数基因重叠排列外，大多数基因之间有间隔序列，可以从 DNA 分子上切割下来；有的基因可以在染色体 DNA 上移动，甚至可以在不同染色体间跳跃，插入靶 DNA 分子中。

3.2.2.2 基因工程技术上的发展与突破

（1）DNA 连接酶的发现

对基因工程技术起突破作用的一大发现是 DNA 连接酶。DNA 连接酶是将两段及数段 DNA 片段拼接起来的酶，可参与 DNA 裂口的修复。1966 年，B. Weiss 等分离得到了 DNA 连接酶；1967 年，又有五个实验室几乎同时发现了 DNA 连接酶；1970 年，美国 Khorana 实验室发现了 T_4 DNA 连接酶，该连接酶具有更高的连接活性。大多数 DNA 连接酶能催化黏性末端连接，但有些 DNA 连接酶能催化平端连接，不过催化黏性末端连接的效率更高。

DNA 连接酶不能将两条单链的 DNA 分子或环化的单链 DNA 分子进行连接，只能将 DNA 双螺旋链进行连接。并且，DNA 连接酶能封闭双螺旋 DNA 骨架上的缺口（在双链 DNA 的某一条链上两个相邻核苷酸之间失去一个磷酸二酯键所出现的单链断裂），而不能封闭裂口（在双链 DNA 的某一条链上失去一个或数个核苷酸所形成的单链断裂）。

目前，用于连接 DNA 片段的 DNA 连接酶有 E. Coli DNA 连接酶和 T_4 DNA 连接酶。E. Coli DNA 连接酶只能催化双链 DNA 片段互补黏性末端之间的连接，而不能催化双链 DNA 片段平末端之间的连接；T_4 DNA 连接酶既能连接双链 DNA 片段互补黏性末端，又能催化双链 DNA 片段平末端之间的连接，但平末端之间连接的效率低。

(2) 限制性核酸内切酶的发现

能识别与切割双链 DNA 分子内特殊核苷酸序列的酶统称为限制性内切酶。1970 年，Smith 与 Wilcox 等从流感嗜血杆菌（Haemophilus Influenzae）中分离并纯化了限制性内切酶 Hind Ⅰ，使 DNA 分子的切割成为可能。1972 年，Boyer 发现了限制性内切酶 EcoR Ⅰ，该酶具有独特的识别序列，既能识别 DNA 分子上的特定碱基序列，又能随意将 DNA 分子切割成一系列不连续的片段。

限制性内切酶能在双链 DNA 分子上识别特定核苷酸序列，其对碱基序列有严格的专一性，并且被识别的碱基序列通常具有双轴对称性，即回文序列。从大肠杆菌中分离鉴定的 EcoR Ⅰ 是最早发现的一种限制性内切酶。

从原核生物中已发现约 400 种限制性内切酶，可分为 Ⅰ 型、Ⅱ 型和 Ⅲ 型。1968 年，Meselson 和 Yuan 从大肠杆菌 B 和 K 菌株的限制和修饰系统中分离到限制性内切酶，这种酶后来被命名为 Ⅰ 型限制性核酸内切酶。1970 年，Ⅱ 型限制性内切酶被发现。Ⅱ 型限制性内切酶是基因工程技术中的主要工具酶，如果没有专门说明，那么通常所说的限制性内切酶都是 Ⅱ 型限制性内切酶，其主要作用是切割 DNA 分子，以便对特定基因的 DNA 片段进行分离与分析。

(3) 载体的发现

外源 DNA 不能直接进入宿主细胞，即使进入宿主细胞也难以复制、表达，且容易被宿主细胞的内切酶系统降解掉。为了使外源 DNA 能在宿主细胞内增殖，必须将外源 DNA 片段连接在一种特定的、具有自我复制能力的 DNA 分子上，这种 DNA 分子就是基因工程载体。最常用的载体是质粒。质粒多存在于原核生物的细胞质中，且多以环状双链 DNA 形式存在，是细菌染色体以外的遗传单位。

1946 年，Lederberg 开始研究细菌的 F 因子，此后相继发现了其他质粒。1972 年，他使用小分子量的细菌质粒和 λ 噬菌体作为载体。1973 年，Cohen 首先将质粒作为基因工程的载体，这成为基因工程的一项重要发明。

载体在基因工程中有十分重要的作用，载体决定目的 DNA 能否有效导入宿主细胞并高效表达。目前，已构建和应用的克隆载体有几千种。从构建克隆载体的 DNA 来源分，DNA 载体可分为质粒克隆载体、病毒或噬菌体克隆载体、质粒 DNA 与病毒或噬菌体 DNA 组成的克隆载体，以及质粒 DNA 与染色体 DNA 片段组成的克隆载体。从载体的应用范围分，有表达性克隆载体、启动子探针型克隆载体与 cDNA 克隆载体等。按应用对象分，则可分为原核生物克隆载体、植物克隆载体与动物克隆载体等。

(4) 逆转录酶的发现

逆转录是以 RNA 为模板,在逆转录酶的催化下合成 DNA 的过程。逆转录酶是一种特色的 DNA 聚合酶。1970 年,Baltimore 和 Temin 等同时在各自的实验室里发现了逆转录酶,使真核基因的制备成为可能。

(5) 琼脂糖凝胶电泳技术的发明

1960 年,Walter Schaffner 发明了水平板琼脂糖凝胶电泳法,该电脉法可将不同长度的 DNA 分离开,是分离、鉴定与纯化 DNA 片段的标准方法。该技术操作简便、快速,分离范围广,用不同浓度的琼脂糖凝胶可分离长度为 200～50 bp[①] 的 DNA。

3.2.2.3 基因工程的诞生

在理论与技术上取得突破后,基因工程在 20 世纪 70 年代正式诞生。1972 年,美国斯坦福大学的 P. Berg 研究小组用限制性内切酶 EcoR I 在体外对猿猴病毒 SV40 DNA 和 λ 噬菌体 DNA 分别进行酶切,然后用 T_4 DNA 连接酶将两种酶切 DNA 片段连接起来,第一次在体外获得了包括 SV40 和 λDNA 的重组 DNA 分子,并因此与 F. Sanger 共享了 1980 年的诺贝尔化学奖。1973 年,美国斯坦福大学 S. Cohen 等将编码卡那霉素抗性基因的 R6-5 质粒 DNA 和编码四环素抗性基因的 pSC101 质粒 DNA 用限制性内切酶 EcoR I 切割,然后用 T_4 DNA 连接酶连接;将连接混合物转入大肠杆菌后,某些转换子菌落表现出既抗卡那霉素又抗四环素的双抗性特征。同时,S. Cohen 又与他人合作将非洲瓜蟾核糖体基因 DNA 片段与 pSC101 质粒重组,转入大肠杆菌,并转录出相应的 mRNA。这标志着基因克隆实验的首次成功,基因工程就此宣告诞生,也表明质粒分子可作为基因克隆的载体来携带外源 DNA 分子导入宿主细胞,证实了真核生物的基因也可导入原核生物细胞中表达。因此,1973 年被认为是基因工程诞生的元年。

出人意料的是,当时科学界对这项新技术诞生的第一个反应是应当禁止有关实验的继续开展,其严厉程度远大于今天人们对人体克隆的关注。1973 年,美国公众第一次公开表示,担心应用重组 DNA 技术培养出具有潜在危险的新型微生物,从而给人类带来难以预料的后果。基因工程刚诞生的几年内,发表反对意见的文章数远远高于利用此技术所做研究的文章数。P. Berg 本人正是由于对人类生命安全可能的危及的担忧而放弃了将重组基因转入大肠杆菌体内的设想。包括 Cohen 本人在内的分子生物学家们都担心,两种不同生物的基因重组有可能为自然界创造出一个不可预知的危险物种,致使人类遭受灭顶之灾。1974 年,美国国立卫生研究院考虑到重组 DNA 的潜在危险,提请 P. Berg 博士组成一个重组 DNA 咨询委员会;同年 7 月其发表公开信,要求在没有弄清楚重组 DNA 所涉及的危险范围和程度,以及在采取必要的防护措施之前,暂停带抗生素抗性、肿瘤病毒和动物病毒的实验。1975 年,西欧几个国家签署公约,限制基因重组的实验规模。1976 年,美国制定并公布"重组 DNA 研究准则",明确规定了相关实验室设计与操作规范,规定了物理防护和生物防护标准以及禁止的实验类型。至今,世界上仍有国家坚持对基因重组技术的使用范围进行严格的限制。

然而,分子生物学家们毕竟不愿看到先进的科学技术葬送在自己手中。从 1972 年到

---

① 1 bp = 0.34 nm。

1976年短短的4年里，人们对DNA重组所涉及的载体和受体系统进行了有效的安全性改造，包括噬菌体DNA载体的有条件包装以及受体细胞遗传重组和感染寄生缺陷突变株的筛选，同时还建立了一套严格的DNA重组实验室设计与操作规范。众多安全可靠的相关技术支撑以及巨大的潜在诱惑力，终于使DNA重组技术走出困境并迅速发展起来。

3.2.2.4 基因工程的成熟与发展

在基因工程技术问世后，发展了新的基因工程操作技术，构建了大量原核生物、动植物载体，获得了大量转基因菌株。人们也开始探讨将基因工程技术应用于与人类健康密切相关的生物大分子的大规模生产。这些生物大分子在人体内含量极小，但具有非常重要的生理功能。1977年，日本的Itakura及其同事首次在大肠杆菌中克隆并表达了人的生长激素释放抑制素基因。几个月后，美国的Ullvich随即克隆表达了人的胰岛素基因。1978年，美国Genetech公司在大肠杆菌中表达了人的胰岛素基因，首次在世界上开发出了基因工程药物，并开发出利用重组大肠杆菌合成人胰岛素的生产工艺，从而揭开了基因工程产业化的序幕。1980年11月15日，美国纽约证券交易所开盘的20分钟内，Genentech公司的新上市股票从3.5美元飙升至89美元，正是因为该公司构建了能大规模生产人胰岛素的基因工程菌。

1982年，美国科学家将大鼠的生长激素基因转入小鼠体内，培育出具有大鼠雄健体魄的转基因小鼠及其子代。1983年，美国科学家又开发了乙肝疫苗的基因工程生产工艺，并投入生产；同年，携带有细菌新霉素抗性基因的重组Ti质粒转换植物细胞，并获得了成功，高等植物转基因技术问世。1990年，美国政府首次批准一项人体基因治疗临床研究计划，对一名因腺苷脱氨酶基因缺陷而患有重度联合免疫缺陷症的儿童进行基因治疗，并获得了成功，从而开创了分子医学的新纪元。1994年，基因工程番茄在美国上市。1996年，完成了酵母基因组DNA的全序列测定工作。1997年，中国科学院国家基因研究中心以洪国藩教授为首的科学家小组，在世界上首次成功构建了高分辨率的水稻基因组物理图。1997年，英国科学家利用体细胞克隆技术复制出"多莉"绵羊，如果避开伦理道德方面的社会学问题，那么人类在实验室里复制自身将成为可能。

3.2.3 基因工程的研究内容

基因工程的主要流程为：

1）从生物有机体的基因组中分离带目的基因的DNA片段。
2）将带有目的基因的外源DNA片段，连接到能自我复制的载体分子上，形成重组DNA分子。
3）将重组DNA分子转移到适当的受体细胞内。
4）筛选获得了重组DNA分子的受体细胞。
5）克隆基因表达，产生所需要的物质。

3.2.3.1 目的基因的获得

目的基因是指在重组DNA时，获得的某一感兴趣的基因或DNA序列，也称为目的DNA。目的基因一般是结构基因，也是能转录与翻译出多肽与蛋白质的基因。目的基因有cDNA与基因组DNA两种类型。cDNA是经逆转录合成的、与RNA互补的单链DNA；以单链 cDNA 为模板，经聚合反应可合成双链 cDNA。基因组 DNA 是指代表一个细胞或生物体（包含染色体与线粒体）的整套遗传信息的所有 DNA 序列。在基因工程设计与操作中，cDNA 与基因组 DNA 是人们感兴趣的目的基因，也称为外源 DNA。

目的基因的表达产物一般是那些与特殊药物相关的基因或与降解毒物相关的基因，有较大的经济效益或社会效益。目前，目的基因主要来源于各种生物，目的基因的获取途径主要有化学合成法、基因组 DNA 文库、cDNA 文库与聚合酶链式反应等。

(1) 化学合成法

已知目的基因的核苷酸序列，或根据目的基因产物的氨基酸序列推导出对应的核苷酸序列，一般可用 DNA 合成仪通过化学合成法合成目的基因。若目的基因的分子量较大，则可分段合成几个 200 bp 的基因，再连接组装成完整的目的基因片段。目前，利用化学合成法合成的目的基因有人生长激素释放抑制因子、胰岛素原、脑咖啡与干扰素基因等。

(2) 基因组 DNA 文库

基因组 DNA 文库是存在于转换细菌内，由克隆载体所携带的所有基因组 DNA 的集合。基因组 DNA 文库是将某生物的全部基因组 DNA 切割成一定长度的 DNA 片段，并克隆到某种载体上而形成的集合。若是群体中仅储存某种生物基因组的部分遗传信息，则成为部分基因组 DNA 文库。基因组 DNA 文库如同图书馆藏书一样，包含了基因组的全部基因信息，也包括人们感兴趣的目的基因。一个理想的基因组 DNA 文库需要包含足够多的克隆子数，以保证所有的基因都在克隆子群体中。

(3) cDNA 文库

cDNA 文库是生物基因组转录的全部 mRNA 经逆转录产生的各种 cDNA 片段分别与克隆载体重组，并储存在一种受体菌中的克隆子群体。cDNA 文库也指某生物某一发育时期所转录的 mRNA 经反转录形成的 cDNA 片段与某种载体连接而形成的克隆的集合。cDNA 文库只反映 mRNA 的分子结构。cDNA 中不含有真核基因的间隔序列及调控区，确切地说，cDNA 并不是真正意义上的基因。

(4) 聚合酶链式反应

聚合酶链式反应（Polymerase Chain Reaction，PCR）是利用单链寡核苷酸对特异 DNA 片段进行体外快速扩增的一种方法。该反应是一指数式反应，其可在短时间内使目的 DNA 片段的扩增量达到 100 万倍，可从极微量的 DNA 扩增出微克级的 PCR 产物。PCR 的工作原理是以待扩增的 DNA 分子为模板，以一对分别与模板 5′末端和 3′末端互补的寡聚核苷酸片段为引物，在 DNA 聚合酶的作用下，按半保留复制的机制沿着模板链延伸直至完成新的 DNA 合成。自 20 世纪 80 年代中期 PCR 技术问世以来，被迅速应用到分子生物学的各个领域，现已在基因克隆、外源基因的整合检测、物种起源和生物进化等方面得到广泛应用。

3.2.3.2 目的基因与载体 DNA 的连接

DNA 的体外连接就是将外源目的 DNA 与克隆载体连接，即由 DNA 连接酶催化两个双链 DNA 片段相邻的 5′端磷酸与 3′端羟基之间形成磷酸二酯键。这种外源 DNA 片段同载体分子连接的方法，即 DNA 分子体外重组技术，主要是依赖核酸内切限制酶和 DNA 连接酶的作用。

目的基因与载体之间的连接大致有三种方法：

1）两个两端均为黏性末端的 DNA 片段的连接。
2）两个两端均为平末端的 DNA 片段之间的连接。
3）一端为黏性末端，另一端为平末端的 DNA 片段的连接。

大多数的核酸内切限制酶能够切割 DNA 分子，形成黏性末端。当载体和外源 DNA 用同样的限制酶，或是用能够产生相同的黏性末端的限制酶切割时，所形成的 DNA 末端就能够彼此退火，并被 T_4 连接酶共价地连接起来，形成重组体分子。

3.2.3.3 目的基因导入受体细胞

目的基因与载体在体外连接形成的重组体分子需要导入适当的寄主细胞进行增殖，才能够获得大量的重组体 DNA 分子。随着基因工程的发展，从低等原核细胞到简单的真核细胞，进一步到复杂的高等动植物细胞都可以作为基因工程的受体细胞。

将外源重组体分子导入受体细胞的途径有转换、转染、显微注射和电穿孔等多种方式。

3.2.3.4 重组体的筛选

重组 DNA 分子通过转换、转染、转导等途径将重组 DNA 分子导入宿主细胞，并获得大量的重组体细胞或噬菌体。在重组体导入宿主细胞后，并非全部细胞都能表达，真正获得目的基因并能有效表达的克隆子只是其中一小部分，大多数受体细胞不含目的基因。

重组体筛选的方法主要有核酸水平上筛选与蛋白质水平上筛选。核酸水平上筛选主要通过核酸杂交法，以基因探针技术为核心进行筛选，主要有原位杂交、Southern 杂交和 Northern 杂交等方法。蛋白质水平上筛选主要有检测抗生素抗性及营养缺陷型、观测噬菌斑的形成、检测目标酶的活性、目标蛋白的免疫特性与生物活性等。

3.2.3.5 目的基因的表达

从 DNA 到蛋白质的过程叫作基因的表达。目的基因的表达是基因操作获得重组子后十分重要的问题。

在大肠杆菌细胞中，参与特定新陈代谢的基因是成簇地集成一个转录单位的，即操纵子。在操纵子中，主要的控制片段包括操纵基因和启动子，是位于它的起始部位。在基因表达过程中，操纵子先转录成多顺反子 mRNA，然后再从多顺反子 mRNA 转译成多肽分子。要使克隆的外源基因能够在细菌寄主中实现功能表达，就必须使基因置于寄主细胞的转录和 mRNA 分子的有效转译控制之下。而且在某些情况下，还涉及表达产物蛋白质分子的转译后的修饰问题。所以，并非所有的基因表达都是始终如一的，有些要受细胞内外环境的调节。

3.2.4 基因工程技术在人类健康中的应用

基因工程在医学中的应用极其广泛，除上述利用转基因植物生产生化药物和基因工程多肽药物外，还可以利用基因工程技术生产疫苗并进行诊断和治疗疾病等。

3.2.4.1 基因工程制药

基因工程药物是利用基因工程技术生产的药物，主要包括重组蛋白多肽药物、DNA 药物与基因工程抗体等。目前，国际上 60% 以上的生物技术成果集中在医药领域，美国有

62%生物技术公司从事医药研究,在日本有65%的生物技术公司从事药物研究。

自基因工程问世以来,基因工程技术被广泛用于生产干扰素、人生长激素、胰岛素和基因工程疫苗等。

(1) 干扰素的生产

1957年,Issacs等发现用流感病毒处理的细胞产生的一种因子可抵抗病毒的感染,并干扰病毒的复制,故将其命名为干扰素。干扰素是病毒侵入动物或人体后在机体内产生的一种可抑制病毒复制、增殖的蛋白质,其具有广泛的抗病毒、抗肿瘤与免疫调节活性,是人体防御系统的重要组成部分。干扰素是一组多功能的细胞因子,根据其分子结构和来源可分为3种:干扰素α、干扰素β和干扰素γ,其中,干扰素α为多基因产物,可分为23个亚型。1980年,美国基因技术公司把人体白血病干扰素基因转移到大肠杆菌或酵母菌中,从1 L培养液中获得的干扰素相当于100 L人血的获取量。中国在1989年开始用基因工程菌生产干扰素,这是我国自己创造的第一种商品化的基因工程药物。

(2) 人生长激素的生产

人生长激素是治疗侏儒的唯一有效药物。1956年,人生长激素被发现,但其来源十分有限,只能从尸体的脑垂体分离纯化得到。据估计,治疗一名患儿一年所需的人生长激素剂量约需50具新鲜尸体提供;但运用基因工程技术将人生长激素基因移入大肠杆菌而获得的工程菌,1~2 L的基因工程菌发酵液即可获得相同数量的生长激素。1985年,美国FDA首先批准了重组人生长激素上市。目前,重组人生长激素主要用于治疗侏儒症、烧伤、创伤、骨折、出血性溃疡、肌肉萎缩症和骨质疏松等,并且对毛发生长与乳汁分泌也有良好的效果。

(3) 胰岛素的生产

胰岛素广泛存在于人与动物的胰脏中,能调节体内糖分代谢,是治疗糖尿病的特效药。1922年,从胰脏中提取到较纯的降血糖物质,被命名为胰岛素;在1923年开始临床应用。1965年,我国完成了结晶牛胰岛素的合成,其具有与天然结晶牛胰岛素相同的生物活性。因此,牛胰岛素也成了世界上第一个人工合成的蛋白质。

最初市售的胰岛素是从猪、牛等胰腺中提取的,其产量低、成本高,且动物胰岛素与人胰岛素有差别,会对患者产生副作用。1980年,美国应用基因工程技术规模化生产了人胰岛素,这是世界上第一种基因工程药物。1982年,重组胰岛素产品获得美、英等国的批准,并投入市场,载入药典,成为不再依赖动物胰脏提取而以生物技术作为生产手段的一个开端。

(4) 基因工程疫苗的研制与生产

目前,医疗机构使用的疫苗主要是由被灭活或减毒的病原微生物组成,或由细菌毒素组成。在疫苗生产过程中,减毒不充分或培养病毒出现问题,会使某些疫苗具有不良反应。但利用基因工程技术可生产无毒性作用的新疫苗。

基因工程疫苗产量大,可大大节约成本、简化免疫程序。利用基因工程技术还可为目前尚无有效疫苗的某些疾病(例如艾滋病)生产出有效的疫苗。

3.2.4.2 基因诊断

基因诊断是指在基因水平上对疾病的诊断,是利用基因探针技术进行疾病诊断的。其主要特点是：特异性强、灵敏度高、简便和快速。应用 DNA 探针技术，可以对遗传病、传染病、心血管疾病、癌症和职业病等进行基因诊断。此外，目前还发展出 DNA 指纹图谱分析法和限制性片段长度多态性基因连锁分析法两种新技术。

3.2.4.3 基因治疗

基因治疗一般是指将正常的外源基因导入生物体靶细胞内，以弥补所缺失的基因、关闭或降低异常表达的基因，达到治疗某种疾病的目的。当前，应用基因工程技术治疗的疾病有遗传病、肿瘤、心血管疾病、糖尿病和传染病（包括艾滋病）等。基因治疗研究虽然已经取得了很大进展，但总的来看，现在仍处于探索阶段。

基因疗法是治疗分子病的最新手段，在很多情况下也是唯一有效的方法。如果说公共健康措施和卫生制度的建立、麻醉术在外科手术中的应用，以及疫苗和抗生素的问世称得上是医学界的三次革命，那么分子水平上的基因治疗无疑是医学界的第四次革命。

基因治疗的基本定义是：用正常基因取代病人细胞中的缺陷基因，以达到战胜分子病的目的。分子病根据病变基因所处的细胞类型可分为遗传性分子病和非遗传性分子病两大类，前者的病变基因位于生殖细胞中，具有遗传倾向性，如血友病等；后者的病变基因则位于体细胞内，如大多数的癌症及病毒感染疾病。

基因治疗包括基因诊断、基因分离、载体构建和基因转移四项基本内容。

产生基因缺陷的原因除了进化障碍因素外，主要包括点突变、缺失、插入和重排等 DNA 分子畸变事件的发生。随着分子生物学原理和技术的不断发展，目前已建立起多种病变基因的诊断和定位方法，如限制性片段长度多态性分析法、单链构型多态性分析法以及人类基因库搜寻法等。

基因分离是指利用 DNA 重组技术克隆、鉴定、扩增和纯化用于治疗的正常基因，并根据病变基因的定位，与特异性整合序列（即同源序列）和基因表达调控元件进行体外重组的操作。此外，上述重组基因在大多数情况下需安装在合适的载体上。目前用于基因治疗的载体主要有病毒和非病毒两大类，其中病毒载体一般都需要重新构建。

基因转移是关系到基因治疗成败的关键单元操作。根据治疗基因导入病变细胞的类型不同，基因治疗可分为性细胞治疗和体细胞治疗两种。将正常基因转入生殖细胞或胚胎细胞，有可能彻底阻断缺陷基因的纵向遗传，但这一战略目前还面临着许多伦理学和法学方面的问题。

但基因治疗也容易产生一定的副作用。在基因治疗中，常常使用丧失了复制能力的缺陷型病毒做载体将治疗基因导入患者体内。但人体免疫系统不能区分工程病毒与天然病毒，会杀灭已被工程病毒感染的细胞，而且在免疫应答过程中还能产生中和病毒载体的抗体，因此人体的免疫反应是基因治疗的最大障碍。解决上述难题的一种尝试是在重组病毒转染受体小鼠的同时，将抗 CD4 细胞的抗体注入小鼠体内。这种抗体抑制了转基因鼠免疫系统对感染细胞的攻击，导入的基因可在体内持续表达一个月以上，而且 CD4 细胞是中和重组病毒抗体的主要产生者，因此用抗 CD4 细胞抗体处理转基因受体能使人们多次注射重组病毒而不至于引起严重的免疫反应。但是问题还没有得到最终解决，因为抗 CD4 细胞抗体本身也会导致机体产生抗体。

3.3 细胞工程

3.3.1 细胞工程的概念

细胞工程（Cell Engineering）属于广义的遗传工程，是将一种生物细胞中携带全套遗传信息的基因或染色体整个导入另一种生物细胞，从而改变细胞的遗传性，创造新的生物类型的操作。细胞工程包括细胞融合、细胞重组、染色体工程、细胞器移植、原生质体诱变及细胞和组织培养技术；是应用现代细胞生物学、发育生物学、遗传性与分子生物学的理论与方法，按照人们的需要与设计，在细胞水平上的遗传操作，是通过细胞融合、核质移植、染色体或基因移植和组织与细胞培养等方法，快速繁殖与培养出人们所需要的新物种的生物工程技术；是在细胞水平上研究、开发与利用各类细胞的一门技术；是通过对细胞及组分的人工程序操作，研究生命活动的规律，实现对动物的遗传改造，并结合非生物材料的手段以生产用于治疗人类疾病或缺陷的人工器官、组织、细胞及代谢产物或用于深入研究的材料等为主要研究内容的一门学科；也是人们根据科学设计改变细胞的遗传基础，通过无菌操作，大量培养细胞、组织及完整个体的技术。细胞工程研究范围广泛，根据研究层面可分为组织水平、细胞水平、细胞器和分子水平等不同层次；根据研究对象分可分为植物细胞工程与动物细胞工程。

3.3.2 细胞工程的发展

3.3.2.1 植物细胞工程的发展

20 世纪初至 30 年代中期是植物细胞工程的萌芽阶段。1902 年，德国植物生理学家哈贝兰特（Haberlandt）在 Schleiden 和 Schwann 建立的细胞学说的基础上提出了"植物细胞全能性"的概念，认为植物器官与组织可分离成单个细胞，每一个细胞有进一步分裂与发育的能力，即有再生出完整植株的能力。为此，他培养了几种植物的叶肉组织与表皮细胞，但限于当时的技术与水平，所培养的立体细胞未能分裂。1904 年，亨利（Hanning）在培养基上培养了能正常发育的萝卜和辣根菜的胚，他也因此成为植物组织培养的鼻祖。1922 年，Haberlandt 的学生 Kotte 与 Robbins 采用无机盐、葡萄糖与氨基酸基质培养豌豆与玉米的茎尖，最后培养出了能进行有限生长的失绿的叶与根。1925 年，Laibach 将亚麻种间杂交不能成活的胚进行培养，使杂种胚成熟、萌发，该研究对植物组织培养技术的建立与发展起到了先导作用。

20 世纪 30 年代中期至 50 年代中期是植物细胞工程的建立阶段。1934 年，美国植物生理学家 White 培养番茄离体根尖成功，所建立的无性繁殖系能进行继代培养，并在此后 28 年间转接培养了 1 600 代后仍能继续生长；他利用植物根系培养物研究了光、温度、pH 值与培养基对植物根系生长的影响。1937 年，White 等配制了 White 培养基，并发现了 B 族维生素对离体根生长的重要性；1939 年，Gautheret 连续培养胡萝卜根的形成层并获得了成功；Nobecourt 对胡萝卜进行组织培养；因此，三人也是植物组织培养的奠基人，他们所做的工作成为植物组织培养的技术基础。1943 年，White 正式提出植物"细胞的全能性"学说，认为每个植物细胞都具有该植物的全部遗传信息和发育成完整植株的能力,该学说的提出为植物组织培养的发展提供了理论基础。早在20世纪30年代,我国植物生理学的创始人——罗宗洛和李继侗已成为远东植物培养的先驱者;他们进行了银杏胚的培养,发现银杏胚乳与幼嫩桑叶提取物能分别促进离体银杏胚与玉米根的生长。1935—1942年,罗宗洛还进行了玉米根尖离体培养;罗士伟进行了植物幼胚、根尖、茎尖和愈伤组织的培养。1948年,Skoog和我国学者崔澂在烟草茎切段和髓培养以及器官形成过程中发现,嘌呤或腺苷可以解除IAA对芽形成的抑制,并诱导成芽,从而确定嘌呤/IAA的比例是控制芽和根形成的条件。1955年,Miller等发现激动素能促进细胞分裂,并可代替腺嘌呤促进发芽,激动素能诱导愈伤组织分化出幼芽,激动素的活力比嘌呤活力高3万倍并确定了培养基中控制芽与根形成激动素与生长素的比例,建立了激动素/生长素比例控制器官分化的激素模式。该发现促进了植物组织培养的发展。

20世纪50年代至今是植物细胞工程的快速发展阶段。激动素的发现促进了英国学者Steward等从胡萝卜根韧皮部愈伤组织获得单细胞,并经诱导形成胚状体,发育成完整的植株,通过实验证实了植物细胞具有全能性,该实验是植物组织培养理论上的第一大突破。1960年,英国学者Cocking用酶法分离原生质体获得成功,开创了植物原生质体培养与体细胞杂交技术,这是植物组织培养的第二大突破,促进了体细胞融合技术的发展。1960年,Morel通过培养兰属植物茎尖,使其脱病毒并快速繁殖,实现了去病毒和快速繁殖两个目的;该技术在兰花生长中得到广泛的推广与应用。该技术一年内可从一个茎尖快速地繁殖出400万株相同遗传性的健康兰花植株,进一步促进了离体繁殖与脱毒技术的发展,实现了试管苗的产业化,取得了极大的经济效益与社会效益,并导致欧洲、美洲和东南亚许多国家兰花产业的兴起。20世纪60年代初,世界上只有10多个国家的少数实验室从事植物组织培养,到70年代已发展到众多国家和实验室,到90年代已基本遍及世界各国。目前,植物组织培养技术已日臻成熟。

植物组织培养包括器官培养与细胞培养两个方面,器官培养是将植物组织或胚胎外植体体外培养并获得分化的组织,而细胞培养是指用酶或机械作用将植物外植体分散,以获得细胞悬浮液或相互连接的单层细胞。1956年,Routier和Nickell提出工业化植物组织培养以提取植物天然产物的设想,并首次申报了利用植物细胞培养生产天然产物的专利。1968年,Reinhard等利用该技术生产出了哈尔碱;1969年,Kaul等培养植物细胞获得了薯蓣皂苷;1972年,Fumya等培养植物细胞获得了人参皂角苷;1973年,Teuscher等培养植物细胞获得了维斯纳精。1959年,Tulecke与Nickell首次将微生物培养的发酵工艺应用到植物细胞悬浮培养中。目前,生物反应器规模化培养植物细胞生产次生代谢产物方面已取得极大的发展,已发展成为一个新兴产业。

3.3.2.2 动物细胞工程的发展

美国生物学家Harrison是动物组织培养的鼻祖,其在1907年培养的蛙胚神经细胞能存活数周,并能长出轴突,这也开创了动物细胞培养法。1912年,Carrel将鸡胚心肌组织培养在血浆与鸡胚提取液的混合物内,并将原代细胞进行了长期的传代培养。1940年,Earle创造了从单个细胞进行克隆培养的方法,并建立了无限传代的小鼠结缔组织的L细胞系。1951年,Earle等开发了能在体外培养动物细胞的人工培养液,为细胞生物制品的生产提供了必要条件，促进了动物细胞培养技术的发展与应用。1952年，Briggs发现胚胎早期细胞的核具有发育成完整个体的全能力能力。1954年，美国索尔克利用原代培养的猴肾细胞制备的脊髓灰质炎疫苗首次进入工业化规模生产。1960年，我国童第周教授独辟蹊径，在鱼类与两栖类中进行了大量核移植实验，在探讨核质关系方面做出了重大贡献。1975年，Kohler与Milstein建立了淋巴细胞杂交瘤技术，获得了单克隆抗体，在免疫学上取得重大突破，促进了动物细胞的工业化生产与应用，其社会效益与经济效益显著。1981年，Illmenses率先用小鼠幼胚细胞核克隆出正常小鼠。1984年，Willadsen等用未成熟羊胚细胞核克隆出了一头羊。1997年，英国Roslin研究所的Wilmut博士用体细胞核克隆出绵羊"多莉"，开创了体细胞核克隆哺乳动物的先河。1998年，日本科学家用母牛输卵管细胞的细胞核克隆出两头克隆牛"能都"与"加贺"。1998年，Thomson等成功建立了人胚胎干细胞系。1999年，发现了成体干细胞的可塑性，其后，干细胞研究不断发展。2006年，Takahashi和Yamanaka用小鼠成纤维细胞建立了诱导性多潜能干细胞（iPS细胞），使干细胞研究在临床应用中取得显著进步。

3.3.3 细胞工程技术

3.3.3.1 细胞培养技术

细胞培养是指动物、植物与微生物细胞在体外无菌条件下的生长与保存。不同类型的细胞培养在培养基组成上有差异，但其培养过程有共同之处：第一步是取样及除菌，即获得不同类型的细胞材料后，进行表面清洗与消毒；第二步是配制培养基，并对培养基进行灭菌或除菌；第三步是接种，即在无菌操作条件下，将生物材料接种于灭菌培养基上；第四步是培养，用培养箱给不同类型的细胞提供温度、湿度、光照、氧气和二氧化碳等最佳培养条件，进行培养。

3.3.3.2 细胞融合技术

细胞融合技术是两个或多个细胞在相互接触后，因细胞膜发生分子重排，导致细胞合并、染色体等遗传物质重组的过程。细胞融合技术主要包括原生质体的制备、细胞融合诱导、杂交细胞筛选等。

3.3.4 细胞工程在医学上的应用

3.3.4.1 克隆技术

（1）克隆技术的概念

"克隆"是由英语"Clone"音译而来，其原意是无性繁殖，即扦插枝条之意；源于希腊语"Clonos"，意为"Twig"，即嫩枝之意。动物克隆又称为哺乳动物的核移植，是指不通过精子与卵子受精过程而获得与亲本具有相同遗传物质的后代的过程。

（2）克隆技术的发展

1997年2月，Wilmut等利用绵羊乳腺细胞成功地克隆出体细胞核移植后代，并获得了世界上第一只体细胞克隆绵羊"多莉"，该成果开创了哺乳动物细胞核移植的里程碑。Wilmut等建立了一整套绵羊体细胞核移植程序，即恢复体细胞核全能性的"血清饥饿法"、体细胞传代阶段的确定、体细胞克隆后代与亲本核供体间的 DNA 微卫星分析技术，这些技术也成了同行公认的哺乳动物体细胞核移植技术的基本程序。在克隆羊多莉诞生后，全世界掀起了克隆热潮，并引起对多莉身份的质疑。1998 年 7 月，两个独立研究小组分别对多莉的血样、供体母羊冷冻组织及其细胞培养物进行卫星 DNA 分析和 DNA 指纹分析，确认出三者的一致性。1999 年，Vignon 用牛的皮肤成纤维细胞克隆出牛；Wells 用牛的卵丘细胞克隆出即将绝种的一种珍稀牛；Zarkharchenko 用牛乳腺上皮细胞与耳组织类成纤维细胞克隆出牛胚胎。

1999 年，陈大元等将大熊猫的体细胞植入去核的兔卵细胞中，培育出大熊猫的早期胚胎。2000 年 6 月，张涌等从成年羊的耳朵取出皮肤细胞培育出首例成年体细胞克隆山羊"元元"。

（3）克隆技术在人类健康中的作用

哺乳动物体细胞克隆技术在畜牧业生产、疾病治疗、医药卫生、生物学基础研究和野生动物濒危动物保护等方面有巨大的价值。

1）体细胞克隆技术可用于医药生产。

将体细胞克隆技术与生物反应器的生产技术结合，在对体细胞进行转基因或基因组修饰后，制作生物反应器，生产治疗人类疾病、保健所需的蛋白质。许多全球知名的生物技术企业尤其看重体细胞克隆技术在这些方面的应用价值，纷纷投资建立科研机构并开展研究。

2）体细胞克隆技术可用于临床。

通过深入研究细胞质核的相互作用，控制胚胎细胞的分化方向，有望获得适合向人体移植的具有遗传改变的动物器官。通过细胞核移植技术可以避免不必要的免疫排斥作用。目前，人们已经利用体细胞克隆技术获得了小鼠—小鼠、人—兔、人—人 ES 细胞系，并已经在小鼠模式上开展了如帕金森病等神经退行性疾病的治疗尝试。

治疗性克隆是指利用核移植技术将病人的体细胞核移植到去核的卵母细胞中，使其重新编程并发育成囊胚，然后再用胚胎干细胞分离技术从克隆囊胚的 ICM 分离出多能 ES 干细胞。人体缺损组织和器官的修复是多年来全世界医学专家不断追求的梦想，超急性排斥反应是细胞和组织修复最大的障碍，而治疗性克隆能有效地克服免疫排斥反应。

在临床上，有许多疾病是由于细胞受到病损或其他外伤而引起正常的生理机能发生障碍或丧失，它严重地威胁着人们的生命和健康，如帕金森病、糖尿病、老年痴呆症、各种血液病和皮肤烧伤等。如今，治疗这种疾病的方法基本采用细胞和组织移植，其移植物主要来源于同种异体的细胞和组织。

1998 年，Wakayama 等通过小鼠实验证实，从体细胞克隆囊胚中分离的细胞，经体外培养后可以保持干细胞的特性，并能形成内胚层、中胚层和外胚层的细胞，且通过诱导能分化成多巴胺和 5 - 羟色胺的神经细胞，这说明利用体细胞克隆技术完全可以生产出胚胎干细胞。2003 年，Barberi 利用小鼠模型开展了帕金森病等神经退化性疾病的治疗的尝试。

3.3.4.2　干细胞技术

（1）干细胞概念

干细胞是由英文单词"Stem"意译而来，意为"起源""茎干"，目前，对干细胞还未形成一个明确的定义。但一般认为，干细胞是指具有无限或较长期的自我更新能力，能产生至少一种高度分化子代细胞的细胞；或是一类具有自我复制能力的多潜能细胞，在一定条件下可分化成多种功能细胞；干细胞也是生命起源细胞、组织器官反应的原始细胞与成体组织细胞更新换代、损伤修复的种子细胞。

（2）干细胞的类型

干细胞根据来源不同可分为三类：胚胎干细胞、成体干细胞和诱导性多潜能干细胞。

胚胎干细胞也称为全能干细胞，是从附置前早期胚胎内细胞团或附置后胚胎原始生殖细胞中分离克隆出来的一种具"无限"增殖能力和全向分化能力的干细胞；是由哺乳动物早期胚胎分离克隆出来的未分化细胞，具有自我更新、高度增殖、多向分化的能力，有发育成人体全部206种组织与细胞的能力，甚至有形成完整个体的分化潜能。

成体干细胞即组织干细胞，是存在于已分化组织中的未分化细胞，能自我更新并可形成相应组织的细胞；可使机体功能保持稳定，替代由于损伤与疾病导致的衰老与死亡的细胞。成体干细胞与胚胎干细胞一样，均可在体外进行自我更新，并在适宜的条件下，均可分化成为具有特殊形态和特定功能的子代细胞，但二者之间仍有诸多不同之处。

胚胎干细胞与成体干细胞的根本区别在于来源不同，胚胎干细胞多取自胚胎或流产胎儿，而成体干细胞多来自于成体的各种组织。胚胎干细胞在伦理学上具有争议，而成体干细胞的研究不存在伦理学上的压力。成体干细胞与胚胎干细胞都可在体外进行增殖，但增殖能力不同。成体干细胞的增殖能力有限，但胚胎干细胞可无限增殖。在分化潜能方面，胚胎干细胞具有多能性，其分化潜能比成体干细胞宽，单个胚胎干细胞经过体外增殖，分化后可形成体内200多种细胞；而成体干细胞多为单胚层多能干细胞，长期以来人们一直认为它分化潜能较弱，通常只能分化形成某一特定组织的细胞类型。

诱导性多潜能干细胞是由已分化的体细胞诱导而来，具有类似胚胎干细胞的高度自我更新能力与多向分化潜能。目前，已从小鼠、人、猴、大鼠与猪等多种体细胞诱导出诱导性多潜能干细胞。

（3）干细胞技术的发展

1896年，Wilson在一篇论述细胞生物学的文献中首次使用干细胞这一概念，专门用于描述线虫与蠕虫等寄生虫生殖系的祖细胞。1897年，Boveri等在进行丝虫研究时发现，在经过连续的卵裂之后，只有一个细胞保全了全部染色体，这一细胞包含有成体生殖细胞的全部成分。1917年，Pappenhein等对骨髓中造血细胞发生过程的观察，提出了骨髓组织中存在未分化的干细胞的设想，第一次提出了成体干细胞的概念。1961年，Till与McCulloch研究发现，将骨髓细胞悬浮液通过静脉注射输入受致死剂量放射线照射的小鼠体内，这些细胞可以在脾内形成集落；这种来自集落的细胞，同时具有多向分化潜能与自我更新的能力，具有造血干细胞的特点。1962年，Edwards首先观察到兔胚泡的胚胎干细胞的分化现象，发现胚泡腔内的细胞群细胞具有自动分化能力，即具有分化为含有神经、骨、肌肉等多种细胞的能力。1969年，Thomas首次成功地进行了异体骨髓移植，并在1990年与Murray一起由于在"人体器官与细胞移植的研究"方面的杰出贡献而获得诺贝尔生理学或医学奖。1979年，医学界首次在脐带血中发现含有恢复白血病患者造血功能的细胞，脐带血造血干细胞治疗技术在相关血液系统疾病的治疗中显示出良好的应用前景。1981年，Evans和Kaufman成功地从小鼠延迟着床的囊胚中分离获得了小鼠的内细胞团并建立了胚胎干细胞系，开创与推动了胚胎干细胞生物学的研究。1995 年，Thomson 等从恒河猴胚泡中获得第一个灵长类的胚胎干细胞系。1998 年，Thomson 等分离了人的内细胞团并成功建立了人的胚胎干细胞系。2001 年，Wakayama 等利用体细胞核移植克隆胚泡的方法，成功地制备了 35 个小鼠核移植胚胎干细胞系。2003 年，韩国与美国科学家利用体细胞克隆技术获得人克隆胚胎干细胞，该技术表明可用人的自体细胞培养胚胎干细胞，从而使胚胎干细胞技术向临床应用迈进了一大步。2006 年，日本科学家将已分化的小鼠皮肤细胞改造成具有类似胚胎干细胞分化潜能的诱导性多潜能干细胞。2007 年，美国与日本科学家分别成功培养了源自人体皮肤细胞的诱导性多潜能干细胞。

当前，胚胎干细胞的研究与应用面临着伦理、宗教、免疫排斥等问题，而成体干细胞可塑性的发现与诱导性多潜能干细胞研究的突破性进展为干细胞的临床应用开辟了更为广阔的空间。干细胞的应用前景已吸引了越来越多的人力与资金，干细胞的深入研究必将给生物医学带来一次重大的革命。

（4）干细胞的生物学特性

干细胞是同时具有自我更新能力、高度分化能力和增殖能力的非特化细胞。一般而言，干细胞发育的阶段越早，这三种能力越强。

干细胞的自我更新能力是指干细胞分裂后子代干细胞能保持与自己相同的基因型与表型，维持未分化状态并具有相同的分化能力。干细胞一旦形成，在机体中，终生都具有自我更新能力，这完全不同于有限自我更新能力的许多类型的祖细胞。成年机体干细胞能反复分化充满组织，这对维持机体组织器官的稳定性有很重要的意义。

干细胞的增殖能力是指通过细胞有丝分裂实现细胞数量的增殖。干细胞的自我更新与分化都是以细胞增殖为基础的。在体外扩增干细胞是干细胞研究及应用的前提和关键，干细胞虽具有多能性，但其数量不多，只有通过体外扩增，才会得到大量的干细胞。干细胞在体内高度扩增具有重大意义，可补充由于细胞正常衰老死亡而丧失的血细胞。因此，干细胞高度扩增不但对干细胞的研究和应用有着重要的作用，而且对机体正常功能的维持也起着重要的作用。

（5）干细胞在医学中的作用

1）在寻找新药方面的应用。

在寻找新药时，常用使用原代细胞、修饰过的肿瘤细胞或转基因细胞。与原代细胞或修饰过的细胞相比，干细胞具有很多优点：基因正常，有独特的生理反应，可长期培养、扩增等。因而哺乳动物干细胞技术的应用为在细胞水平评估药物作用提供了新的机会。

2）基因治疗上的应用。

现有的基因治疗有两类：转基因细胞治疗与核酸治疗。前者常用的基因转移靶细胞多为淋巴细胞、成纤维细胞等。其缺陷为：细胞存活时间有限，在治疗过程中需要反复输入，治疗烦琐。转基因干细胞技术的建立解决了转基因细胞存活问题，成为转基因细胞治疗重要的方向。

3）移植治疗。

在适度的控制条件下，胚胎干细胞可在体外培养体系中形成各种人体组织，甚至人体器官。干细胞技术的理想水平就是在体外进行器官克隆以供病人移植。

对诸多难以治疗的疾病而言，细胞移植是一种行之有效的方法。将具有某种特定功能的细胞移植到体内相应受损部位，不仅可以恢复该部位的部分功能，还可避免传统药物治疗所引起的毒副作用。干细胞移植用于临床实践始于1945年，当时，美国向日本投放了两颗原子弹，这虽然促使第二次世界大战结束，但同时也造成数以万计的平民遭受了大剂量的辐射，因此，科学家尝试用骨髓移植的方法来替代患者受到严重抑制的骨髓系统。此后，人们对骨髓移植进行了大量深入的研究。1998年，人胚胎干细胞在体外成功建系，解决了细胞移植中的细胞来源问题。理论上，干细胞尤其是胚胎干细胞可在体外无限增殖，在适当的诱导条件下可分化为体内任何类型的细胞，这使得干细胞可能成为最佳的"种子"细胞，使得在实验室培育各种组织器官成为可能。

移植治疗目前已经成为治疗疾病的一个重要手段，如器官移植、细胞移植等。干细胞移植是一个尤其重要而且意义重大的手段。20世纪80年代起，造血干细胞移植已经成为治疗癌症、造血系统疾病、自身免疫系统疾病等的重要手段。

多功能干细胞可提供各种细胞、组织、器官以恢复机体的功能，并且无须考虑组织配型、无须应用免疫抑制剂。因此，将干细胞用于移植治疗，可满足移植对各种供体的需求。传统的骨髓移植难以操作、价格昂贵、有较大的风险，但干细胞移植治疗安全、经济、应用范围广。

4) 肿瘤治疗。

骨髓干细胞移植在化疗病人造血功能的恢复中起着重要的作用，但完全依靠自身骨髓干细胞难以恢复机体全部免疫功能。若在骨髓移植病人体内再植入诱导分化的干细胞，则有望恢复患者的全部免疫功能。免疫功能的恢复对恶性肿瘤患者的治疗非常必要，因为免疫治疗与肿瘤疫苗治疗都依赖于机体自身的免疫功能。

3.3.4.3 单克隆抗体技术

(1) 单克隆抗体技术的发展

抗体是机体在抗原刺激下产生的能与该抗原特异性结合的免疫球蛋白。单克隆抗体（Monoclonal Antibody）是通过克隆获得的来自单个杂交瘤细胞的单克隆系，即杂交瘤细胞系，它所产生的抗体是针对同一抗原决定簇的高度同质的抗体，即单克隆抗体。而针对同一抗原决定簇的常规血清抗体是由不同B细胞克隆产生的异质的抗体组成，因此，多克隆抗体（Polyclonal Antibody）是常规血清抗体，即多抗。单克隆抗体与多克隆抗体相比，其的优点是纯度高、专一性强、重复性好、能持续地无限量供应。

1975年，Kohler和Milstein发现将小鼠骨髓瘤细胞和绵羊红细胞免疫的小鼠脾细胞进行融合，所形成的杂交瘤细胞可产生抗体，这种杂交瘤细胞具有双亲细胞的特征，既像骨髓瘤细胞一样在体外培养中能无限地快速增殖、永生不死，又能像脾淋巴细胞那样合成和分泌特异性抗体，从而创立了单克隆抗体杂交瘤技术。1975年8月7日，Kohler和Milstein在英国《自然》杂志上发表了题为《分泌具有预定特异性抗体的融合细胞的持续培养》（*Continuous Cultures of Fused Cells Secreting Antibody of Predefined Specificity*）的著名论文。Kohler和Milstein两人由于此贡献而荣获1984年的诺贝尔生理学或医学奖。

(2) 单克隆抗体的制备

体细胞与肿瘤细胞融合可形成杂交瘤细胞。杂交瘤技术多指B细胞杂交瘤技术，即将B

细胞与骨髓瘤细胞融合，以建立能分泌对某种抗原决定簇的均质抗体的杂交瘤细胞系。

单克隆抗体技术有动物细胞免疫、细胞培养、细胞融合、细胞筛选与克隆体培养等一系列方法。

1) 细胞的选择。

在单克隆抗体制备过程中，所选用的细胞一般采用与骨髓瘤供体细胞来源相同的动物进行免疫，所获得的杂交细胞融合率高。

融合细胞一方必须选择经过抗原免疫的 B 细胞，通常来源于免疫动物的脾细胞。脾是 B 细胞聚集的重要场所，无论以何种免疫方式刺激，脾内皆会出现明显的抗体应答反应。融合细胞的另一方则是为了保持细胞融合后细胞的不断增殖，只有肿瘤细胞才具备这种特性。多发性骨髓瘤是 B 细胞系恶性肿瘤，所以是理想的脾细胞融合伴侣。

高免疫个体的激活淋巴细胞是 B 细胞的最佳来源。通常在实验前数周内多次用特异性抗原免疫小鼠，使其脾内产生大量处于活跃增殖状态的特异 B 细胞。用于细胞融合的骨髓瘤细胞最好处于对数生长期，若是冻存细胞系，则在融合前两周需要复苏细胞。常见的骨髓瘤细胞是小鼠 HGPRT 酶缺陷的骨髓瘤细胞株，即 HGPRT - 骨髓瘤细胞。这类瘤细胞缺乏通过应急途径合成 DNA 所需的酶——HGPRT，这为融合细胞通过 HAT 培养基进行选择性培养提供了基础。

2) 细胞融合。

使用细胞融合剂会给细胞膜造成一定程度的损伤，以确保细胞易于粘连而融合在一起。聚乙二醇（PEG）是目前最常用的细胞融合剂，一般应用浓度为40%。细胞融合是杂交瘤技术的中心环节，基本步骤是：将两种细胞混合后加入 PEG 使细胞彼此融合，其后用培养液稀释 PEG，消除 PEG 的作用。

细胞融合是一个随机的物理过程。细胞融合后可产生融合的脾细胞和瘤细胞、融合的脾细胞和脾细胞、融合的瘤细胞和瘤细胞等多种融合细胞，还有诸多未融合的脾细胞、未融合的瘤细胞以及细胞的多聚体等。

3) 杂交细胞的筛选。

正常的脾细胞在培养基中仅存活 5~7 天，无须特别筛选；未融合的瘤细胞则需要进行特别的筛选才能去除。通常用 HAT 选择培养基对杂交细胞进行筛选。HAT 选择培养基是含有次黄嘌呤（H）、氨基蝶呤（A）、胸腺嘧啶核苷（T）的培养基。在氨基蝶呤（二氢叶酸类似物）存在下，这种酶缺陷的细胞不能通过核苷酸合成次黄嘌呤和胸腺嘧啶核苷。所选用的骨髓瘤细胞是 HGPRT - 细胞（或 TK - 细胞），不能在 HAT 培养基中生长；而 HGPRT 和 TK 缺陷细胞可以在此培养基中生存。HAT 培养基是常用的骨髓杂交瘤细胞选择性培养基；一般缺失这两种酶的细胞，在 HAT 培养基中不能生存，只有发生融合或者在其他情况下，才能使细胞重新获得用旁路途径进行 DNA 合成的能力。因此，只有融合的杂交瘤细胞才能在 HAT 培养基中存活并生长。通过 HAT 选择培养基可以筛选杂交瘤细胞。

4) 杂交瘤细胞的克隆培养。

用杂交瘤细胞培养制备单克隆抗体的方法有两种：一种是体外培养法，可获得 10 μg/mL 的抗体；另一种是动物体内诱生法，可获得 5~20 mg/mL 的抗体。体外培养法是将杂交瘤细胞在体外培养，在培养液中分离单克隆抗体；该法需要使特殊的仪器设备（一般应用无血清培养基）以利于单克隆抗体的浓缩和纯化；另一种是动物体内诱生法（即小鼠腹腔接种法）。选用 BALB/c 小鼠或其亲代小鼠；向小鼠腹腔注射降植烷或液体石蜡以破坏腹腔内膜，建立杂交瘤细胞易于增殖的环境；一周后将杂交瘤细胞接种到小鼠腹腔中；接种一周后即有明显的腹水产生，每只小鼠可收集 5～10 mL 的腹水，有时甚至超过 40 mL。动物体内诱生法操作简便、经济，单克隆抗体产量高、效价高，还可有效保存杂交瘤株，分离已污染杂菌的杂交瘤细胞株是目前制备单克隆抗体的主要方法，但在小鼠腹水中会混有来自小鼠的多种杂蛋白，这会给单克隆抗体的纯化带来困难。

5）单克隆抗体的纯化。

单克隆抗体的纯化方法同多克隆抗体的纯化一样，且腹水特异性抗体的浓度较抗血清中的多克隆抗体高，纯化效果好。按所要求的纯度不同，采用相应的纯化方法，一般采用盐析、凝胶过滤和离子交换层析等步骤达到纯化的目的。

(3) 单克隆抗体在医学上的应用

单克隆抗体具有高度特异性、均一性、稳定性和可大量生产等特点，为抗体的制备、应用与生产提供了全新的技术。单克隆抗体在临床上主要应用于疾病的诊断与治疗方面。

1）单克隆抗体的治疗机制。

单克隆抗体技术的治疗机制主要有：用于感染性疾病，使病原及其毒素失去致病力的中和作用；使与其相连的功能分子特异性激活或封闭、破坏靶细胞或靶分子的示踪或导向作用；竞争性抑制作用；抗体依赖性细胞介导的细胞毒素作用；补体依赖性细胞溶解作用；以及通过内影像作用模拟抗原，使疫苗更具安全性与广泛性。

2）单克隆抗体的治疗作用。

在国内，单克隆抗体类药物的临床应用非常广泛。

a. 抗肿瘤。

随着人们生活水平的提高，癌症已成为继心血管类疾病后的第二号杀手，每年全世界有数千万人死于癌症，并且其发病率逐年增加。但目前普通治疗手段对癌症没有较好的治疗效果。单克隆抗体技术的出现与发展为癌症治疗提供了一个很好的解决办法。单克隆抗体抗肿瘤作用的机制是：抗体依赖性细胞介导的细胞效应及补体依赖性细胞溶解作用。单克隆抗体治疗癌症的主要方式是改善药物对肿瘤的靶向性或改善治疗功能。靶向治疗是利用单克隆抗体的特异性，将抗体作为载体，将生物药物选择性地带到含肿瘤细胞的组织的治疗方法。单克隆抗体改善治疗功能是指单克隆抗体药物与合适的效应分子结合后，可增加药物的半衰期、改变效应细胞的功能，并提高患病区域药物的浓度。

单克隆抗体可用于结肠癌、直肠癌、乳腺癌、卵巢癌、肺癌、黑色素瘤、白血病、前列腺癌、胰腺癌等癌症的治疗。单克隆抗体技术成为一种"生物导弹"，可实现肿瘤的导向治疗，使抗体与药物、毒素、放射性物质偶联，进行定向治疗。

褚大同报道，Herceptin、Rituxan（Rituximab）和 Panorex（mAb17-1A）三个单克隆抗体药物对乳腺癌、淋巴癌与结—直肠癌有治疗作用。罗云报道，单克隆抗体在骨髓瘤临床前期及 1 期和 2 期临床实验中显示出明显的抗肿瘤效应。杨春娥等报道，单克隆抗体类抗肿瘤药物可有效地降低传统抗肿瘤药物治疗的不良反应，提高治疗的精确性。

b. 器官移植中的作用。

单克隆抗体作为器官移植的免疫抑制剂，可预防和治疗器官移植物的排斥反应。CD3 单克隆抗体是一种很强的免疫抑制剂，能抑制 T 细胞在免疫应答的早期识别阶段；CD3 单克隆抗体与低剂量其他免疫抑制剂合用，可治疗急性排斥反应或自身免疫病。

骨髓移植时，移植物中的主要有效成分是造血干细胞，但造血干细胞在细胞中的比例低，又无特殊的形态特征，极大地限制了骨髓移植治疗的广泛应用。采用 Baxter 的 CD3 单克隆抗体分离造血干细胞，用高纯度的未分化干细胞进行骨髓移植，可解决移植中的排斥反应及 GVHD 等移植治疗的并发症。

单克隆抗体也可通过阻断异体抗原识别及排斥途径与分子机制中的某一环节，产生免疫抑制效应，预防排斥反应发生。近年的研究证实细胞黏附分子（Cell Adhesion Molecules，CAM）可在器官抑制排斥反应中起到重要作用。而抗 CAM 的单克隆抗体作用具有作用专一、副作用少等优点，在预防与治疗器官移植排斥反应中起到重要作用。

c. 抗感染。

单克隆抗体在抗感染方面有很大优势，极具开发潜力。目前，国内外仅有一种抗感染单克隆抗体被批准用于临床，还有许多单克隆抗体正处于不同临床研究阶段。抗感染单克隆抗体可特异性地杀死细菌，能增强机体的抵抗能力，并且其毒性低，生产速度快。抗微生物药物通过杀灭或抑制细菌生长来起到治疗作用，单克隆抗体则通过增强机体抵抗能力，促使机体自身杀灭细菌。

单克隆抗体也可通过对病毒产生中和作用来治疗病毒性疾病。这类单克隆抗体主要是针对病毒外壳蛋白的抗体，其进入机体后可特异性地识别相应病毒抗原，并与其结合，阻断病毒的吸附过程，使病毒感染中止。Hinkula 等研究发现，选用具有高中和性的抗 HIV 单克隆抗体对 11 例 HIV 感染晚期患者进行治疗，发现这些患者的总 gp120 水平下降，使 T 细胞能较好地活化，改善了患者的免疫状态。随着社会经济的发展，人类面临着越来越多的病毒病，只有通过单克隆抗体的被动免疫才能有效治疗病毒性疾病。

d. 抗血栓形成。

血栓性疾病是严重危害人类健康的疾病之一。封闭血小板糖蛋白的 2b/3a 整合素受体，是血栓性疾病治疗上的一大突破。阿昔单克隆抗体为抗 GP2b－3a 鼠—人嵌合抗体，是美国食品药品管理局（FDA）批准用于临床治疗的第一个单克隆抗体，为单克隆抗体治疗带来了一场革命。实验结果表明，支架置入的患者用阿昔单克隆抗体的年病死率降低了 58%，并使 50% 以上容易发生再狭窄的糖尿病合并冠心病患者不再需要进行血管重建。

e. 其他方面的作用。

单克隆抗体在药物中毒、构建独特型疫苗、自身免疫性疾病与变态反应性疾病中都有广泛的应用。

在药物中毒与毒素方面，单克隆抗体可与毒素形成复合物，可改变毒素的药物动力学，使毒素与受体解离后从结合部位呈梯度流出，从而进入血液循环系统中，达到解毒的作用。单克隆抗体也可用于其他药物或毒素的中和解毒。研究证明，单克隆抗体可对霍乱毒素、河豚毒素与响尾蛇毒素起到急救解毒的作用。

抗独特型抗体可作为主动免疫疫苗，发展前景广阔。目前已研制出抗乙型肝炎病毒表面抗原、脊髓灰质炎、狂犬病等抗病毒疫苗，抗肺炎链球菌、大肠杆菌、非洲锥虫等抗细菌与抗原虫疫苗。并且，抗独特型抗体还可诱发特异性抗肿瘤反应，用于变态反应治疗。当前，抗独特型疫苗在预防传染病方面还处于研发阶段，研究还停留在动物模型阶段。

3）单克隆抗体的诊断作用。

目前，国内外已生产多种体外单克隆抗体诊断试剂盒，并得到广泛应用。常规免疫学测定的敏感性、特异性、稳定性、精确性与测试速度都相应得到较大的提高。用单克隆抗体可以做体内诊断以鉴别和定位体内病灶。

a. 病原体的单克隆抗体诊断。

因为单克隆抗体仅能与单一的抗原发生反应，各种微生物间即使存在细微的差异也能检出，故使得其对微生物的检定更加准确可靠；并且单克隆抗体的敏感性高，可更好地检测脑脊液或痰液中为数不多的特异性细菌抗原，提高检出的阳性率。

在临床感染性疾病中，单克隆抗体可鉴定病毒、细菌、结核等常见的病原体，还可提高对支原体、衣原体、寄生虫病、放线菌、立克次体和螺旋体等病原体的检测率和诊断正确率。例如，抗白念珠菌胞壁的免疫球蛋白 A 单克隆抗体同甘露蛋白的一段蛋白肽结合，抑制白念珠菌对人类表皮细胞（HEP）的黏附，同时抑制出芽，直接抑制菌活性，并将白念珠菌菌丝形成率减少 38.5%；其中单克隆抗体 C7 可以将白念珠菌对人类表皮单层细胞的黏附率减少到 31.1%，对颊黏膜黏附的抑制率为 55.7%。

b. 抗原及抗体构造分析。

因为单克隆抗体特异性和敏感性强、纯度高，能检测任何一种抗原物质的细微结构，所以，可更全面地分析抗原构造，特别是对细胞表面的小分子抗原的分析更有意义。目前，已有针对 T 细胞膜上的每一抗原、受体、酶制备的几个系列的特异性单克隆抗体临床诊断试剂。临床上使用这类 T 细胞单克隆抗体来测定血液、渗出液和组织切片中 T 细胞及其亚群的数量、比值以及是否处于激活等状态。T 细胞单克隆抗体在临床检验中，主要是用以测定外周血中 Th 细胞与 Ts 细胞的比值，用以估价体内 T 细胞的免疫调节平衡状态，从而指导临床更加广泛地使用针对性的免疫疗法。

1978 年，Wiklor 用 McAb 查出了具有地区性差异的抗原变异株，这对不同地区进行的狂犬病疫苗预防出现不同效果的原因做出了有理有据的解释。美国现在已经研制出抗狂犬病病毒的单克隆抗体。

c. 肿瘤单克隆抗体诊断。

肿瘤的血清学诊断是用相应的单克隆抗体，借助 RIA 与 ELISA 技术，检测血清中的肿瘤相关抗原，但需用高特异性单克隆抗体。

如果恶性肿瘤确实具有正常组织细胞所缺少的抗原（即肿瘤特异性移植抗原），则可用相应的单克隆抗体作临床诊断。事实上，情况并非如此简单，也不要求单克隆抗体有绝对特异性才能应用。如某种肿瘤细胞仅有一种相关抗原，亦即在某些正常组织中也有少量类似的成分，这类具有相对特异性的单克隆抗体在实际诊断中也有一定的应用价值。如果要检测血清中的肿瘤抗原，则需用高特异性单克隆抗体，因为有些正常组织所产生的交叉反应，可掩盖由肿瘤细胞脱落进入血清中的肿瘤抗原的水平。而用于体内肿瘤定位的单克隆抗体，对其特异性的要求并不十分苛求，因其目的是看到癌变现象。此外，肿瘤单克隆抗体配以免疫组织化学技术，在肿瘤的病理学诊断方面，将为某些疑难病例的诊断和鉴别提供重要的手段。

目前，国内外已制备出各种诊断肿瘤的单克隆抗体，如胃肠道癌、乳腺癌、肺癌、胰腺癌、肾癌、前列腺癌、淋巴瘤、黑色素瘤和白血病等相关抗原单克隆抗体等。这些单克隆抗体有时会与发生与个别组织类型的瘤组织或正常细胞发生不同程度的交差反应，影响其在临床上的广泛应用。

d. 激素的单克隆抗体诊断。

单克隆抗体明显提高了检测的特异性，有利于快速诊断内分泌疾病，这是常规诊断血清不可比拟的。

内分泌疾病是应用单克隆抗体最为活跃的疾病之一。准确测定体液中的激素含量，对判断内分泌的功能状态、诊断内分泌疾病以及判断治疗的效果有重要的作用。以往通常采用多克隆抗体作诊断血清，但其易与某些杂质或结构近似的激素呈现不同程度的交叉反应，特异性欠理想。目前测定激素时多采用比较灵敏和特异的放射免疫分析法，均质纯且高度特异的单克隆抗体可克服上述缺点。当前，已用单克隆抗体取代常规抗血清进行放射免疫分析的激素有人绒毛膜促性腺激素（HCG）、人促黄体素（HLH）、人卵泡刺激素（hFSH）、促甲状腺素（hTSH）、人催乳素、睾丸酮、雌二醇、雌三醇、前列腺素、尿激酶、过氧化物酶、甲状腺素和三碘甲腺原氨酸等。例如，HCG 早孕妊娠诊断试纸比常规试验灵敏度高，受孕 5～10 天就能在 3 分钟内测出结果。

3.4 酶工程

3.4.1 酶与酶工程的概念

酶是一种由活细胞产生的具有生物催化功能的生物大分子。当前，已知的酶都是生物体合成的，除少数具有催化活性的 RNA 酶外，绝大多数酶的化学本质是蛋白质。目前，所发现的酶的类型有蛋白酶类、核酸酶类与抗体酶类。

酶不仅由活细胞所产生，而且从细胞分离后可继续发挥作用，这些作用导致了酶的工业化生产。目前，已经能工业化生产几十种酶，其被广泛应用于食品、纺织、医药、化工、"三废"处理等各个方面。

3.4.2 酶工程技术的发展

3.4.2.1 酶的研究历史

酶工程是利用酶的特异性催化功能，并通过工厂化为人类生产有用产品及提供有益服务的技术。酶工程的主要内容包括酶的生产、酶与细胞的固定化、酶的应用、酶反应器及酶反应动力学等。

人们很早就发现了微生物的发酵作用，如利用活细胞体内分泌出的酶的催化作用来酿酒、酿醋、制作奶酪等。直到 1833 年，Payen 和 Persoz 首先从麦芽的水抽提液中用乙醇沉淀得到了一种热敏感物质，这种物质能使淀粉水解成可溶性糖，故人们通常认为 Payer 和 Persoz 首先发现了酶，并把这种物质称为淀粉酶。1878 年，Kühne 在胰蛋白酶（Trypsin）催化反应的研究中，首先把酶叫作 Enzyme，这是希腊文"在酵母中"的意思。它强调催化活性是"在酵母中"，即是其抽提物或分泌物的表现，而不是整个有机体。

关于酶的化学本质问题，曾经历过长时间的争论。1896 年，德国 Buchner 兄弟在研究酵母时发现不含酵母细胞的提取液也能使糖发酵，从而阐明了发酵是酶作用的结果；该研究为 20 世纪酶工程的发展拉开了序幕。Buchner 兄弟因此获得了 1911 年诺贝尔化学奖。

20 世纪 20 年代初，当时的有机化学权威人士——德国化学家 Willstätter——认为酶不一定是蛋白质，而是由活动中心与胶质载体两部分组成，活动中心决定酶的催化能力及专一性，而胶质载体的作用仅在于保护脆弱的活动中心，使其不易受破坏。他认为酶中所含的蛋白质不过是保护胶质载体的物质，从而解释了为什么在酶的纯化过程中，酶纯度越高越不稳定的事实。他纯化过氧化物酶达 12 000 倍，活性很高，却在酶制剂中检测不到蛋白质。这实际上是由于当时还无法检测微量蛋白质的缘故。1926 年，Sumner 首先从刀豆中得到了脲酶结晶，并指出酶本身就是一种蛋白质。1930—1936 年，Northrop 等得到了胃蛋白酶（Pepsin）、胰蛋白酶（Trypsin）和胰凝乳蛋白酶（Chymotrypsin）等结晶酶，Sumner 的观点才被普遍接受，并因此获得了 1947 年诺贝尔化学奖。1965 年，我国科学家在世界上首次人工合成了具有生物活性的牛胰岛素。1969 年，Merrifield 等人工合成了第一个酶，即核糖核酸酶，这被称为酶学发展史上的一个里程碑。1982 年，美国的 T. Cech 等发现四膜虫（Tetrahynena）细胞的 26rRNA 前体具有自我剪接功能，说明 RNA 具有催化活性，这种催化能力的 RNA 称为 Ribozyme。1983 年，Altman 等发现核糖核酸酶 P 的 RNA 部分具有核糖核酸酶 P 的催化活性，而该酶的蛋白质部分（C5 蛋白）却没有酶活性。RNA 具有生物催化活性的发现，改变了酶的概念。因此，T. Cech 与 Altman 共同获得了 1989 年诺贝尔化学奖。

现在看来，酶是生物催化剂中蛋白质本质的一类，生物催化剂还包括了其他本质的物质。迄今为止，科学家已在生物中发现了 8 000 余种酶，并且每年都有新酶被发现。

3.4.2.2 酶工程的研究历史

酶工程是在酶的生产与应用过程中逐渐发展起来的一门学科。1894 年，日本的高峰让吉从米曲霉中制备获得了"他卡"淀粉酶，可用作消化剂，开创了近代酶的生产与应用的先河。1908 年，德国的 Rohm 从动物胰脏中制备获得了胰酶用于皮革的软化；法国的 Boidin 用细菌淀粉酶进行了纺织品的褪浆。1911 年，德国的 Wallerstein 用木瓜蛋白酶防止啤酒的浑浊。1949 年，日本开始用微生物液体深层培养法生产细菌 α - 淀粉酶，开启了现代酶制剂的工业生产。1953 年，德国的 Grubhofer 与 Schleith 将聚氨基苯乙烯树脂重氮化，将淀粉酶、胃蛋白酶、羧肽酶与核糖核酸酶等与上述载体结合，制成了多种固定化酶。1960 年，法国的 Jacob 与 Monod 提出了著名的操纵子学说，阐明了酶生物合成的调节机制，为酶的生物合成调节提供了理论依据，推动了酶发酵生产技术的发展。1969 年，日本的千畑一郎首次成功地在工业上应用固定化技术生产出 L - 氨基酸。1978 年，日本的铃木等采用固定化细胞技术生产出了 α - 淀粉酶。

3.4.3 酶的催化作用特点

常见的酶是蛋白质，因此，蛋白质所具有的理化性质，酶都具备。

3.4.3.1 酶具有高催化活性

酶催化时所需的活化能低,因此,酶的催化效率比非酶催化剂的催化效率高。酶催化一般在常温常压和中性 pH 条件下进行,催化效率特别高。例如,脲酶催化尿素的水解反应比非酶催化要快 1 014 倍。

3.4.3.2 酶具有专一性

酶的专一性是指酶对其所作用的底物有严格的选择性,一种酶只能催化某一种或与某一类物质发生反应。酶催化反应的专一性可分为两方面:一方面是对底物的专一性;另一方面是对被催化反应的专一性。

3.4.3.3 酶反应条件温和

酶由生物体产生,绝大多数酶本身是蛋白质,故只能在常温、常压和近中性的 pH 条件下发生作用。因此,酶作为生物催化剂,不能耐受高温、高压、强酸、强碱设备与容器;而一般非酶催化剂大多需要在高温、高压、极端 pH 条件下才能反应。例如,用盐酸水解淀粉生产葡萄糖时,需在 0.15 MPa 与 140℃ 的条件下才能反应,并且需要耐酸耐碱设备;而用 a-淀粉酶与糖化酶时,在常压下用一般设备即可反应。

3.4.3.4 酶的反应活性受代谢调节控制

生物体内酶与酶之间、酶与其他蛋白质之间存在若干相互作用,机体通过调节酶的活性与酶量,控制代谢速率,以满足生物体各种需要与适应环境的变化。酶对反应条件极其敏感,其活性受到代谢调节控制。酶反应的调节方式有很多,主要包括反馈调节、抑制剂调节、酶原激活与激素控制等。一般可通过简单的改变酶浓度或添加抑制剂等方式来控制与调节酶反应的进行。

3.4.4 酶的生产

酶工程是酶学、微生物学的基本原理与化学工程有机结合而产生的边缘性科学技术。酶工程的首要任务是酶的生产,只有通过生产获得酶后才能进行进行酶的研究或酶工程的研究。酶的生产方法主要有提取分离法、生物合成法与化学合成法三种。

3.4.4.1 提取分离法

酶的提取分离法是指用不同技术从植物、动物或微生物细胞中提取酶,然后将酶与杂质分离的技术过程。酶的提取是在一定条件下,用适当的溶剂处理含酶原料,使酶充分溶解到溶剂中的过程。酶的提取分离法主要有盐析法、酸碱溶液提取或有机溶剂提取等。酶的提取分离法设备简单,操作方便,不但在酶的提取分离生产中应用,而且在生物合成法与化学合成法生产酶的过程中也是不可缺少的技术。

3.4.4.2 生物合成法

酶的生物合成法是经过预先设计,通过人工操作,利用植物细胞、动物细胞或微生物细胞的生命活动而获得酶的技术。根据细胞类型的不同,生物合成法可分为植物细胞培养生产酶、动植物细胞培养生产酶与微生物发酵法生产酶。目前,微生物发酵法生产酶在酶工程生产中应用最广。

微生物发酵法生产酶可分为液体深层培养发酵、固体培养发酵、固定化细胞发酵、固定化原生质体发酵等，例如，利用游离或固定化的枯草杆菌生产淀粉酶与蛋白酶；利用游离或固定化的黑曲霉生产糖化酶与果胶酶；利用大肠杆菌生产谷氨酸脱羧酶与多核苷酸聚合酶；利用固定化原生质体法生产谷氨酸脱氢酶等。

动植物细胞培养生产酶是获得优良的动植物细胞后，利用动植物细胞在人工控制条件的生物反应器中培养，经动植物细胞的生长合成所需的酶，后经分离纯化获得所需的酶。例如，用大蒜细胞培养生产超氧化物歧化酶；用木瓜细胞培养生产木瓜蛋白酶与木瓜凝乳蛋白酶；用人黑色素瘤细胞培养生产血纤维蛋白溶酶原活化剂等。

3.4.4.3 化学合成法

化学合成法生产酶是在20世纪60年代出现的新技术，是按照酶化学结构中的氨基酸或者对应核苷酸的排列顺序，通过化学合成将一个个氨基酸单体或核苷酸单体连接起来获得所需酶的技术。酶的化学合成要求单体纯度高，只能合成那些已经搞清楚其化学结构的酶，并且化学合成的成本高，这使酶的化学合成受到严格的限制，难以实现工业化生产。

3.4.5 酶工程在医学上的应用

酶工程在医学方面的应用是研究和解决酶在医学上应用的各种技术问题。现代分子生物学认为，生物活动的正常进行都依赖机体内部生化反应的平衡和稳定，这种复杂而有序的生化反应需要酶来催化调节以控制体内代谢的正常进行。因此，一旦疾病发生，究其根本原因都与酶有直接或间接的关系。机体内部发生的疾病往往是由于酶的功能失调。把酶作为药物，补充酶的不足或调整酶的作用可以达到治疗的目的。例如，体内某一器官失调，使酶的分泌不足或因基因突变使酶分子结构改变，使酶丧失原有功能，都可以用酶来作补充治疗。体内许多有害物质的积累，可用酶来清除。癌细胞的异常生化环境，可用酶来破坏。

早期酶在医疗上的应用仅限于帮助食物消化，问题较少，但进一步使用就遇到了不少问题：外来酶作为异源大分子物质，容易引起过敏反应；酶在体内半衰期很短，一般只有几分钟，不能达到治疗目的；酶进入体内后必须使之集中到治疗部位，才能达到最高疗效。

3.4.5.1 酶工程在疾病诊断上的应用

通过检测体内某些与疾病有关的代谢物质或与疾病有关的酶的变化来诊断病情的方法叫酶诊断法。酶诊断法诊断疾病主要包括两个方面：根据体内原有酶活力变化来诊断某些疾病或利用酶来测定体内某些物质的含量，从而诊断疾病。例如，肝内富含与氨基酸代谢有关的谷丙转氨酶（GPT）等酶类。

疾病的酶诊断法有快速、简便、灵敏等优点，医疗上常将所需酶与配套试剂以一定比例混合制成检验试纸或诊断试剂盒，或将工具酶制备成酶电极，以达到简便快速、微量化、连续化、自动化检测的目的。

由于酶诊断法有快速、简便、正确、灵敏等优点，因而发展很快。对诊断用酶的要求比药用酶低些，因其不用于体内，故可以不考虑其抗原性和毒性。对纯度的要求是只要不含有能干扰所需反应的物质即可，如脱氢酶中不能含有NADH氧化酶，激酶中不能含有肌激酶，葡萄糖-6-磷酸脱氢酶中不能有6-磷酸葡萄糖酸。

3.4.5.2 酶工程在疾病治疗上的应用

酶作为药物可治疗多种疾病，用于治疗疾病的酶称为药用酶。

常见的药用酶有：

1) 消化酶。其主要作为消化促进剂来促进消化，常见的药用消化酶有胃蛋白酶、胰酶、α-淀粉酶、胰脂肪酶、凝乳酶和乳糖酶等，其作用是水解与消化食物的各种成分。

2) 消炎酶。其主要有溶菌酶、超氧化物歧化酶、菠萝蛋白酶、木瓜蛋白酶、链激酶、胶原酶、胰蛋白酶、尿酸酶、尿素酶和α-糜蛋白酶等。

3) 溶纤酶。其主要有溶栓酶、尿激酶、链激酶和蚯蚓溶纤酶等。

4) 心血管疾病用酶。其主要有激肽释放酶、弹性酶、促凝血酶原激酶、细胞色素C、辅酶Q10和辅酶A等。

5) 遗传性缺酶症治疗用酶。其主要有氨基己糖酶A、α-半乳糖苷酶、β-葡萄糖脑苷脂酶、酸性麦芽糖酶和苯丙氨酸氨基裂解酶等。

6) 抗肿瘤酶。其主要有抑制癌细胞增殖而不伤害正常细胞的作用，有L-天冬酰胺酶、谷氨酰胺酶、羧基肽酶、L-亮氨酸脱水酶和L-精氨酸酶等。

3.5 发酵工程

3.5.1 发酵工程的发展历史

发酵来自拉丁语 Fervere，意为"发泡"，是指酵母作用于果汁或发酵谷物产生 CO_2 的现象。在生物化学中，发酵即为微生物在厌氧条件下的代谢过程。当前研究认为，发酵即为利用微生物在有氧或无氧条件下的生命活动来制备微生物菌或其代谢产物的过程。

发酵工程是指采用工程技术手段，利用微生物或有活性的离体酶的某些功能，为人类生产有用的生物产品，或直接用微生物参与控制某些工业生产过程的一种技术；也是一门将微生物学、生物化学、化学工程学的基本原理有机结合，利用微生物的生长与代谢活动来生产各种有用物质的工程技术。

发酵工程技术历史久远，在4 000多年前，人类就开始酿酒、制酱、制奶酪等。19世纪中叶，法国葡萄酒的酿造者在酿酒的过程中遇到了麻烦，他们酿造的葡萄酒总是变酸，于是，纷纷求助于正在对发酵作用机制进行研究的巴斯德。巴斯德不负重望，经过分析发现，这种变化是由乳酸杆菌使糖部分转换为乳酸引起的。同时，找到了后来被称为乳酸杆菌的生物体。巴斯德提出，只要对糖液进行灭菌，就可以解决这个问题，这种灭菌方法就是流传至今的巴斯德灭菌法。从1857年到1876年，巴斯德对发酵作用进行了系统研究，否定了当时盛行的"自然发生说"。他认为，一切发酵过程都是微生物作用的结果，发酵是没有空气的生命过程，微生物是引起化学变化的作用者。巴斯德的发现不仅对以前的发酵食品加工过程给以科学的解释，也为以后新的发酵过程的发现提供理论基础，促进了生物学和工程学的结合。因此，巴斯德被称为"微生物学之父"。

在20世纪20年代，开始进行酒精、甘油和丙酮等厌氧发酵。1929年 Flemming 发现了青霉素；到20世纪40年代初，随着青霉素的发现，抗生素发酵工业逐渐兴起。由于青霉素产生菌是需氧型的，微生物学家就在厌氧发酵技术的基础上，成功地引进了通气搅拌和一整套无菌技术，建立了深层通气发酵技术。该技术大大促进了发酵工业的发展，使有机酸、微生素、激素等都可以用微生物发酵法来进行大规模生产。青霉素的发现开创了好氧发酵，开创了微生物产品在医药方面的应用，促进了微生物工业的发展，是发酵工业的第一次技术革命。

20世纪50年代，氨基酸发酵工业又成为生物技术产业的又一个成员，实现了对微生物代谢的人工调节，这又使生物技术向前迈进了一步。1957年，日本成功实现用微生物生产谷氨酸。如今20种氨基酸都可以用微生物发酵法生产。目前，发酵代谢控制技术已经广泛应用于核苷酸、有机酸和部分抗生素的生产中。

20世纪70年代以后，基因工程、细胞工程等生物工程技术的开发，使发酵工程进入了定向育种的新阶段，新产品层出不穷。

20世纪80年代以来，随着学科之间的不断交叉和渗透，微生物学家开始用数学、动力学、化工工程原理、计算机技术对发酵过程进行综合研究，使得对发酵过程的控制更为合理。随着重组DNA技术的发展，可定向培养出有用的菌株，这为发酵工程引入了遗传工程技术，促使生物技术进入了一个新的阶段。

3.5.2 发酵工程的基本流程

发酵工程的工艺流程包括六个步骤：
1）菌种的扩大培养与发酵培养基的配制。
2）培养基、发酵罐以及辅助设备的消毒灭菌。
3）将已培养好的有活性的纯菌株以一定量转接到发酵罐中。
4）将接种到发酵罐中的菌株控制在最适条件下生长并形成代谢产物。
5）将产物抽提并进行精制，以得到合格的产品。
6）回收或处理发酵过程中产生的废物和废水。

3.5.3 发酵工程的培养技术

按照培养过程的操作方式，微生物发酵培养可分为分批培养、半连续培养与连续培养。

3.5.3.1 分批培养

分批培养是一种封闭培养系统，将菌种接种到培养基后，除了气体流通外，发酵液始终留在生物反应器内。分批培养的过程是：在生物反应器中装入培养基后灭菌，在适当温度下接种，维持一定条件进行培养，待生物反应进行到一定程度后，将全部培养液放出并进行处理。接种后，除了耗气培养过程需要通入无菌空气外，不再加入营养物料。分批培养的优点是操作与设备简单，分批培养是生产与研究中常用的一种培养方式。

在分批培养过程中，反应器中的微生物生长一般可以分为四个阶段：延滞期、对数生长期、稳定期与衰亡期。延滞期是培养基接种后，细胞不立即生长繁殖，其细胞数量在一定时间内无明显增加；对数生长期的特征是细胞经延滞期后适应了生长环境，生理状态变得活跃，细胞开始迅速繁殖；稳定期的特征是随着细胞的生长繁殖，培养基中的营养物质消耗殆尽，而代谢产物增多，pH值与温度等环境条件发生变化，使细胞的繁殖速率逐渐降低，但细胞浓度能达到最大值；衰亡期的特征是培养基中的营养成分耗尽，代谢产物大量积累，死亡细胞越来越多，活细胞数量显著下降。

3.5.3.2 半连续培养

半连续培养又称为半分批培养或补料分批培养，是在分批培养中补加新鲜培养基，但不同时取出培养液的方法；是一种介于分批培养与连续培养的操作方法。补料可间歇进行，也可连续进行。半连续培养时，由于会持续供给菌体生长所需的营养，故能保持发酵液中有较高的活菌体浓度；另外，不断地补料稀释，对降低发酵液的黏度、改善流变学性质、强化好氧发酵的供氧，也是十分有利的。目前，半连续培养已广泛应用于各种发酵产品的工业生产中。

半连续培养的优点是可对培养液中的基质浓度加以控制，使发酵系统中维持很低的基质浓度，提高产物的生产效率；可除去快速利用碳源而产生的阻遏效应，并维持适当的菌体浓度，而不至于加剧供氧的矛盾；避免培养基中积累有毒代谢物而产生底物抑制作用。半连续培养不需要严格的无菌条件，也不会产生菌种老化和变异等问题，其应用范围十分广泛，可用于抗生素、氨基酸、酶蛋白、核苷酸和有机酸等的生产。

3.5.3.3 连续培养

连续培养是在发酵过程中不断补入新鲜的培养基，同时以相同的流速放出培养液，使发酵液维持在一定的体积。连续发酵是一个开放系统，通过连续流加新鲜培养基并以相同的流量连续地排出发酵液，可以使微生物细胞群体保持稳定的生长环境和生长状态，并以发酵中的各个变量都能达到恒定值而区别于瞬变状态的分批发酵。连续发酵能缩短或消除延滞期，使菌体一直处于良好的条件下，以最大生长率生长，获得较高的菌体量。

连续培养的优点有：

1) 连续培养有利于缩短发酵周期，提高劳动生产率；减少分批发酵中的清洗、投料、消毒等辅助时间，大大缩短发酵周期和提高设备利用率；同时连续培养过程始终使细胞生长处于最高生长繁殖状态，因此可明显提高生产效率，特别是对生产周期短的产品，效果更为显著。

2) 连续培养生产过程稳定、均衡，各项参数恒定，便于自动化控制。

3) 由于连续培养采用管道化和自动化生产，明显降低劳动强度。

4) 连续发酵能维持较低的基质浓度，可以维持稳定的操作条件，连续培养具有稳态优势，从而使产率和产品质量也相应地保持稳定。

5) 由于灭菌次数少，使测量仪器探头的寿命得以延长。

6) 容易对过程进行优化，有效地提高发酵产率。

但连续培养在大规模生产中也有不足之处：

1) 对仪器设备及控制元件的技术要求较高，从而增加投资成本。

2) 连续培养是开放系统，并且发酵周期长，有极大的可能性造成菌体染菌，从而影响发酵。

3) 在长期的发酵过程中，微生物容易发生变异，菌株退化问题也限制了大型连续培养生产，生产慢的高产菌株很可能逐渐被生长快的低产变异菌株取代，从而降低生产效率。

4）丝状真菌菌体容易附着在器壁上生长以及在发酵液内结团，给连续发酵操作带来困难。

5）长时间的连续培养对发酵设备和空气净化系统的无菌要求更高，不能保持长时间的无菌操作是导致连续发酵失败的主要原因。

6）对于某些原材料价格昂贵的产品，由于连续发酵对基质利用率较低，故往往会造成生产成本的增加。

3.5.4 氨基酸的发酵生产

如今，发酵工程的应用范围已相当广泛，可通过发酵法生产单细胞蛋白、氨基酸、生长激素、抗生素、维生素、酶制剂、有机酸等。

氨基酸是构成蛋白质的基本物质，是人体的重要营养物质，氨基酸产品广泛应用于食品、饲料和医药等领域。氨基酸的生产方法有发酵法、化学合成法、酶法和提取法，其中，发酵法是主要的生产方法。当前，用发酵法生产的氨基酸已有20种。

谷氨酸是组成蛋白质的一种重要的氨基酸，也是合成味精的重要原料。以谷氨酸为例介绍发酵法生产氨基酸的流程。

3.5.4.1 谷氨酸发酵培养基

谷氨酸发酵生产主要以淀粉水解糖为原料。在工业生产上将淀粉水解为葡萄糖的过程称为淀粉的"糖化"，所制得的糖液称为淀粉水解糖。淀粉水解糖液中，主要的糖类是葡萄糖，此外，根据水解条件的不同，尚有数量不等的少量麦芽糖及其他一些二糖、低聚糖等复合糖类。

淀粉水解糖的方法主要有酸解法、酶酸法、酸酶法与双酶法。

酸解法是一种常用的也是传统的水解方法，是利用无机酸为催化剂，在高温高压下，将淀粉水解转换为葡萄糖。该法具有工艺简单、水解时间短、生产效率高、设备运转快的优点。因此，此法目前仍为大多数工厂所采用。但是，由于水解作用是在高温、高压下及在一定酸浓度条件下进行的，因此，酸解法要求有耐腐蚀、耐高温、耐压的设备。此外，淀粉在酸水解过程中，反应所生成的副产物多，会影响糖液纯度，使淀粉转换率降低。酸解法对淀粉原料要求较严格，故需要纯度较高的精制淀粉。

酶酸法工艺主要是将淀粉乳先用α-淀粉酶液化，过滤除去杂质后，然后用酸水解成葡萄糖的工艺。酸酶法是先将淀粉用酸水解成糊精或低聚糖，然后再用糖化酶将其水解为葡萄糖的工艺。

双酶法是用专一性很强的淀粉酶和糖化酶为催化剂，将淀粉水解成为葡萄糖的工艺。双酶法制葡萄糖可分为两步：第一步是液化过程，利用α-淀粉酶将淀粉液化，转换为糊精及低聚糖，使淀粉的可淀性增加；第二步是糖化过程，利用糖化酶将糊精及低聚糖进一步水解，转变为葡萄糖。

3.5.4.2 谷氨酸发酵菌种及扩大培养

现有谷氨酸生产菌主要是棒状杆菌属、短杆菌属、小杆菌属和节杆菌属中的细菌。这4个属在细菌的分类系统中比较接近。短杆菌属隶属于短杆菌科，而棒状杆菌属、小杆菌属及节杆菌属都隶属棒状杆菌科。短杆菌科和棒状杆菌科均属于真细菌目中的革兰氏染色阳性、无芽孢杆菌及有芽孢杆菌大类。

国内谷氨酸发酵种子扩大培养普遍采用二级种子培养的流程，包括斜面菌种活化、一级种子培养与二级种子培养。

斜面菌种活化所用培养基组分为蛋白胨、牛肉膏、氯化钠、琼脂、pH值7.0~7.2；培养温度32℃，培养时间18~24h。

一级种子培养采用液体培养，培养基包括葡萄糖、尿素、玉米浆、K_2HPO_4等，将液体培养基装入1 000 mL三角瓶中，装200~250 mL培养液，在32℃下培养12h。

二级种子培养的培养基与一级种子培养相似，其中葡萄糖用淀粉水解糖代替，在种子罐中培养。培养温度为32℃；培养时间为7~10 h。

3.5.4.3 谷氨酸发酵生产

（1）温度

在发酵前期，由于菌量少，需要菌体数量能快速增加，故此时需取稍高的温度以促进菌的呼吸与代谢，使菌体迅速生长；在发酵中期，菌体数量已达到合成产物的最适量，此时，需要延长中期以提高产量，因此中期温度要稍低一些以延迟衰老；在发酵后期，产物合成能力降低，延长发酵周期已没有必要，这就需要提高温度，刺激产物合成到放罐。

（2）pH值

pH值主要影响微生物的生长和代谢产物的形成。pH值的高或低能抑制微生物体内某些酶的活性使细胞的代谢受阻；影响微生物细胞膜所带电荷，改变细胞膜的渗透性，从而影响微生物对营养物质的吸收和代谢产物的排泄。

（3）供氧

在氨基酸发酵中，氧与碳源、氮源相并列，是需要大量供应的原料之一。供氧量关系到发酵的成败。供氧量对菌体的生长和代谢产物的积累都有很大的影响。因此研究供氧问题，对氨基酸发酵工艺管理的最佳化和工艺过程放大具有重要意义。同时，合理供氧对节省动力消耗也是很重要的。供氧对谷氨酸发酵的影响很大。供氧量多少应根据不同菌种、发酵条件和发酵阶段等具体情况决定。

（4）谷氨酸提取

谷氨酸的提取有等电点—离子交换法、金属盐沉淀法、盐酸盐法与电渗析法等以及不同方法的结合使用。等电点—离子交换法提取谷氨酸为目前国内许多工厂采用的方法。该方法是在发酵液经等电点提取谷氨酸以后，将母液通过离子交换柱进行吸附、洗脱回收，使洗脱所得的高流分与发酵液合并，进行等电点提取。这样既可避免等电点收率低，又可减少树脂用量，还可以获得较高的提取收率，使回收率达90%左右。

3.6 生物技术与其他技术的融合

3.6.1 生物信息技术

信息技术为生物技术的发展提供强有力的计算工具。在现代生物技术发展过程中，计算机与高性能的计算技术发挥了巨大的推动作用。在赛莱拉基因技术公司、英国 Sanger 中心、美国怀特海德研究院、美国国家卫生研究院和中国科学院遗传所人类基因组中心联合绘制的人类基因组草图的发布中，美国多家研究机构特别强调正是信息技术厂商提供的高性能计算技术使这一切成为可能。同样，在被称为"生命科学阿波罗登月计划"的人类基因草图的诞生过程中，康柏公司的 Alpha 服务器也为研究人员提供了出色的计算动力。业界分析人士称，在这场激烈的基因解码竞赛背后隐含的是一场超级计算能力的竞赛，同时，这次竞赛有助于大众对超级计算机的超强能力形成普遍认知。在此之前，这些造价数百万美元可以超高速运转的机器一直默默无闻，它们被用于控制核反应堆、预报天气或是与世界级国际象棋大师对弈。如今，人们越来越清醒地认识到，超级计算机在创造新品种的药物、治愈疾病以及最终使我们能够修复人类基因缺陷等方面是至关重要的，高性能计算可以为人类做出更大的贡献。

赛莱拉公司为将人类基因密码以线性方式组合起来，需要将 32 亿个碱基对按照正确顺序加以排列。为了完成这次历史性课题所需的数量极为庞大的数据处理工作，赛莱拉公司动用了 700 台互联的 Alpha64 位处理器，浮点运算能力达到 1.3 万亿次/s。同时，赛莱拉公司还采用了康柏的 Storage Works 系统来完成对一个空间为 50 TB 且以每年 10TB 的速度增长的数据库管理工作。如今，生物技术的进步已很难与高性能计算领域的发展割裂开来。高性能计算是生物和医药的未来。

信息技术还有助于加强生物技术领域的各种数据库管理、信息传递、检索和资源共享等。另一个仅次于基因排序器、在生物技术领域引起关注的硬件是基因芯片，它的研制也非常依赖信息技术。在显微镜载片或硅片等基片上把基因片段排列、固定，这就是基因芯片。把这个芯片上的基因片段和检体的基因片段放到基因芯片读出器（也是一种破译装置）上，就能迅速比较和破译检体信息。基因排序器是从零入手破译检体的遗传信息的装置，基因芯片和其读出器则是与已经有的遗传信息相对照破译信息的装置。在这个领域，美国的企业比较有名，但日本企业也在同美国企业合作的同时，积极参与了这个领域的开发。

3.6.2 医疗保健服务

医学长期以来的任务是防病治病，维护和增强人们的健康，提高人们的生活质量。在这个范围内，过去医学所面临的是病人而不是整个人群，以前的医学都在医院里，在欧洲、北美有半数的医生已经离开了医院，他们在社区和老百姓生活在一起，指导老百姓的保健、医疗，更重要的是指导那里的人们如何正确地生活。我们国家当今还有97%的医生在医院里。随着时代的发展，医生将逐渐走向社会，走入人群。

英国曼彻斯特皇家眼科医院已经成功实施了世界首例人工仿生机器眼移植手术治疗老年性视网膜黄斑变性（AMD）所导致的失明。这个人工智能仿生眼装置被称为 Argus II，由两部分组成：体内植入部分和体外病人必须穿戴的部分。植入设备将植入病人的视网膜上，设备中含有电极阵列、电池和一个无线天线。外部设备包含一副眼镜，内置前向的摄像头和无线电发射器以及一个视频处理单元做对应，这样不仅准确率提高了，而且还不必花太多时间去一句一句地配字幕。摄像头会捕捉到植入体正对面的画面，将信号发送到视频处理器上等待处理。经处理后的信号又被发送回眼镜上，信号通过眼镜被植入设备的天线接收。最终，视频被"输出"到电极阵列上，电极阵列起到视神经模拟的作用。电极阵列的分辨率可达到60像素，这已经足够让植入设备追踪物体运动的轨迹，看清基本的图案和形状，或者缓慢阅读较大的文字了。Argus Ⅱ所提供的画面是黑白的，但Argus Ⅱ的开发团队正在努力对电极大脑刺激进行编译，希望尽快能让大脑接收彩色信号。患者在手术恢复后，已经能够识别出垂直或水平的线条，能够辨识出人脸，不需要放大镜阅读报纸。更有趣的是，通过这项手术，患者即使闭上眼睛也能够看到眼前的景象，这就让人感到有趣了。此外，美国开发人工智能眼球的公司——第二视觉公司开发的人工智能眼球也已获准上市，该产品可以让完全失明的盲人重新恢复视力。

思考题

1. 简述生物技术的应用范围和开发意义。
2. 什么是基因工程？对人类有何益处？
3. 什么是细胞工程？
4. 克隆技术对人类有何益处？
5. 生物技术在生物制药中有什么作用？
6. 现代医学有哪些成就？

参考文献

[1] 苏立辉. 殡葬高消费背景下的观念引导 [D]. 长沙：中南大学，2014.

[2] 石忠国. 生物技术产业区域竞争力评价与培育策略 [D]. 重庆：电子科技大学，2012.

[3] 陈小荣，钟蕾. 基因工程对21世纪我国农业发展的影响及对策 [J]. 农业现代化研究，2000，21(4)：220-223.

[4] 黄惠琴. 海洋放线菌抗MRSA菌株的筛选及菌株AM105活性物质的研究 [D]. 广州：华南热带农业大学，2005.

[5] 李卉. $CaCl_2$诱导的大豆花粉管通道农杆菌转基因研究 [D]. 上海：上海交通大学，2007.

[6] 2020年中国生物科学和技术发展研究 [C].//2020年中国科学和技术发展研究暨科学家讨论会论文集(下册). 2004：1342-1397.

[7] 岳伟. 数字化细胞微注射仪研制及拉针仪设计 [D]. 南京：南京理工大学，2008.

[8] 韦精卫. 牛体细胞核移植的研究 [D]. 南宁：广西大学，2002.

[9] 姜祖韵. 小鼠胚胎干细胞建系及人胚胎干细胞培养体系的建立初探 [D]. 杭州：浙江大学，2005.

[10] 李继连，王丽，胡满，等. 哺乳动物体细胞克隆技术应用的研究进展 [J]. 中国畜牧兽医，2011，38(6)：98-102.

[11] 王文. 芪丹通脉片诱导大鼠骨髓间充质干细胞向内皮细胞分化的作用研究 [D]. 西安：第四军医大学，2007.

[12] 王丁超. 脑脉通联合骨髓干细胞动员剂对脑缺血大鼠神经细胞的保护作用 [D]. 郑州: 河南中医学院, 2008.

[13] 李朝霞. 干细胞及其应用 [J]. 盐城工学院学报(自然科学版), 2003, 16(1): 57-61.

[14] 史明霞. 骨髓和羊膜来源胚胎后亚全能干细胞生物学特性的研究 [D]. 北京: 中国协和医科大学, 2006.

[15] 雷莉, 倪磊, 宋土生, 等. 干细胞的生物学特性及其进展 [J]. 医学综述, 2002, 8(2): 79-80.

[16] 王莹. 伏马菌素 B1 和赭曲霉毒 A 噬菌体单链抗体库的构建及重组抗体蛋白的原核表达 [D]. 南京: 南京农业大学, 2012.

[17] 李凤英. RegⅣ抗体制备及组织表达谱与应用研究 [D]. 杭州: 浙江大学, 2009.

[18] 黄蕊. 抗 hTNF-α 单克隆抗体的制备及其抗体基因克隆研究 [D]. 北京: 北京协和医学院, 2010.

[19] 齐欣. 鸡贫血病毒 VP3 基因的克隆表达及 VP2 蛋白单克隆抗体的制备 [D]. 沈阳: 沈阳农业大学, 2006.

[20] 徐凯彪. 抗人 MMP24 催化区单克隆抗体的制备及 CE-SELEX 平台的初步建立 [D]. 扬州: 扬州大学, 2008.

[21] 海燕. 单克隆抗体引领抗感染新方向 [J]. 中国处方药, 2009(7): 21.

[22] 祝怀平, 王迎春, 阮长耿, 等. 抗血栓单克隆抗体药物研究进展 [J]. 中国药物与临床, 2003, 3(6): 453-456.

[23] 宋秋荷, 王鲁. 单克隆抗体技术在深部真菌病诊断和治疗中的应用 [J]. 中国真菌学杂志, 2007, 2(2): 126-128.

[24] 楚丹丹. 改进 PSO 算法在发酵优化控制中的应用研究 [D]. 大连: 大连理工大学, 2014.

[25] 王媛, 范栋, 陈有容, 等. 微生物发酵过程的多种培养技术 [J]. 生物技术通报, 2009(1): 122-125.

[26] 冯烁. L-苏氨酸的生产工艺 [J]. 广东饲料, 2010(5): 29-32.

[27] 胡爽. 表达 GLP-1 的重组大肠杆菌高密度高表达发酵工艺研究 [D]. 华东理工大学, 2009.

[28] 刘辉. 发酵法生产 L-谷氨酸新工艺的研究 [D]. 北京: 中国科学院过程工程研究所, 2009.

[29] 谭平. L-谷氨酸合成新工艺研究 [D]. 长沙: 湖南大学, 2006.

[30] 郭华. 试评谁是本世纪新的经济增长点——生物技术与信息技术关系比较 [J]. 商业研究, 2001(5): 42-43.

第4章

材料——人类前进的标志和里程碑

> 材料是人类一切生产和生活活动的物质基础。材料在人类社会的进步与发展中起着无可替代的作用。人类文明的发展史，就是一部利用材料、制造材料和创造材料的历史。认识和利用材料的能力，决定了社会形态和人类的生活质量。每一种新材料的发现和使用，都会对社会经济、工业生产、国防事业产生重大影响，甚至会改变传统的生产和生活方式。

4.1 未来的世界是新材料的世界

4.1.1 材料的分类

材料可能是对人类文明影响最深的一类物质。不管是交通运输、住房、穿衣、通信还是娱乐，我们日常生活中的每一部分都在一定程度上受到这种或那种材料的影响。历史上，社会的进步和发展都与人类生产和掌握某种材料来满足自己的需要密切相关。

最早的人类使用的材料极为有限，通常是一些天然的东西，如石头、木材、黏土、兽皮等。随着时代的发展，人类发明了生产材料的技术，并用于材料制造。这些人造的材料在性能上优于天然材料，这类新材料包括陶瓷和各种金属。后来人们发现，通过热处理和加入其他物质可以改变这些材料的性能。在过去的60多年里，人们所获得的各种知识在很大程度上改变了对许多材料的认识。迄今为止，已有成千上万种具有不同特性的材料被开发出来以满足现代社会的需要，这些材料包括金属、塑料、玻璃和纤维。

固体材料可分为三个基本大类：金属、陶瓷和聚合物。这种分类主要基于这些材料的化学键和原子结构的不同。

金属。金属材料是由金属元素构成的。金属具有大量的自由电子，这些电子不受特定的原子束缚。金属的许多性质直接与这些自由电子有关，例如，金属有极好的导电和导热性能，不能透过可见光；抛光的金属表面具有光泽；并且在力学性质方面，金属的强度高、有塑性，因此在结构材料领域被广泛应用。

陶瓷。陶瓷是由金属和非金属元素构成的化合物，最常见的有氧化物、氮化物和碳化物。从广义上说，这类材料还包括由黏土矿、水泥和玻璃构成的陶瓷材料。这类材料是典型的电和热的绝缘体，与金属和聚合物相比，陶瓷材料耐高温并耐苛刻的环境侵蚀。在力学性质方面，陶瓷硬而脆。

聚合物。聚合物包括塑料和橡胶。大多数聚合物为有机化合物，由碳、氢和其他非金属元素构成，它们有很大的分子结构，这些材料具有密度低、容易加工的特性。各种聚合物的性质会受到自身分子量的影响，例如分子量增大熔点升高。聚合物按照其对温度上升的不同反应可分为热塑性聚合物和热固性聚合物两类。热塑性聚合物会在加热的时候软化，最终变成流体，在冷却的时候又固化成固体；热固性聚合物会在加热后永久性变硬，且继续加热也不会变软。

按工程使用效能来分，有三类材料很重要，分别是复合材料、半导体材料和生物材料。

复合材料。复合材料是两种或多种不同材料复合而成的材料。复合材料既同时具有每一种材料的单独性能，又结合了几种材料的优良性能，例如，玻璃钢就结合了玻璃纤维的强度和聚合物的弹性。当前材料的许多进展都与复合材料有关，包括超高声速的飞行器的隔热材料等。复合材料是材料科学中最有发展前景的材料。

半导体材料。半导体的导电性介于绝缘体和导体之间。半导体的电学性质使半导体对存在于其中的微量杂质浓度极其敏感。半导体材料使集成电路时代的来临成为可能，它给电子设备和计算机工业带来革命，为当今社会生活带来了划时代的影响。

生物材料。生物材料是植入人体中以取代人体病变器官或部分损坏器官的一类材料。这些材料必须对人体无毒，也必须与人体组织相容，即必须没有生物排斥反应。所有以上材料——金属、陶瓷、聚合物、复合材料和半导体都可以用作生物材料。

技术的进步使人类的生活变得越来越舒适，而这一切又与我们所使用的材料密切相关。人类对某类材料认识程度的进步往往是这个时代技术革命的前奏。例如，如果没有廉价的钢铁和其他相应材料，就不会有当今的汽车工业；复杂电子设备的基本单元是由半导体材料构成的，目前的电子信息时代的材料基础基本都是半导体材料。可以说，材料是人类进化史的里程碑。

4.1.2 材料的组成、结构与性质

材料的核心问题是如何从众多可选材料中正确选出满足用途需要的材料。常见的、影响最后决定选择什么样材料的标准有以下几个方面：首先是材料的使用条件。使用条件决定应

当选择具有什么性质的材料。一种材料很难同时具有各方面都最优良或理想的性质。因此，有必要反复交替考察材料的一种或另一种特性。通常高强度的材料，延展性都比较差，例如金钢石的强度和延展性就是一对矛盾。其次，在选择材料时必须考虑在使用过程中有害于材料性质的一些环境因素。例如，暴露于高温或腐蚀性环境下的材料，其力学强度会大大降低。例如，铁的强度很好，但在高氧化性环境下会发生氧化，其强度会大大下降。这种情况下，合理折中取舍两种或多种性质是必要的。最后是所选材料的经济性，即产品的最终成本。一种材料可能具有非常理想的使用性质，但是如果价格太贵，也是无法被广泛应用的。例如，银的导电性很好，但作为普通的电线就太贵了。上述核心问题是人类在几千年的过程中逐步探索和总结出来的。

材料的应用总是伴随着一种筛选过程，也就是说，我们会从有限的材料中筛选出最适合特定场合使用的材料。直到近代，科学家们开始知道材料的组成和结构与其性质之间的关系。材料科学主要研究材料的结构和性质以及它们之间的关系。材料工程则是根据材料的结构与性质的关系，设计、加工和生产所需性质的材料。材料的结构与它的内部成分以及物质的排列有关。按大小，可以把材料的结构分为四个层次：

第一个层次是夸克。质子和中子是构成原子核的单元。质子由两个上夸克和一个下夸克组成，中子由两个下夸克和一个上夸克组成。

第二个层次是原子。原子由原子核和核外电子构成。

第三个层次是超分子（族）。原子团簇聚在一起构成的超分子（族）结构，包括原子或相应分子的相互排列、配位等。

第四个层次是宏观世界。即肉眼可见的世界。

所有材料在使用的时候都会对周围的环境有所反应。例如，工件受力会变形，抛光的金属表面会反射光。通常，材料的性质与它的形状和大小无关。实际上，固体材料的所有重要性质都可以分成六个不同的大类：力学性质、电学性质、热学性质、磁学性质、光学性质和质变学性质。对每一种性质都有不同的测定方法。

1）力学性质。通过给样品施加负载或受力来测定样品的变形，材料的力学参数有弹性模量和强度等。

2）电学性质。如材料的电导率和介电常数，是通过施加电场来测定的。

3）热学性质。热学性质可以通过材料的热容和热导率来反映。

4）磁学性质。磁学性质反映了材料在磁场中的应用能力。

5）光学性质。折射和反射程度是材料光学性质的量度。

6）质变学性质。即材料的化学反应性。

除了"组成和结构"与"性质"以外，在材料科学与工程中还涉及另外两个很重要的要素：材料的"制备加工"和"性能"。关于材料的这四个要素之间的关系，人们一致认为，材料的结构取决于它是怎样被加工出来的，而且材料的性能是材料性质的函数。材料的制备加工、组成和结构、性质及使用效能呈相互影响的关系，如图4.1所示。

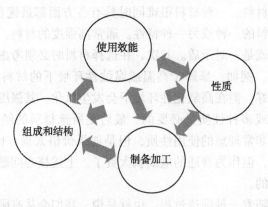

图4.1 材料"四要素"

小知识

碳纤维（Carbon Fiber，CF），是一种含碳量在95%以上的高强度、高模量纤维的新型纤维材料。它是由片状石墨微晶等有机纤维沿纤维轴向方向堆砌而成，经碳化及石墨化处理而得到的微晶石墨材料。碳纤维"外柔内刚"，质量比金属铝轻，但强度却高于钢铁，并且具有耐腐蚀、高模量的特性，在军工和民用方面都是重要材料。它不仅具有碳材料的固有本征特性，而且兼备纺织纤维的柔软可加工性，是新一代增强纤维，被称为"新材料之王"。

碳纤维具有许多优良性能，包括轴向强度和模量都很高、密度低、无蠕变、非氧化环境下耐超高温、耐疲劳性、比热及导电性介于非金属和金属之间、热膨胀系数小且具有各向异性、耐腐蚀性好、X射线透过性好、导电和导热性能良好、电磁屏蔽性好等。碳纤维与传统的玻璃纤维相比，杨氏模量是其3倍多；它与凯夫拉纤维相比，杨氏模量是凯夫拉纤维的2倍左右，在有机溶剂、酸、碱中不溶不胀，耐腐蚀性突出。

碳纤维兼具碳材料的强抗拉力和纤维的柔软可加工性两大特征，是一种力学性能优异的新材料。碳纤维拉伸强度为 $2\sim7$ GPa，拉伸模量为 $200\sim700$ GPa，密度为 $1.5\sim2.0$ g/cm^3，这使得碳纤维在所有高性能纤维中具有最高的比强度和比模量。其原因除了与原丝结构有关外，还与碳化处理的温度有很大关系。一般经过高温（3 000℃）石墨化处理，密度可达 2.0 g/cm^3。它的质量很小，比铝还要轻，且不到钢的1/4，比强度是铁的20倍。碳纤维的热膨胀系数与其他纤维不同，它有各向异性的特点。碳纤维的比热容为7.12。热导率随温度升高而下降，平行于纤维方向是负值，而垂直于纤维方向是正值。

了解材料的键的类型可以解释材料的性质。例如，碳以石墨和金刚石两种晶型存在，石墨相对较软，而金刚石是已知的最硬的材料。这种性质上的巨大差异直接与石墨和金刚石中存在的原子键不同有关。固体材料的某些重要性质取决于原子的几何排列，也取决于原子或分子之间的相互作用。因此，对原子结构、原子中的电子构型、元素周期表、把原子结合在一起组成固体物质的各种形式的原子间的主价键和次价键的理解是材料研究的基础。

4.1.2.1 原子核与核外电子

早在 19 世纪末期，人们就已经发现，无法用经典力学解释固体材料中的电子的许多实验现象。对核外电子的研究促进了量子力学的发展。支撑原子和亚原子这个物质世界的运动规律就是后来人们建立的一系列被称为量子力学的原理和法则。在量子力学诞生初期，出现了简化的波尔原子模型，波尔原子模型假设电子在它们各自的固定轨道上围绕原子核运行，任何电子都或多或少地固定在各自的轨道上。波尔模型代表了人们早期按照位置（电子轨道）和能量（量子化的能级）来描述原子中的电子的一种尝试。人们发现，用波尔原子模型解释涉及电子的一些物理现象仍然具有局限性，后来通过波动力学原子模型成功解决了这一问题。在波动力学模型中，电子呈现波动和粒子二象性。电子的运动不再是在固定的轨道上，电子所在的位置被认为是电子在原子核外各位置上出现的概率。换句话说，电子的位置通过概率分布和电子云描述。

1911 年卢瑟福通过粒子散射实验，确认原子内存在一个小而重的、带正电荷的原子核，并依此建立了有核原子模型：原子是由带正电荷的原子核和核周围的带负电荷的电子组成的，原子半径为几百 pm（$1 \text{ pm} = 10^{-12}\text{m}$），核半径为几至几十 fm（$1 \text{ fm} = 10^{-15}\text{m}$）；原子核由带正电荷的质子和电中性的中子组成，质子的质量和中子的质量分别为 $1.672\ 4 \times 10^{-27}\text{kg}$ 和 $1.674\ 9 \times 10^{-27}\text{kg}$，原子核外电子的质量为 $9.109\ 6 \times 10^{-31}\text{kg}$，电子质量约为质子质量的 $1/1\ 836$。

小知识

在 19 世纪末，物理学上爆出了震惊科学界的"三大发现"：1895 年，德国物理学家伦琴发现了 X 射线；同一年，法国物理学家贝克勒尔发现了天然放射性；1897 年，英国物理学家汤姆逊发现了电子。这些伟大发现激励了卢瑟福，他决心对原子结构进行深入研究。1899 年，卢瑟福用镭发出的射线轰击金属箔，发现大部分粒子都可以穿透薄的金属箔。这一现象说明，固体中的原子之间并不是密不可分的，排列并不紧密，内部有许多空隙，所以粒子可以穿过金属箔而不改变方向。实验同时发现，有少数粒子穿过金属箔时，好像被什么东西挤了一下，因而行动轨迹发生了一定角度的偏转；还有个别粒子好像正面打在坚硬的东西上，完全被反弹了回来。根据上述实验现象，卢瑟福设想：原子内部有一个带正电的坚硬的核，α 粒子碰到核就会被反弹回来，碰偏了就会改变方向，发生一定角度的偏转，而原子的核占据的空间很小，所以大部分 α 粒子能穿过去。1911 年，卢瑟福受"大宇宙与小宇宙相似"的启发，把太阳系和原子结构进行类比，提出了一个原子模型。他认为，原子像一个小太阳系，每个原子都有一个极小的核，这个核几乎集中了原子的全部质量，并带有单位个正电荷，原子核外有单位个负电荷的电子绕核旋转，所以一般情况下，原子显电中性。

然而，卢瑟福的核模型存在不足。根据经典电动力学，带负电荷的电子围绕带正电荷的原子核高速运动时，应当不断地以电磁波的形式放出能量。而原子整个体系每放出一部分能量，电子就必然向核靠近一些，因此最终的结果是电子离核越来越近，落到原子核上，原子将不复存在。但实际情况并非如此，多数原子是可以稳定存在的。此外，原子发射电磁波的频率取决于电子绕核运动时放出的能量，由于放出能量是连续的，因而原子发射电磁波的频率也应当是连续的。但是，实验证明，原子的发射光谱是不连续的线状光谱。因此，原子只发射具有一定能量波长的光。另外，原子光谱除了具有线状光谱这一特性外，各谱线的频率（或波长）也存在一定的规律性。

卢瑟福的学生、丹麦物理学家玻尔，综合了普朗克的量子理论、爱因斯坦的光子理论，在卢瑟福原子模型的基础上，对氢原子光谱的形成和氢原子的结构提出了一个有名的模型——玻尔氢原子模型。玻尔氢原子模型包含以下基本假设：

1) 定态假设：原子系统只能处于一系列不连续的能量状态中，在这些状态中，电子绕核做圆形轨道运动，不辐射也不吸收能量。在这些轨道上，运动的电子所处的状态称为原子的定态。能量最低的定态称为基态，能量较高的定态称为激发态。

2) 频率假设：原子由某一定态跃迁到另一定态时，会吸收或者放出一定频率的光。光的能量（$h\nu$）等于这两个定态的能量差。

3) 量子化条件假设：电子运动的角动量$L(L=mvr)$是不能任意连续变化的，必须等于$h/2\pi$的整数倍。其中，m为电子的质量；v是电子运动速度；r是电子运动轨道的半径；h是普朗克常数。

玻尔理论的第一点可用来说明原子的稳定性问题。即原子不受激发时，电子处在低能级的轨道上，既不吸收能量也不放出能量。玻尔理论的第二点则可用来说明氢原子光谱的规律性。光谱的不连续来自能级的不连续。虽然玻尔理论比卢瑟福模型有很大改进，但它是经典力学与量子论相结合的产物。玻尔理论既不能说明多电子原子的光谱，也不能说明氢原子光谱的精细结构。这是因为它没有摆脱经典力学的束缚。虽然引入了量子化条件，但仍将电子视为在固定轨道运动的宏观粒子，而没有认识到电子运动的波动性，不能全面反映微观粒子的运动规律，所以后来被量子力学模型取代。

波粒二象性（Duality）是量子力学的基础，是理解核外电子运动状态的关键。电子既有粒子性也有波动性，经典力学无法理解，但在微观世界，波粒二象性是普遍的现象。20世纪初，物理学确立了光具有波粒二象性，在这个认识的启发之下，法国物理学家德布罗意（L. de Broglie）在1924年提出了"物质波"假设。他认为，二象性并非光所独有，一切运动着的实物粒子也都具有波粒二象性，他将反映光的二象性的公式应用到电子等微粒上，提出了物质波公式，也称为德布罗意关系式。4年后德布罗意的假设被美国物理学家戴维森和革默的电子衍射证实。他们后来相继用中子、质子、α粒子、原子等粒子流进行实验，也同样观察到衍射现象，这就充分说明了微观粒子具有波动性的特征。物质波（又称德布罗意波）是微观粒子的运动属性，其物理意义不能用经典物理学解释，只能用适用于微观粒子运动状态的量子力学解释。量子力学告诉我们：德布罗意波是具有统计性的概率波。

经典力学认为，宏观物体运动时，它的位置（坐标）和动量（或速度）可以同时准确地测定，但对于具有波动性的微观粒子却完全不同，我们无法同时准确地测定它的运动坐标和动量。海森堡在前人研究的基础上提出测不准原理。海森堡测不准原理是指同时准确地知道微观粒子的位置和动量是不可能的，即说明具有波动性的粒子没有确定的轨道。微观粒子的位置和动量之间存在着不确定的关系，即粒子位置测定得越准确，它的动量的不准确度就越大，反之亦然。宏观物体之所以有确定的运动轨道，是因为h的值很小，m的值很大，由不确定关系式所决定的Δx或ΔV很小。测不准原理并不是因为目前的测量技术不够精确，也不是说微观粒子的运动是虚无缥缈的、不可认识的,实际上它来源于微观粒子运动的波粒二象性,是微观粒子的固有属性。

在经典物理学中,宏观物体的运动状态可根据经典力学的方法,用坐标和动量来描述。测不准原理告诉我们,用坐标和动量来描述微观粒子的运动状态是不可能的。但对于微观粒子的运动状态是可以用波的概念来描述的。1926年薛定谔(E. Schrödinger)根据德布罗意的物质波的观点,将物质波的关系式代入经典的波动方程中,去描述微观粒子的概率波,建立了著名的描述微观粒子运动状态的薛定谔量子力学波动方程。薛定谔量子力学波动方程为量子力学中描述核外电子在空间运动状态的方程,它的解——波函数 φ 是描述核外电子运动状态的函数。在量子力学中常把波函数称为原子轨道函数,简称原子轨道。因此,波函数 φ 和原子轨道是同义词。但是,这里的原子轨道和宏观物体运动的固定轨道(Orbit)的概念在本质上完全不同,应严格地区别开来。

薛定谔量子力学波动方程的解为系列解,每个解对应一个运动状态,因而原子中的电子有一系列可能的运动状态。由于每个解受到三个常数 n, l, m 的规定,因此一个波函数(一个运动状态或一个原子轨道)可以用一组量子数 (n, l, m) 来表示,即写为 $\varphi n, l, m (x, y, z)$。该方程表明,电子的能量是量子化的,能量值不连续,只能为某特定的值。电子的能量可以改变,能量改变时必须发生量子跃迁,要么到更高能级(吸收能量),要么到更低的能级(放出能量)。电子能量也与能级或能态相关联。这些能态不是连续改变的,即相邻的能级被一定能量隔开。

小知识

原子中的每个电子可以用波动力学中的4个参数,即量子数描述。电子概率密度的大小、形状和空间取向均可以由其中的3个量子数决定,而且能级可以分裂成次能级,量子数给出了每一个次能级层的数量。主量子数 n 为整数,从1开始,分别可以取 $n = 1, 2, 3, 4, 5, \cdots$;主量子数的大小与电子距核的距离,即位置有关,$n$ 越大,能级越高。

第二个量子数 l 表示次能级,分别用小写字母 s,p,d,f 来表示次能级电子云的形状。此外,次能级上的次量子数要受到主量子数 n 大小的限制。

次能级 l 的能态数由第三个量子数 m 决定。处于 s 状态的电子,只有一个能级态,对于 p,d,f 次能级上的电子,则分别有3,5,7个能级态存在。

电子除绕核运动外,还有自旋运动,方向有向上或向下两种。自旋量子数 m_s 用来确定电子的自旋方向,只能取 +1/2 和 -1/2,每个值表示一种方向。

因此,玻尔模型被波动力学模型进一步精细化,波动力学引入了3个新量子数来描述每个能级的电子次能级态。一个完整的主能级层和次能级层的能级有几个特征:首先,主量子数越小,能级越低。例如,1s 能级小于 2s 能级,2s 能级小于 3s 能级;其次,在每个能级层,次能级层的能量随量子数值的增大而增加,例如 3d 能级高于 3p 能级,3p 能级高于 3s 能级;最后,在相邻的能级之间还存在能量大小重叠的现象,特别是 d 能级态和 f 能级态。

为了决定电子填充能态的方式,需要应用另一量子力学概念——包利不相容原理。该原理说明，每个电子能级态能容纳的电子不超过2个，且必须是自旋相反的。于是s，p，d，f轨道可以分别容纳2，6，10和14个电子。当然，原子中不是所有的能级都填充满了电子。对大多数原子来说，电子只占据尽可能低的能级和次能级，每个能级只容纳2个自旋相反的电子。遵从能量最低原理，从低到高填充，2个自旋方向相反的电子占据一个能级。按照前述的限制，当所有电子占据了能量最低的状态时，该原子叫作处于基态。可是，电子是可以跃迁到较高能级的。电子构型，即原子结构，表示这些能级被电子填充的方式。每个次能级上的电子数用次能级字母上标的数字表示。例如，氢、氦、钠的电子构型分别为：$1s^1$、$1s^2$、$1s^2 2s^2 2p^6 3s^1$。

考察原子的电子构型通常是很有用处的。首先，价电子是占据原子最外层轨道的电子。这些电子是极其重要的，因为它们参与成键，形成原子和分子团，并且许多固体物质的物理和化学性质都与这些价电子有关。

此外，一些原子具有称为"稳定电子构型"的结构，其最外电子层，即价电子层，是全充满的，如氖、氩、氪，通常最外电子层s、p轨道上会有8个电子。但氦是例外，它只有2个1s电子。这些元素（Ne，Ar，Kr，He）都是化学性质不活泼的惰性气体，实际上不参与化学反应。某些元素的原子通过失去或获得电子来得到稳定的电子构型，形成带电的离子，或与其他原子共用电子。这就是化学反应的基础，也是固体原子键的基础。

在特殊情况下s和p轨道结合形成杂化的sp$n$轨道，这里n代表p轨道的数量，分别可以取1，2，3。周期表中3A，4A和5A族元素最可能形成杂化轨道。而形成杂化轨道的驱动力可以降低价电子的能量。对于碳元素，sp3杂化在有机和聚合物化学中具有很重要的意义。聚合物中可以发现sp3杂化轨道的形状是四面体结构，每两条链的夹角为109°。

4.1.2.2 键力和键能

材料的许多物理性质可以通过把原子结合在一起的原子键力来解释。而原子键力的原理可以通过2个隔离的原子从无限远处彼此相互靠近时，它们之间的相互作用来说明。距离很大时，相互作用力可以忽略不计；但是靠近时，每个原子会把力作用在其他原子身上。这种力分成两种：吸引力和排斥力，其大小是原子间距离大小的函数。吸引力的大小取决于存在于两个原子之间的键的类型，且它的大小会随距离而改变。当2个原子的外围电子层开始重叠时，强的排斥力开始起作用。吸引力和排斥力之和相等时，没有净的合力，即一种平衡状态，2个原子中心之间的距离r_0为平衡距离。对许多原子，r_0大约为0.3nm。在这个平衡位置，2个原子通过吸引力会抵消任何打算把它们分开的力，即通过一种拉力把它们联结在一起。

上述内容只研究了2个原子存在的理想状态，更为复杂的情况包括许多原子存在时的相互作用力和能量。键能与每个原子都有关系。键能的大小以及键能与原子距离大小的关系曲线随材料不同而有所不同，两者均取决原子键的类型。此外，材料的许多性质还与键能、原子间的力和原子间距离的曲线形状有关。例如，常温下，具有较大键能的固体材料通常有较高的熔点，气体有较小的键能，液体的键能则介于两者之间；材料的力学硬度（即弹性模量）取决于构成材料的原子间的力和原子间距离的曲线形状；较硬的固体材料的原子间的力和原子间距离的曲线的波谷较深，较软的材料则波谷较浅。

固体材料有3种不同类型的主要的化学键：离子键、共价键和金属键。每一种键的类型都与价电子有关。也就是说，键的性质取决于构成原子的电子结构。一般说，这3种键的形式都与原子构成物质时趋向获得稳定的电子结构相关，例如惰性气体，其最外层电子层处于被填满的状态。

在许多固体材料中还发现了次价键，即物理作用力和能量构成的键，与主价键键能相比，次价键键能较弱，但是也会影响材料的一些物理性质。下面我们将解释原子间的几种主价键和次价键。

4.1.2.3 化学键

（1）离子键

离子键是指相邻的阴、阳离子结合成化合物（称为离子化合物）的静电作用。离子化合物是由金属元素和非金属元素构成的。金属元素容易失去它们的外层价电子给非金属元素。这一过程使得金属和非金属的所有原子获得稳定的结构，即惰性气体结构，并且变为带电的离子。例如氯化钠是典型的离子键材料。这时钠原子具有氖的电子结构（带一个正电荷），它失去最外层的一个 $3s$ 价电子并转移给氯原子。经过电子转移，氯离子带一个负电荷，电子构型与氩相同。在氯化钠中所有钠和氯以离子形态存在。

离子键的吸引力是库仑力，即正负电荷通过静电吸引相互结合在一起。离子键既没有方向性也没有饱和性，即键的大小在任何方向都是相同的。在三维方向，所有正离子都必须有最相邻的负离子围绕，反之亦然。陶瓷材料的化学键的主要形式是离子键。

离子键的键能相对较大，一般为 $600\sim1\,500\text{kJ/mol}$，离子键材料具有较高的熔点。离子键材料通常硬度高、脆性大，而且导电和导热能力差。离子键材料的这些特性直接与它们的电子构型和离子键的性质有关。

（2）共价键

在共价键中，稳定的电子构型由相邻原子间共用电子对来实现。构成共价键的两个原子，每个至少要拿出一个电子形成共价键，共用的电子属于两个原子。共价键具有方向性，故只能在一定方向上与共用电子的相邻原子形成共价键。共价键的键能可以很强，如金刚石（很硬且具有很高的熔点，熔点 $>3\,550\,\text{℃}$）；共价键的键能也可以较弱，如铋（熔点仅为 $270\,\text{℃}$）。聚合物是典型的共价键材料，在基本分子结构聚合物长链上，每个碳原子与其他两个碳原子形成共价键。通常，剩下的两个键与其他原子也形成共价键。

许多非金属元素分子（如 H_2、Cl_2、F_2 等）和一些分子（如 CH_4、H_2O、HNO_3、HF 等）均属于共价键。而且共价键也在一些元素构成的材料中存在，如金刚石（碳，C）、硅（Si）、锗（Ge）以及元素周期表第Ⅲ到第Ⅶ主族的元素构成的化合物，如砷化镓（GaAs）、锑化铟（InSb）和碳化硅（SiC）。

事实上只有很少的化合物是纯的离子键或共价键，化合物中离子键和共价键各占一部分是比较常见的。对于某种化合物，各种键所占的比例大小取决于构成该化合物的原子在元素周期表中的位置和元素电负性值的差异大小。两者在元素周期表中水平或垂直方向隔得越开，从左下角到右上角隔得越远，即电负性值相差越大，该化合物的离子键程度越高。反之，两者在元素周期表中靠得越近，电负性值相差越小，则该化合物的共价键程度越高。

(3) 金属键

另一种主价键是金属键，金属和它们的合金中存在的化学键都属于金属键。一种比较简单的模型被用来说明金属键的结构。金属键材料有1个、2个和3个价电子。在金属键模型中，这些价电子并没有束缚在任何特定的位置，而是在整个金属中或多或少自由地漂移。可以认为，这些电子属于整个金属，形成所谓"电子海洋"或"电子云"。其余的非价电子和原子核形成所谓离子核，带净的正电荷，大小等于单位原子总价电子所带电荷。自由电子靠静电排斥力把带正电的离子核相互隔离开，充斥在金属离子核的周围，因此，金属键没有方向性。此外，这些自由电子像"胶"一样把离子核粘在一起。金属键键能有弱有强，范围从银（Ag）的68kJ/mol到钨（W）的850kJ/mol。

元素周期表中ⅠA和ⅡA族元素具有金属键。事实上，所有金属元素都是金属键。

各种材料（如金属、陶瓷、聚合物）的基本性质均可以用化学键的类型来解释。例如，由于存在自由电子，故金属具有良好的导电和导热性。反之，由于不存在大量自由电子，故离子键材料和共价键材料是典型的电和热的不良导体。

在常温下大多数金属和它们的合金都具有延展性，即它们要经历相当大的永久变形后才发生断裂。这种行为实际上与金属键的特性有关。相反，在常温下，离子键材料是很脆的，这是由组成离子键材料的离子的带电荷性引起的。

4.1.2.4 范德华力

与主价键（即化学键）相比，次价键的范德华力较弱，键能约比化学键能小1~2个数量级。实际上，在所有原子和分子中都存在次价键，只是如果存在3种主价键中的任何一种，那么次价键是可以忽略不计的。需要特别说明的是，具有稳定电子构型的惰性气体分子之间存在明显的次价键，尽管它们的分子中存在的是共价键。

次价键的作用力是由原子或分子的电偶极子引起的。只要原子或分子正、负电荷中心不重合就会产生电偶极子。带相反电荷的相邻电偶极子依靠库伦引力相互吸引，形成次价键。电偶极子的相互作用发生在诱导偶极子之间、诱导偶极子与极性分子之间（具有永久偶极子）以及极性分子之间。其中氢键是一种特殊形式的次价键，发现其存在于一些具有氢原子的分子之间。

最强的次价键是氢键，氢键是一种特殊的极性分子键。它出现在氢与氟（如HF）、氢与氧和氢与氮（如NH_3）共价成键的分子（如H_2O）中。对于每个H-F、H-O或H-N键，氢原子的一个电子与其他原子共用。因此，在键的氢原子末端实际上存在一个未被电子屏蔽的带正电的裸露质子。这种带强正电性的分子对相邻的分子负电荷中心具有强烈的吸引力。实际上这个单质子为两个带负电的原子搭了一个桥。氢键的键能通常大于其他任何形式的次价键，可以达到51kJ/mol。按照氟化氢和水的小分子量推算，它们不应当有那么高的熔点和沸点，之所以如此，就是因为其中的氢键在起作用。

4.1.2.5 分子

分子可以定义为将原子通过主价键结合在一起的原子团。离子键和金属键形成的固体可以认为是单分子。但是，在许多物质中，共价键起主要作用，包括两元素分子（如F_2、

O_2 和 H_2 等）以及许多化合物（如 H_2O、HNO_3、CH_4 等）。在凝聚态的液体和固体材料中，分子键的键能是较弱的。因此，分子材料具有相对低的熔点和沸点，且大部分分子材料是由几个原子构成的小分子材料，在常温和常压下是气体。但是许多现代聚合物是以固态形式存在的大分子材料，它们的一些性质的强烈程度则取决于范德瓦尔斯键和氢键的存在情况。

4.1.2.6 晶体与非晶体

材料的另一结构层次是原子的组合排列。固体材料可以根据原子或离子的空间排列是否有规律来分类。晶体材料是原子在很长一段距离都呈现周期性重复排列的一类物质。晶体材料存在长程有序性，即原子在三维空间竞争排列，每个原子与最相邻原子紧紧地相连。所有金属、许多陶瓷和某些高分子在通常的固化条件下形成晶体结构。

晶体材料中的原子呈周期性重复有序排列，且遍布整个晶体而无中断，这样的材料就是单晶。固体是由许多小的晶体或颗粒构成的，这种材料叫作多晶体。

非晶体材料原子排列不符合长程有序性。晶体材料的一些性质取决于它的晶体结构，也就是材料中的原子、离子或分子在空间排列的方式。具有长程有序性的晶体结构种类很多，从相对简单的金属到较复杂的陶瓷和聚合物材料等，其材质差异较大。

某些单晶体的物理性质取决于测量时选取的晶体学方向。例如，弹性模量、电导性和光的折射率等在不同方向是不同的。这种与方向有关的性质叫作各向异性，它与原子或离子在不同晶向上的不同排列有关。物质的性质与测量方向无关的性质叫作各向同性。

4.1.3 未来的材料

尽管人类在材料科学与工程领域取得了巨大的进展，且由于人类生活水平的提高，特别是世界人口的迅速增加、资源的加速枯竭、生态环境的不断恶化等一系列问题使材料在技术上面临极大的挑战，第六次科技革命对材料科学技术提出更高的要求，包括开发更为复杂和更具特殊性能的材料，同时还要考虑材料生产对环境造成的危害。随着科学技术的进步，知识经济的蓬勃发展与信息的网络化将促进材料科学技术突飞猛进。因此，未来的世界是新材料的世界。

人们也意识到在发展和解决这一系列问题的过程中，材料起着非常重要的作用。因此材料的改革和突破势在必行。这当中，智能材料是非常有希望的材料。

智能材料（Smart Materials）是一类新型材料，目前正在被人们研究和开发。智能材料对现代技术有很深的影响。"Smart" 这个形容词意指这些材料能够感受周围环境的变化，并能够对这些变化作出反应，正如生命物质所具有的这种特性和方式。此外，"Smart" 这个概念还可以扩展到由敏感材料和传统材料构成的复杂系统。智能材料（或系统）成分包括某些形式的传感器（探测输入信号）和感应装置（执行响应和适应动作）。感应装置可以通过对温度、电场和磁场的改变响应来改变形状、位置、自然频率或力学特性。用作传感器的材料和设备包括光纤、压电材料（包括一些聚合物）和微电动力学设备。

通常被用来做感应装置的4种材料为：形状记忆合金、压电陶瓷、磁致伸缩材料和电致流变/磁致流变流体。形状记忆合金是金属，在变形以后，当温度改变时，它又可以回到原来的形状；压电陶瓷在施加电场或电压的时候会膨胀或收缩，反之如果用外力改变它们的尺寸大小，那么它们也会产生电场；磁致伸缩材料的行为类似压电材料，不过这时施加的是磁场而不是电场。电致流变/磁致流变材料是液体，当分别施加电场或磁场时，它们的黏度会发生巨大的变化。例如，用在直升机上的一种智能系统是为了减少直升机桨叶对驾驶仓产生的噪声。压电材料嵌入叶片，监测叶片的应力和变形，并把信号反馈到计算机控制的调控装置去执行产生反向频率的噪声以抵消桨叶产生的噪声。

小知识

形状记忆合金（Shape Memory Alloys，SMA）是一种在加热升温后能完全消除其在较低温度下发生的变形、恢复其变形前原始形状的合金材料，即拥有"记忆"效应的合金。形状记忆合金具有形状记忆效应。以记忆合金制成的弹簧为例，把这种弹簧放在热水中，弹簧的长度立即伸长，再放到冷水中，它会立即恢复原状。形状记忆合金在航空航天领域的应用也有很多成功的范例，例如人造卫星上庞大的天线可以用记忆合金制作：发射人造卫星之前，将抛物面天线折叠起来装进卫星体内，火箭升空把人造卫星送到预定轨道后，只需加温，折叠的卫星天线便会因具有"记忆"功能而自然展开，恢复抛物面形状；此外，利用形状记忆合金弹簧还可以控制浴室水管的水温：在热水温度过高时通过"记忆"功能，调节或关闭供水管道，避免烫伤；也可以制作成消防报警装置及电器设备的安全装置，当发生火灾时，记忆合金制成的弹簧发生形变，启动消防报警装置，从而达到报警的目的。还可以把用记忆合金制成的弹簧放在暖气的阀门内，以保持房内的温度，当温度过低或过高时，自动开启或关闭暖气的阀门。形状记忆合金的形状记忆效应还广泛应用于各类温度传感器的触发器中。

形状记忆合金另一种重要性质是伪弹性，又称超弹性，表现为在外力作用下，形状记忆合金具有比一般金属大得多的变形恢复能力，即加载过程中产生的大应变会随着卸载而恢复。这一性能在建筑减震以及日常生活中得到了普遍应用。用形状记忆合金制造的眼镜架，可以承受比普通材料大得多的变形而不发生损坏。

形状记忆合金由于具有许多优异的性能，而被广泛应用于航空航天、机械电子、生物医疗、桥梁建筑、汽车工业及日常生活等多个领域。同时形状记忆合金在临床医疗领域也有广泛的应用，例如人造骨骼和伤骨固定加压器、牙科正畸器以及各类腔内支架、栓塞器、心脏修补器、血栓过滤器、介入导丝和手术缝合线等。

液态金属指的是一种不定型金属，液态金属可看作由正离子流体和自由电子气组成的混合物。液态金属充型过程的水力学特性及流动情况对铸件质量的影响很大，可能造成各种缺陷，如冷隔、浇不足、夹杂、气孔、夹砂、黏砂等，都是在液态金属充型不利的情况下产生的。正确地设计浇注系统使液态金属平稳而又合理地充满型腔，对保证铸件质量起着很重要的作用。液态金属在砂型中流动时呈现出如下水力学特性：黏性流体流动；不稳定流动；多孔管中流动；紊流流动。根据其水力学特性，影响液态金属流动的平稳性的主要因素是液态金属的流动速度和浇注系统的形状及截面尺寸。

室温液态金属具有可在不同形态和运动模式之间转换的普适变形能力。如浸没于水中的液态金属对象可在低电压作用下呈现出大尺度变形、自旋、定向运动，乃至发生液球之间的自动融合、断裂再合并等行为,且不受液态金属对象大小的限制;较为独特的是,一块很大的金属液膜可在数秒内即收缩为单颗金属液球,变形过程十分快速,而表面积改变幅度可高达上千倍。研究表明,造成这些变形与运动的机制之一在于液态金属与水体交界面上的双电层效应。以上丰富的物理学图景革新了人们对于自然界的复杂流体、软物质,特别是液态金属材料学行为的基本认识。这些超越常规的物体构象转换能力很难通过传统的刚性材料或流体介质实现,它们事实上成为用以构筑可变形智能机器的基本要素,为可变形体,特别是液体机器的设计和制造开辟了全新途径。现阶段一些研究已趋现实应用,如制造柔性执行器、控制目标流体或传感器的定向运动、金属液体回收,以及用作微流体阀、泵或更多人工机器等。若采用空间架构的电极控制,则还可将这种智能液态金属单元扩展到三维,以组装出具有特殊造型和可编程能力的仿生物或人形机器,甚至在外太空探索中的微重力或无重力环境下,也可发展对应的机器来执行相应任务。

目前的信息产业是由硅半导体技术和集成电路的小型化带动起来的。这场技术革命最初只是来自一个想法:把器件做小、密度提高就可以提高运算速度,减小能耗。然而,由此带来的技术革命可以说不亚于17世纪蒸汽机带来的工业革命。如果未来材料的制造可以控制到一个原子的精度,那么我们将迎来一场更深层次的、史无前例的技术革命和科学新纪元。由于量子效应、磁场及热效应,再加上制作困难、投资过大等因素,故以硅为基础的微电子芯片的特征尺寸到2020年可能达到极限。此时比硅原子更小的碳原子便有可能在第六次科技革命中崭露头角,尤其是石墨烯材料。但不同档次的硅芯片在21世纪仍将大量存在,并将有新的发展,而且对晶片质量的要求会越来越高。Ⅲ-Ⅴ族化合物是第二代半导体材料,如砷化镓(GaAs)因电子迁移率快、禁带宽而被广泛用于高速、高温、高频、大功率环境,是移动电话的主要材料,也是光纤通信的必备材料。第三代半导体材料是禁带更宽的碳化硅(SiC)及金刚石(C),它们可用于高温环境。以后硅集成电路的可能应用途径有两个:一个是光集成(光子材料);另一个是原子操纵(纳米技术)。

光电子材料在21世纪将得到更大的发展。光子运动速度高、容量大、不受电磁干扰、无电阻热。光电子材料包括激光材料、变频晶体(非线性光学晶体)、红外探测材料、半导体光电子材料、显示材料、记录材料、敏感材料及光导纤维等,其中光导纤维是信息高速公路的关键材料,故其发展速度比芯片还要快,已进入第四代。

小知识

柔性材料是科学家运用纳米化学技术创造出来的一种新型复合材料,它有形状记忆的功能且弯曲后不易破碎,其独特的性能让它一面世就受到众多领域的追捧,成为市场的宠儿。以柔性屏幕在手机中的应用为例,相较于传统屏幕,柔性屏幕优势明显,不仅在体积上更加轻薄,功耗上也低于原有器件,有助于提升设备的续航能力,同时基于其可弯曲、柔韧性佳的特性,其耐用程度也大大高于以往的屏幕,降低了设备意外损伤的概率。柔性屏幕有可能让移动和可穿戴电子设备完全改头换面。因此柔性屏幕的成功不仅对新一代高端智能手机的制造有重大影响，也会对可穿戴式设备的应用带来深远的影响，未来柔性屏幕将随着个人智能终端的不断渗透而被广泛应用。

用柔性陶瓷材料生产的"以柔克刚，弹性防磨"的柔性防磨密封材料，已成功应用于金库防御系统、军事防御、风力发电、海上采油平台等。柔性玻璃除了可以作为产品的内部或者基底材料之外，还可以保护产品的敏感电子元件不受潮，比如太阳能面板中的光伏太阳能电池。柔性玻璃可以高度弯曲，非常柔韧。有了柔性玻璃，手机屏幕基底就不再是一块死板了，你可以把它卷起来，也可以把它叠成一摞——就好像印刷的报纸一样。柔性玻璃可改变传统玻璃刚性、易碎的特点，实现玻璃的柔性革命化创新。

4.2 纳米材料——未来之星

纳米技术是在 0.1~100nm 尺度的空间内，研究电子、原子和分子运动规律和特性的崭新技术。纳米在物理上虽然是一长度单位，但是在纳米技术中却具有更深层次的意义，它不仅意味着空间尺度，而且提供了一种全新的认识和实践方法。

纳米技术以空前的分辨率为人类揭示了一个可见的原子、分子世界，它的最终目标是直接以原子或分子为原料来构造具有特定功能的产品。因此，纳米技术其实就是一种用单个原子或分子制造物质的技术。目前，各国都在兴起对纳米技术的研究。纳米技术之所以重要，是因为当金属或非金属被制成相当于100nm的物质时，其物理性能和化学性质会发生出乎意料的变化，主要表现在强度、韧度、比热、导电率、扩散率、磁化率以及对电磁吸收性发生巨大变化等。因此，利用纳米技术选定原子，然后由原子构成分子，并制造出各种各样具有"特异功能"的新材料，将这些功能特异的新材料添加到产品中，会使产品表现出意想不到的新性能。现在，纳米材料已经在电子、化工、通信、环保、医药等领域得到广泛应用。预计在今后30年中，纳米技术将一直是科技领域最热的课题。

4.2.1 纳米的有关概念

纳米（Nanometer）是一个长度单位，$1nm = 10^{-9}m$。1nm 相当于 10 个氢原子一个挨一个排起来的长度。一个原子放大 1 亿倍，其大小就如一个乒乓球，而把一乒乓球放大 1 亿倍，它的大小就如月球。例如，一根头发的直径相当于 6 万纳米。

在纳米尺寸范围内可通过直接操纵和安排原子、分子来创造新物质。它的出现标志着人类认识和改造自然的能力已延伸到了一个新的层次，标志着科技已经进入了一个新时代——纳米时代。纳米技术是一门多学科交叉的、基础研究和应用开发紧密联系的高新技术，以现代先进科学技术为基础，是混沌物理科学、量子力学、介观物理、分子生物学等科学和计算机技术、微电子和扫描隧道显微镜技术、核分析技术结合的产物，几乎涉及了现有的所有科技领域。

4.2.2 纳米技术

1993 年，第一届国际纳米技术大会（INTC）将纳米技术分为纳米物理学、纳米化学、纳米生物学、纳米电子学、纳米加工学和纳米计量学六个分学科。纳米技术主要包括：纳米级测量技术、纳米级表层物理力学性能的检测技术、纳米级加工技术、纳米粒子的制备技术、纳米材料、纳米生物学技术和纳米组装技术等。纳米技术的基础是纳米材料;是否进入纳米时代的重要标志是纳米器件的研制水平和应用程度;纳米技术研究的重要基础是纳米尺度的检测与表征。

4.2.2.1 纳米材料

纳米材料是纳米技术的基本组成部分,也是纳米技术的一个重要的发展方向。纳米材料是指由极细晶粒组成,物质结构在三维空间至少有一维处于纳米特征量级的固态材料。当物质到纳米尺度以后,在 0.1~100nm 这个范围空间,物质的性能会发生突变,出现特殊性能。这种既具有不同于原来组成的原子、分子,也不同于宏观的物质的特殊性能构成的材料即为纳米材料。材料如果仅仅是尺度达到纳米,没有特殊性能,则不能叫纳米材料。具有纳米尺度结构特征的物质单元包括稳定的团簇或人造原子团簇、纳米晶、纳米粒子、纳米管、纳米棒、纳米线、纳米单层膜及纳米孔等。纳米材料的主要特征在于其外观尺度,从三维外观尺度上对纳米材料进行分类是目前流行的纳米材料分类方法,可分为零维纳米材料、一维纳米材料、二维纳米材料和三维纳米材料。其中零维纳米材料、一维纳米材料和二维纳米材料可作为纳米结构单元组成纳米固体材料、纳米复合材料以及纳米有序结构。

4.2.2.2 纳米物理

与同组成的微米晶体(体相)材料相比,纳米材料在晶粒尺寸、表面与体内原子数比和晶粒形状等方面与一般材料有很大的不同,因此在催化、光学、磁性、力学等方面具有许多奇异的性能,因而成为科学领域中的研究热点。这些材料的奇异性能是由其本身原子尺度上的结构、特殊的界面和表面结构决定的。纳米材料和器件在电子、光学、催化工程、陶瓷工程、磁存储和纳米复合技术上都有着重要的意义。例如,导电、导热的铜、银导体做成纳米尺度以后,它就失去了原来的性质,变成既不导电也不导热的材料。磁性材料也是如此,像铁钴合金,把它做成 20~30nm 大小,磁畴就变成单磁畴,它的磁性要比原来高 1 000 倍。纳米科技是前沿、交叉性新兴学科,具有创造新的生产工艺、新的物质和新的产品的巨大潜能。由于纳米科技的特殊性、神奇性和广泛性,它必将成为第六次科技革命的主导科技之一。

4.2.2.3 纳米生物技术和纳米医药

纳米生物技术是指用于研究生命现象的纳米技术,它是纳米技术和生物学的结合,同时也是一门涉及物理学、化学、量子学、机械学、材料学、电子学、计算机学、生物学和医学等众多领域的综合性交叉学科,其主要包含两个方面:一是利用新兴的纳米技术解决生物学问题;二是利用生物大分子模仿和制造类似生物大分子的分子机器和纳米药物。

以纳米生物技术为例,其应用包括生物芯片、纳米探针、生物荧光标记、分子马达和分子纳米筛。生物芯片主要包括两个方面:一是纳米复合材料在生物芯片制备方面的应用,增强核酸、蛋白质与片基间静态与动态黏附力,促进小型化、高分辨率与多功能化;二是拓宽生物芯片应用范围,如植物药物有效成分的高通量筛选、癌症等疾病的临床诊断、作为细胞内部信号传感器。生物芯片是在很小几何尺度的表面积上装配一种或集成多种生物活性,仅用微量生理或生物采样,即可同时检测和研究不同的生物细胞、生物分子和 DNA 特性及它们之间的相互作用，从而获得生命微观活动的规律。生物芯片有集成、并行和快速检测的优点，成为21世纪生物医学工程的前沿科技。生物芯片分为细胞芯片、蛋白质芯片（生物分子芯片）和基因芯片（DNA芯片）。结合微电子磁技术，生物芯片已用于单细胞分离、单基因突变分析、基因扩增与免疫分析。

纳米医学虽然问世不久，但其发展的巨大潜力已经明示在人们面前。从肉眼观察的器官水平，到用光学显微镜观察的细胞水平，再到电子显微镜观察的超微结构水平的发展过程中，虽然对人体疾病的探索每前进一步都会带来一次飞跃，但对人类而言，疾病威胁依然存在，尚未能达到征服疾病的理想水平。应用"纳米"这把微观世界的钥匙来打开疾病奥秘大门的日子已经离我们不远了。

而在药物研究领域，由于纳米技术的不断渗透和影响，引发了药物领域一场深远的革命，从而出现了纳米药物。纳米药物是指以纳米级高分子纳米粒、纳米球、纳米囊等为载体，与药物以一定方式结合在一起制成的药物，其粒径可能在100~500nm。纳米药物也可以是直接将原料药物加工制成的纳米粒。通过纳米技术可解决当前很多医学问题，包括改善难溶性药物的口服吸收、靶向定位释药和纳米级药物载体等。例如癌细胞的灭杀，可以用纳米材料制成具有识别能力的纳米生物细胞和吸收癌细胞的生物医药，然后将其注入人体内定向杀死癌细胞。

4.2.2.4 纳米电子和纳米器件

纳米电子学是讨论纳米电子元件、电路、集成器件和信息加工的理论和技术的新学科。它代表了微电子学的发展趋势并将成为下一代电子科学与技术的基础。纳米电子系统和装备的运行都是以量子力学原理为基础的。因此，纳米科技的研究和教学都需要在量子物理的层面上进行。目前已经研制出的新型纳米器件，例如，共振隧穿器件、单电子器件等都是如此。纳米器件的工作原理不同于经典器件，涉及较深的量子力学理论和数学基础。纳米电子学包括基于量子效应的纳米电子器件、纳米结构的光/电性质、纳米电子材料的表征以及原子操纵和原子组装等。当前电子技术的趋势要求器件和系统更小、更快、更冷。更快是指响应速度要快；更冷是指单个器件的功耗要小；但是更小并非没有限度，例如最新的CPU的制程已从过去的100nm左右降到10nm左右，但由于原子大小的限制，其小到1nm左右已极其困难。

4.2.2.5 纳米计量学

农业时代，微米技术被认为对使用牛耕地的农民是无关紧要的。然而将微米技术应用于拖拉机装配后却改变了耕作方式。最早使用微米技术的国家，都在工业发展中占据了巨大的优势。因此，可以明确指出：微米的精度标准奠定了工业革命的基础。而第六次科技革命必将属于那些接受纳米作为新标准并首先学习和使用它的国家。

纳米技术的诞生是以扫描隧道显微镜的发明为先导的。该仪器是1981年由美国IBM公司苏黎世实验室的G. Binning和H. Rohrer发明的。这是目前为止进行表面分析最精密的仪器，可以直接观察到原子，横向分辨率为0.1nm，纵向分辨率为0.01nm。目前纳米技术已在长度、表面轮廓等方面实现了精确计量。纳米技术现在已经具有了与150年前微米技术一样的重要意义。

总之，纳米技术就是人工构造的、具有量子效应的结构技术。从一开始它就是以量子原理主宰世界为前提的科学技术。虽然21世纪被称为"生物工程时代""光时代"和"高度信息化时代"，等等，但是无论哪种称谓，其技术关键都是量子效应，这也是纳米技术有可能引起计算机革命、材料革命、光革命甚至生物工程革命的原因。因此，纳米技术不仅是向小型化迈进了一步，而且是迈入了一个崭新微观世界，在这个世界中，物质的运动受量子原理主宰。

4.2.3 纳米材料的特性、分类与制造方法

4.2.3.1 纳米材料的特性

纳米结构材料的优异特性是由所组成微粒的尺寸、相组成和界面这三个方面的相互作用决定的。当宏观的物体细分成超微粒子的时候，在一定的尺寸下，它显示出许多奇异的特性，即它的力、热、光、磁，化学性质与传统固体相比显著不同。通过研究发现，超微粒子的特殊性质主要取决于它的量子效应、小尺寸效应和表面效应。

(1) 量子效应

量子效应是指当粒子的尺寸下降到某一纳米值时，金属费米能级附近的电子能级由准连续态变为离散能级的现象，以及纳米半导体微粒中存在最高分子轨道被占据和最低分子轨道未被占据从而使能级间隙变宽的现象。也就是说，孤立原子的能级是分立的，能量是量子化的。当原子形成固体之后，由于晶体周期场的影响，分离的能级形成能带。因此金属导体可能变成半导体甚至绝缘体。对半导体材料来说，尺寸的减小会使价带和导带之间的能隙增大，此外，发光带的特征波长也不同于传统材料。尺寸减小，发光带的波长向短波移动，这种现象称为"蓝移"。

(2) 小尺寸效应

当超细微粒的尺寸与光波波长、德布罗意波长以及超导态的相干长度或透射深度等物理特征尺寸相当或小于该尺寸时，晶体周期性的边界条件将被破坏；非晶态纳米微粒的颗粒表层附近原子密度减小，从而会引起材料的宏观物理化学性质的变化，这就是纳米粒子的小尺寸效应，又称体积效应。例如，传统陶瓷呈现出脆性，由纳米超微粉制成的纳米陶瓷材料却具有良好的韧性。由于超微粉具有大的界面，界面原子排列相当混乱，原子在外力条件下容易迁移变形，因此表现出很好的韧性与一定的延展性。

(3) 表面效应

指纳米粒子的表面原子数与总原子数之比随粒径减小而急剧增大后所引起的性质上的变化。比表面积（表面积/体积）增大，粒子的表面能和表面张力也会随之增加，从而引起纳米粒子性质的变化。如纳米氧化锌、纳米二氧化钛等半导体材料在紫外线和可见光的辐照下产生光生电子和光生空穴来参与氧化—还原反应，可净化空气和降解污水中多种有机物。故可将其制成大表面敏感材料，如气、湿、光敏器件。这种传感器的优点是敏感度比体材料好得多，体积小，用量也少。

(4) 热学效应

纳米微粒由于颗粒小，材料的空间维数减少，表面能增大，金属纳米材料的熔点急剧下降。如块状金的熔点为1 064℃，当变成10nm时，为1 037℃，2nm时为327℃。银的熔点

可由690℃降到100℃。因此，银超细粉制成的导电浆料可在低温下烧结。这样元件基片不必采用耐高温的陶瓷，可采用塑料。这种浆料做成膜既均匀、覆盖面大，又省料、质量好。

(5) 光学效应

金属超微粉对光的反射率很低，一般低于1%，几乎所有的金属材料在细到小于光波的波长时（几千Å①）会失去原有的金属光泽，呈现黑色。尺寸越小，颜色越黑。利用此特性可以做高效的光热、光电转换材料，同时，还可以做防红外、防雷达的隐身材料。如用纳米铁氧体微粒制成的吸收波材料在军事上有很广泛的应用。

此外，纳米材料在降低元件尺寸、提高存储密度等方面也有很大的用途。目前三维纳米结构有序平面阵列体系已经成为设计下一代超小型、高密度记忆元件的重要途径。

4.2.3.2 纳米材料的分类

纳米材料包括纳米颗粒、纳米薄膜、纳米线、纳米多孔材料等。

(1) 纳米颗粒材料

纳米颗粒材料是一种由基本颗粒组成的粉状或团块状天然或人工材料。纳米颗粒是三个维度上小于100nm的颗粒，要求基本颗粒的总数量在整个材料的所有颗粒总数中占50%以上。小于10nm的半导体纳米颗粒，由于其电子能级量子化，又被称为量子点。纳米颗粒具有重要的科学研究价值，它搭起了大块物质和原子、分子之间的桥梁。通常大块物质的物理性质与大小无关，在纳米尺寸上却并非如此。目前观测到了一些特殊的物理性质，例如，半导体纳米颗粒的量子束缚、一些金属纳米颗粒的表面等离子体共振、磁性材料的超顺磁性。类固体和软的纳米颗粒也被制造出来，如脂质体是典型的具有类固体特性的纳米颗粒。

(2) 纳米薄膜材料

由于量子尺寸效应以及界面效应，故当薄膜厚度减小时，大多数纳米薄膜能隙将有所增大，会出现吸收光谱的蓝移与宽化现象。当纳米薄膜的厚度与激子波尔半径相比拟或小于激子波尔半径时，在光的照射下，薄膜的吸收谱上会出现激子吸收峰。这种激子效应将连同纳米薄膜的小尺寸效应、量子尺寸效应、量子限域效应一起使强光场中介质的极化强度与外加电磁场的关系出现附加的二次、三次乃至高次项。薄膜的电学特性不仅与薄膜的厚度有关，而且还与薄膜中颗粒的尺寸有关。当金属尺寸减小到纳米数量级时，电阻不但不减小，反而会急剧增加。

(3) 纳米线

纳米线是在横向上被限制在100nm以下（纵向没有限制）的一维结构。悬置纳米线指纳米线在真空条件下末端被固定。典型纳米线的纵横比在1 000:1以上，因此它们通常被称为一维材料。根据组成材料的不同，纳米线可分为不同的类型，包括金属纳米线、半导体纳米线和绝缘体纳米线。纳米线可以由悬置法、沉积法或者元素合成法制得。通常情况下，随着尺寸的减小，纳米线会体现出比大块材料更好的机械性能。强度变强，韧度变好。

---

① $1Å = 1 \times 10^{-10}$ m。

(4) 纳米多孔材料

按照 IUPAC 的定义，多孔材料可以按孔径分为三类：小于 2nm 为微孔（Micropore）；2~50nm 为介孔（Mesoporous）；大于 50nm 为大孔（Macropore），有时也将小于 0.7nm 的微孔称为超微孔。以二氧化钛为例，纳米介孔二氧化钛具有独特的性能：比表面积大，磁性强，具有极强的吸收紫外线的能力，表面活性大，导热性好，分散性好，所制得的悬浮液稳定等。同时，由于纳米二氧化钛具有光化学性质稳定，催化效率高，氧化能力强，无毒无害，价格便宜，在实际应用中工艺流程简单，操作条件易控制，无二次污染等优点，所以纳米二氧化钛在废水处理、大气净化、城市垃圾处理以及除臭杀菌等环保领域得到了广泛的研究和应用。

小知识

富勒烯（Fullerene）是单质碳被发现的第三种同素异形体。任何由碳这一种元素组成，以球状、椭圆状或管状结构存在的物质，都可以被叫作富勒烯，富勒烯指的是一类物质。富勒烯与石墨结构类似，但石墨的结构中只有六元环，而富勒烯中可能存在五元环。1970 年汉森（R. W. Henson）设计了一个 C_{60} 的分子结构，并用纸制作了一个模型。然而这种新形式的碳的证据非常弱，包括他的同事都无法接受。因此这个结果并没有发表。富勒烯的第一个光谱证据是在 1984 年由美国新泽西州的艾克森实验室的罗芬（Rohlfing）、考克斯（Cox）和科多（Kldor）发现的，当时他们使用由莱斯大学理查德·斯莫利设计的激光汽化团簇束流发生器汽化蒸发石墨，用飞行时间质谱发现了一系列 C_n（$n=3, 4, 5, 6$）和 C_{2n}（$n>=10$）的峰，而相距较近的 C_{60} 和 C_{70} 的峰是最强的，不过很遗憾，他们没有做进一步的研究，也没有探究这个强峰的意义。1985 年，英国化学家哈罗德·沃特尔·克罗托博士和美国莱斯大学的科学家理查德·斯莫利、海斯（Heath）、欧布莱恩（O'Brien）和科尔（Curl）等在氦气流中以激光汽化蒸发石墨的实验中首次制得由 60 个碳组成的碳原子簇结构分子 C_{60}。富勒烯的主要发现者们受建筑学家巴克敏斯特·富勒设计的加拿大蒙特利尔世界博览会球形圆顶薄壳建筑的启发，认为 C_{60} 可能具有类似球体的结构，因此将其命名为巴克敏斯特·富勒烯（Buckminster Fullerene），简称富勒烯。为此，克罗托、科尔和斯莫利获得了 1996 年的诺贝尔化学奖。初步研究表明，富勒烯类化合物在抗 HIV、酶活性抑制、切割 DNA 和光动力学治疗等方面有独特的功效。

富勒烯一经发现即吸引了全世界的目光。在富勒烯研究的推动下，1991 年一种更加奇特的碳结构——碳纳米管被日本电子公司（NEC）的饭岛博士发现。碳纳米管作为一维纳米材料，质量小，六边形结构连接完美，具有许多异常的力学、电学和化学性能。近些年随着碳纳米管及纳米材料研究的深入，其广阔的应用前景也不断地展现出来。碳纳米管又名巴基管，是一种具有特殊结构（径向尺寸为纳米量级，轴向尺寸为微米量级，管子两端基本上都封口）的一维量子材料。碳纳米管是由呈六边形排列的碳原子构成的数层到数十层的同轴圆管。层与层之间保持固定的距离，约 0.34nm，直径一般为 2~20 nm，并且根据碳六边形沿轴向的不同取向可以将其分成锯齿形、扶手椅形和螺旋形 3 种。其中螺旋形的碳纳米管具有手性，而锯齿形和扶手椅形的碳纳米管没有手性。碳纳米管具有良好的力学性能，其抗拉强度达到 50~200GPa，比常规石墨纤维高一个数量级；它的弹性模量可达 1TPa，与金刚石的弹性模量相当，约为钢的 5 倍。对于具有理想结构的单层壁的碳纳米管，其抗拉强度约 800GPa。碳纳米管的结构虽然与高分子材料的结构相似，但其结构却比高分子材料稳定得多。碳纳米管是目前可制备出的具有最高比强度的材料。若将其他工程材料作为基体与碳纳米管制成复合材料，则可使复合材料表现出良好的强度、弹性、抗疲劳性及各向同性。碳纳米管的硬度与金刚石相当，却拥有良好的柔韧性，可以拉伸。在工业上常用的增强型纤维中决定强度的一个关键因素是长径比，即长度和直径之比。材料工程师希望得到的长径比至少是 20:1，而碳纳米管的长径比一般在 1 000:1 以上，是理想的高强度纤维材料。2000 年 10 月，美国宾州州立大学的研究人员称，碳纳米管的强度比同体积钢的强度高 100 倍，质量却只有后者的 1/6~1/7。碳纳米管因此也被称为"超级纤维"。

富勒烯和碳纳米管的发现使人们对碳元素的多样性有了更深刻的认识。2004 年另一种具有理想二维结构和奇特电子性质的碳同素异形体——单层石墨烯（Graphene）被成功制备，引发了新一波碳质材料的研究热潮。英国曼彻斯特大学物理学家安德烈·盖姆和康斯坦丁·诺沃肖洛夫因成功从石墨中分离出石墨烯，并证实它可以单独存在，而共同获得 2010 年的诺贝尔物理学奖。石墨烯既是最薄的材料，也是最有韧性的材料，断裂强度比最好的钢材还要高 200 倍。同时它又有很好的弹性，拉伸幅度能达到自身尺寸的 20%。它是目前自然界最薄、强度最高的材料。此外，石墨烯还显示出了非同一般的电学性能，以及优异的载荷子流动性，其最有潜力的应用是成为硅的替代品，制造超微型晶体管，用来生产未来的超级计算机。用石墨烯取代硅，计算机处理器的运行速度将会提升数百倍。原因是硅原子因自身体积的限制（原子半径为 0.117nm），当物理尺寸过小时会遇到绝缘氧化物量子隧穿效应、沟道掺杂原子统计涨落、功耗过大等物理问题，从技术上讲，这会受到互连延迟、光刻技术等限制。据预测，10nm 左右将是硅集成电路线宽的极限尺寸。而碳原子的原子半径为 0.077nm，比硅原子小很多。因此，由石墨烯制备的晶体管将是取代硅半导体晶体管的最有希望的材料。由于石墨烯晶体管比今天最小的计算机芯片还要小许多倍，用于开启和关闭的电压非常低，所以速度更快，耗能也更低，被视为硅晶体管的接班人。另外，石墨烯几乎是透明的，只吸收 2.3% 的光。另一方面，它非常致密，即使是最小的气体分子（氦气）也无法穿透。这些特征使得它非常适合作为透明电子产品的原料，如透明的触摸显示屏、发光板和太阳能电池板。作为目前发现的最薄、强度最高、导电导热性能最强的一种新型纳米材料，石墨烯被称为"黑金"，是"新材料之王"，科学家甚至预言石墨烯将"彻底改变 21 世纪"，极有可能掀起一场席卷全球的颠覆性新技术新产业革命。

4.2.3.3 纳米制造技术

纳米技术有多种，然而从本质上讲纳米材料主要有两类制造方法，即由大到小的方法和由小到大的方法。由大到小的方法主要是机械方法。由小到大的方法包括气相法和液相法。气相法包括真空蒸发法、真空溅射法、化学气相沉积等。化学气相沉积（CVD）又可分为金属有机物化学气相沉积（MOCVD）、热解化学气相沉积、离子体增强化学气相沉积（PECVD）、激光诱导化学气相沉积（LCVD）和微波等离子体化学气相沉积（MWCVD）等。液相法可分为自组装法、溶胶—凝胶（Sol-Gel）法、电化学沉积法等。

小知识

化学气相沉积作为20世纪60年代初迅速发展起来的一种无机材料制备技术，由于制备设备简单、成本低廉，而被广泛用于高纯物质的制备、合成新晶体及沉积多种单晶态、多晶态无机功能薄膜材料。这些材料可以是氧化物、硫化物、氮化物、碳化物，也可以是Ⅲ-Ⅴ、Ⅱ-Ⅳ、Ⅳ-Ⅵ族中的二元或多元的元素间化合物，而且它们的物理功能可以通过气相掺杂的沉积过程精确控制。随着半导体工业的发展，物理气相沉积被广泛地运用于金属镀膜中。化学气相沉积发展进程如图4.2所示。

图4.2　化学气相沉积发展进程

用化学气相沉积涂覆刀具能有效地控制在车、铣和钻孔过程中出现的磨损，在这里应用了硬质合金刀具和高速钢刀具。特别是车床用的转位刀片、铣刀、刮刀和整体钻头等。使用的涂层为高耐磨性的碳化物、氮化物、碳氮化合物、氧化物和硼化物等涂层。

在光学领域中，金刚石薄膜被称为未来的光学材料，它具有波段透明和极其优异的抗热冲击、抗辐射能力，可用作大功率激光器的窗口材料、导弹和航空航天装置的球罩材料等。金刚石薄膜还是优良的紫外敏感材料。把化学气相沉积金刚石薄膜制备技术应用于拉拔模具，不仅可以克服涂层涂覆不均匀、附着力差等关键技术问题，而且还可以解决金刚石涂层抛光难的问题。

其制备机制主要分三步，即气相物质的产生—气相输运—沉积成固相薄膜。气相物质的产生方法有两种：一种方法是使沉积物加热蒸发，这种方法称为蒸发镀膜；另一种方法是用具有一定能量的粒子轰击靶材料，从靶材上击出沉积物原子，称为溅射镀膜。气相物质的运输要求在真空中进行，这主要是为了避免气体碰撞后妨碍沉积物到达基片。在高真空度的情况下（真空度≤10~2Pa），沉积物与残余气体分子很少碰撞，基本上是从源物质直线到达基片，沉积速率较快；若真空度过低，沉积物原子频繁碰撞会相互凝聚为微粒，使薄膜沉积过程无法进行，或薄膜质量太差。气相物质在基片上的沉积是一个凝聚过程。根据凝聚条件的不同，可以形成非晶态膜、多晶膜或单晶膜。在沉积过程中，沉积物原子之间发生化学反应形成化合物膜，称为反应镀；用具有一定能量的离子轰击靶材，以求改变膜层结构与性能的沉积过程称为离子镀。

4.2.4　纳米材料的未来

纳米技术被认为是对21世纪一系列高新技术的产生和发展有极其重要影响的一门热点学科，被世界各国列为21世纪的关键技术之一。纳米技术的发展可能存在于以下六大领域：

1) 纳米结构的性能。
2) 材料合成、制备和控制。
3) 表征和操纵。
4) 计算机模拟。
5) 纳米器件。
6) 系统组装和界面匹配。

其中，纳米器件是纳米技术最直观的表现。

4.2.4.1 纳米机器人

纳米机器人可遨游于人体微观世界，随时清除人体中的一切有害物质，激活细胞能量。科学家们已经设想，用基因芯片、蛋白质芯片组装成纳米机器人，通过血管将其送入人体去侦察疾病，携带 DNA 去更换或修复有缺陷的基因片段。美国已发明了携带纳米药物的芯片，该芯片放入人体后，在外部加以导向，即可使药物集中到患处，从而提高药物疗效。在肾结石和胆结石的治疗方面，纳米机器人可直接到达结石所在的部位，把结石击碎，这可以直接应用超声波的方法来完成，也可以应用激光或者其他高强度的局部加热的方法来击碎结石。另外，在自身组织的构建和修复方面，纳米机器人可从组织水平的修复进展到细胞内部水平。细胞修复仪比一个细胞小得多，工作起来像"纳米医生"，到达细胞，感受到损伤部位，修复它们，关闭细胞。它可以重建和加强血管的结构、修复关节、加强骨组织、去除瘢痕组织、用天然牙本质和牙釉质填充牙齿。

4.2.4.2 纳米发电机

纳米发电机是可以将周围环境中的机械动能直接转变为电能的装置，也是世界上最小的发电机。目前纳米发电机可以分为两类：一类是压电纳米发电机，压电纳米发电机是利用特殊纳米材料（氧化锌）的压电性能与半导体性能，把弯曲和压缩的机械能转变为电能的微型发电机；另一类是摩擦纳米发电机，摩擦纳米发电机是利用有机物相互接触时得失电子而在外电路产生电流的微型发电机，目前主要有按压式发电机和滑移式发电机。

小知识

中国国家纳米科学中心海外主任王中林等成功地在纳米尺度下将机械能转换成电能，在世界上首次研制成功纳米发电机。其原理是利用氧化锌纳米线容易被弯曲的特性，在纳米线内部、外部分别造成压缩和拉伸。竖直生长的氧化锌具有半导体性能和压电效应。压电效应是由材料中的力学形变而引起的电荷极化的效应，它是实现力电耦合和传感的重要物理过程。氧化锌纳米线的这种独特结构导致了弯曲纳米线的内外表面产生极化电荷。他们用导电原子力显微镜的探针针尖去弯曲单个的氧化锌纳米线，输入机械能。同时由于氧化锌的半导体特性，他们巧妙地把这一特性和氧化锌纳米线的压电特性耦合起来，用半导体和金属的肖特基势垒将电能暂时储存在纳米线内，然后用导电的原子力显微镜探针接通这一电源，并向外界输电，从而完美地实现了纳米尺度的发电功能。更重要的是这一纳米发电机竟然能达到17%~30%的发电效率，为自发电的纳米器件奠定了物理基础。如今，纳米发电机已从最初输出电压几毫伏发展到输出电压达上千伏,输出功率达 30 000W/m³。也就是说,一个手掌大小的 5mm 厚的纳米发电机可瞬时驱动 600 个发光二极管同时工作。同时,其自身类型也扩展到压电机、摩擦、热释电和复合纳米发电机等多种类型。纳米发电机所产生的电能足够供给纳米器件或系统所需,因此有望让无纳米器件或纳米机器人实现能量自供。纳米发电机无论在生物医学、军事、无线通信还有无线传感方面都将有广泛的应用。

4.2.4.3 纳米基因药物

如何找到病变细胞的 DNA 链,并进一步明确有病的 DNA 片段,然后再利用纳米技术,将用于治疗的 DNA 片段送入病变细胞内,替换有病的 DNA 片段,是基因治疗所面临的最大挑战。研究人员将极其细小的氧化铁纳米颗粒注入患者的癌瘤,然后将患者置于可变的磁场中,使患者癌瘤里的氧化铁纳米颗粒升温到 45~47℃,这温度足以使癌瘤细胞烧毁,却不会伤害周围的健康组织。

4.2.4.4 纳米技术存在的问题

纳米技术的发展已经在纳米结构的性能方面、材料合成、制备和控制方面、表征和操纵方面、计算机模拟方面和纳米器件方面取得了一些进展,这也是目前纳米技术集中的研究领域。但仍然存在很多问题,包括:

(1) 理论研究的深度问题

纳米虽然很小,但比单个分子要大很多。这种尺度的物质研究的困难在于:基本不遵守支配宏观世界的经典物理学的规律;量子基本法则虽然适用,却没大到足以完全摆脱量子的影响;包含了太多的原子,但又难以简单地运用量子力学来解释。所以,目前的理论还只是刚刚起步。

(2) 纳米机器人的量子问题

纳米机器人就是能按照人的意志运行并用于大批量生产的机器人。然而原子很小,而且是以限定的轨道运动的,但把一个原子结合在一起的电子"黏合剂"并不属于某个化学键,而且很容易受到所有临近原子的位置和特性的影响。因此当纳米机器人的微型操纵臂要拿起一个原子把它安放到指定的地点时,它会面临一个根本性的问题,即在某种程度上它需要控制的不仅是这个原子,还有这个区域的所有原子,当然,我们可以给它足够的操纵臂来控制每个原子,但是这样会出现两个问题:一是操纵臂太粗;二是操纵臂太黏。因此,纳米技术需要凝聚态物理学、工程学、材料学、分子生物学和大量的化学知识。只有各个学科的专家协同工作,并且熟知各个学科的知识,成为纳米技术学家时,才能为纳米技术引起新一轮的工业革命奠定基础,这种广而专的人才需要培养的时间。

(3) 纳米微电子传感问题

尽管科学家已经研制成了纳米电阻和纳米导线,却还有一个重要的任务,就是怎样把它们连接起来。即宏观世界与纳米世界之间的信息传达问题是一个关键技术:纳米电子机械系统很微小,而它们的动作更微小,那它怎样向宏观世界传递信息呢?信息的读取需要更高的精确度,所以必须建立高效的传感器。

(4) 系统组装和界面匹配问题

系统组装和界面匹配决定了实现产业化的程度。科学家可以用一根碳纳米管做成单电子器件，但是是否能够制造出上亿个性能稳定的元件，而且能将它们组装成逻辑电路是我们需要思考和解决的问题。因为只有达到这种程度才能谈得上产业化。目前微电子领域，可以在一块硅芯片上做出上亿个逻辑电路。将纳米器件和材料同硅集成电路有机地结合起来是未来最大可能的纳米电子学。众所周知，从半导体晶体的发明到集成电路的工业化，科学和技术经历了几十年的发展，故纳米电子学的发展也需要很长的时间。

纳米技术尚处于初级阶段，目前的发展水平仅相当于20世纪50年代的计算机和信息技术的发展水平。人们研究基本的纳米尺度现象的工具和对这些现象的理解水平还只是初步的。纳米科技的兴起，是我国面临的挑战，但也为我国进行跨越式发展提供了不可多得的机遇。纳米科学和技术的发展将会直接推动信息、生命和环境科学的发展。纳米技术的研究处于初级阶段，而且大量的工作还处于基础研究阶段，因此要实现大幅度产业化这个目标任重道远。

4.3 3D打印技术——低成本快速成型的希望

4.3.1 3D打印技术的概念

3D打印技术（快速原型或增材制造）是根据CAD数据得到加工路径，通过材料叠加堆积而形成三维实体模型的工艺总称。通俗地讲，3D打印是快速成型技术的一种，这项技术是将数字模型文件作为基础，通过粉末状金属或塑料等可黏合材料来逐层打印物体的。

4.3.2 3D打印技术的发展历程

3D打印技术出现在20世纪90年代中期，该技术利用的是最新快速成型装置采用的光固化和纸层叠等技术。其工作原理与普通打印基本相同，打印机内装有液体或粉末等"打印材料"，与计算机连接后，"打印材料"可通过计算机控制一层一层叠加起来，计算机上的蓝图最终变成实物。回顾历史，19世纪末3D打印技术开始了其发展历程。18—19世纪欧美国家的商品经济由于受到两次工业革命的刺激得到了飞速的发展。如何革新产品的生产技术，是一个永远的话题，快速成型技术为了满足科研探索和产品设计的需求，在这一时期开始萌芽，例如，Willeme光刻实验室进行了这一阶段的商业探索，技术的限制导致其没能获得很大的成功。1892年，Blanther首次在公开场合提出使用层叠成型方法制作地形图的构想。1940年，Perera提出与Blanther不谋而合的设想，他提出可以沿等高线轮廓切割硬纸板，然后层叠成型以制作三维地形图的方法。1972年，Matsubara在纸板层叠技术的基础上首先提出可以尝试使用光固化材料，将光敏聚合树脂涂在耐火的颗粒上面，然后这些颗粒将被填充到叠层，加热后会生成与叠层对应的板层，光线有选择地投射到这个板层上，指定部分硬化，没有扫描的部分将会使用化学溶剂溶解掉，这样板层将会不断堆积直到最后形成一个立体模型，这样的方法适用于制作传统工艺难以加工的曲面。1977年，Swainson提出可以通过激光选择性照射光敏聚合物的方法直接制造立体模型，与此同时，Battelle实验室的Schwerzel也开展了类似的研究工作。1979年，日本东京大学的Nakagawa教授开始使用薄膜技术制作实用的工具，如落料模、注塑模和成型模。1981 年，Hideo Kodama 首次提出了一套功能感光聚合物快速成型系统的设计方案。1982 年，Charles W. Hull 试图将光学技术应用于快速成型领域。从 1986 年开始，3D 打印技术逐渐走入应用阶段，Charles W. Hull 成立了 3D Systems 公司，研发了著名的 STL 文件格式，STL 格式逐渐成为 CAD/CAM 系统接口文件格式的工业标准。1988 年，3D Systems 公司推出了世界上第一台基于 SLA 技术的商用 3D 打印机 SLA-250，其体积非常大，Charles 把它称为立体平板印刷机。尽管 SLA-250 身形巨大且价格昂贵，但它的面世标志着 3D 打印商业化的起步。同年，Scott Crump 发明了另一种 3D 打印技术——熔融沉积快速成型技术（Fused Deposition Modeling, FDM）并成立了 Stratasys 公司。

1992 年，Stratasys 公司推出了第一台基于 FDM 技术的 3D 打印机——3D 造型者（3D Modeler），这标志着 FDM 技术步入了商用阶段。随着研究的不断深入，在 1993 年出现了 3D 印刷技术专利（由麻省理工学院获得）。1995 年，快速成型技术被列为我国未来 10 年十大模具工业发展方向之一，国内的自然科学学科发展战略调研报告也将快速成型与制造技术、自由造型系统以及计算机集成系统列为重点研究领域。同年，美国 ZCorp 公司从麻省理工学院获得唯一授权并开始开发 3D 打印机。2002 年，Stratasys 公司推出 Dimension 系列桌面级 3D 打印机，Dimension 系列价格相对低廉，主要也是基于 FDM 技术以 ABS 塑料作为成型材料。

但 3D 打印技术在发展历程中也不是一帆风顺的，其主要局限是无法应用于大量生产，所以有些专家鼓吹 3D 打印技术是第三次工业革命，这个说法只是个噱头。富士康总裁郭台铭以 3D 打印制造的手机为例，说明 3D 打印的产品只能看不能用，因为这些产品不能加电子元器件，无法实现量产。3D 打印技术即使不用于电子产品的生产，受材料的限制，利用其生产的其他产品也很少，3D 打印技术的确更适合一些小规模制造，尤其是高端的定制化产品，比如汽车零部件制造。虽然主要材料还是塑料，但未来金属材料肯定会被运用到 3D 打印技术中来。3D 打印技术先后进入了珠宝、医疗行业，未来可应用的范围会越来越广。

4.3.3 多彩的 3D 打印技术

3D 打印技术有很多种，大致有激光粉末成型法、熔融塑料成型法、光敏树脂成型法等，不管采用何种成型法，技术原理都是采取原料加层形成 3D 物体的方法，每次打印一层材料（只有 0.1~0.2mm 厚），3D 打印机比二维打印机多了一维，即 Z 轴，原料通过 $X-Y-Z$ 轴的运动逐层堆积完成打印。例如熔融塑料成型法，熔融的塑料丝通过喷嘴喷出，承物平台做三维运动，即可堆积出 3D 实物（等于一层层粘上去）。3D 打印机堆叠薄层的形式有多种多样。3D 打印机使用的"墨水"是实实在在的原材料，这是与传统打印机最大的区别，有多种多样堆叠薄层的形式，就会有种类多样的用于打印的介质，如塑料、金属、陶瓷以及橡胶类。有些打印机可以通过结合不同介质，打印出一头坚硬而另一头柔软的物体。

3D 打印技术按成型材料的不同及成型方式的不同大致可分为以下几类：激光固化、三维打印成型、熔融沉积造型、选择性激光烧结（SLS）、多层激光熔覆。

4.3.3.1 激光固化

激光固化以光敏树脂为原料，按照预定零件各分层截面作为轮廓轨迹，计算机控制的紫外激光对液态树脂连点扫描,扫描区的树脂薄层通过扫描产生光聚合反应,使零件形成一个薄层截面。移动工作台在薄层固化完毕后,在其表面再敷上一层新的液态树脂以便进行下一层扫描固化。新固化的一层牢固地黏合在前一层上,如此重复直到整个零件原型制造完毕。最早推出这种工艺的公司是美国 3D SYSTEMS 公司。该项技术的特点是精度和光洁度高,但是材料比较脆,运行成本太高,后处理复杂,对操作人员要求较高,适合应用于验证装配设计的过程中。

4.3.3.2 三维打印成型

三维打印成型(3Dimension Printer,3DP)的最大特点是小型化和易操作,多用于商业、办公、科研和个人工作室等环境。根据打印方式的不同,三维打印成型可以分为热爆式三维打印、压电式三维打印、DLP 投影式三维打印等。热爆式三维打印工艺的原理是将粉末由储存桶送出一定分量,送出的粉末通过滚筒在加工平台上铺一层很薄的原料,打印头根据 3D 计算机模型切片后获得的二维层片信息喷出黏着剂,粘住粉末。该项技术的优点是速度快(是其他工艺的 6 倍),成本低(是其他工艺的 1/6);缺点是精度和表面光洁度较低。

4.3.3.3 熔融沉积造型

熔融沉积造型也叫挤出成型,使半流动成型材料刚好保持在熔点之上(通常控制在比熔点高 1℃左右)是该技术的关键。CAD 分层数据控制的 FDM 喷头挤压出半流动状态的熔丝材料(丝材直径一般在 1.5mm 以上),再凝固形成轮廓形状的薄层,逐层叠加,最后形成整个零件模型。美国 3D SYSTEMS 公司的 BFB 系列产品和 Rapman 系列产品全部采用了 FDM 技术,其工艺特点是直接采用工程材料 ABS、PC 等进行制作,适合设计的不同阶段,缺点是表面粗糙度较高。

4.3.3.4 选择性激光烧结(SLS)

各种粉末材料是最常使用的造型材料。粉末在工作台上铺成均匀的薄层(100~200μm),在计算机控制下,激光束有选择性地烧结零件分层轮廓,一层烧结完成后再进行下一层烧结。在全部烧结完后,去掉多余的粉末,再进行打磨、烘干等处理便获得零件。目前使用的烧结材料主要为尼龙粉及塑料粉,还有使用金属粉进行烧结的。德国 EOS 公司的 P 系列塑料成型机和 M 系列金属成型机产品,是全球最好的 SLS 技术设备。SLS 技术既可以归入快速成型的范畴,也可以归入快速制造的范畴,因为使用 SLS 技术可以直接、快速地制造最终产品。

4.3.3.5 多层激光熔覆

多层激光熔覆是利用激光或其他能源在材料从喷嘴输出时同步熔化材料,凝固后形成实体层,逐层叠加,最终形成三维实体零件的一种方法。DED 的成型精度较低,但是成型空间不受限制,因而常用于制作大型金属零件的毛坯。这种形成三维实体的方法原理是利用激光等工具逐层切割、堆积薄板材料,利用纸板、塑料板和金属板可分别制造出木纹状零件、塑料零件和金属零件。通过使用常用黏结剂来实现各层纸板或塑料板之间的结合,各层金属板是通过焊接(如热钎焊、熔化焊或超声焊接)和螺栓直接结合的。该技术最大的缺点是做不了太复杂的零件,材料范围很窄、每层厚度不可调整、精度有限。

4.3.4 3D打印技术的应用

如今的3D打印技术，不仅可以在制造过程中控制所用材料，还可以将精度保证在分子和原子的级别上。通过3D打印机制造的产品将集新材料、纳米尺度以及印刷电子器件等特点于一身，从而展示出令人神往的新特性。在现阶段，3D打印技术还有很多局限性，但随着技术的不断完善，以及越来越多的人愿意去尝试并创作，相信未来的3D打印前景会很可观。3D打印技术离我们并不遥远，在航空航天、汽车制造、太阳能电池制备等方面有广泛的应用。

在航天科技方面，3D打印技术已然成为一种时髦且适用的现代化制备技术。国外在这一技术领域已走在我国前列。2014年8月31日，美国国家航空航天局（NASA）的工程师们完成了3D打印火箭喷射器的测试，该项研究提高了火箭发动机某个组件的性能。我国在航天及飞行器制备方面也引入了3D打印技术，在西北工业大学凝固技术国家重点实验室，采用3D打印技术制造了国产大飞机C919中央翼缘条。

3D打印技术在太阳能电池制造中也有着广泛的应用，3D太阳能电池的开发，可谓是3D打印技术对三维太阳能电池产业的一种革命性力量。高精度的3D打印技术能降低约50%的生产成本，还可消除许多低效工艺，减少昂贵材料的浪费，是全新的高效低成本技术。NASA已资助TethersUnlimited来研究SpiderFab太空3D概念打印机。这种概念打印机可利用太阳能、太空垃圾或小行星材料从零开始制造轨道飞行器。

3D打印技术在汽车制造业方面有着非常重要的应用，汽车行业在进行安全性测试等工作时，会将一些非关键部件用3D打印机打印的产品替代，在追求效率的同时降低成本。2014年9月15日，第一辆3D打印汽车终于面世。这辆汽车车身上，靠3D打印机打印出的零部件总数为40个，建造它花费了44个小时，最低售价1.1万英镑（约合人民币11万元）。

3D打印技术已走进生物科学及医疗行业。人类是很脆弱的生物，稍不留神，身体上就会受到伤害而无法弥补。现在可利用3D打印技术培养出人体细胞及组织，从而制造出医疗植入物，这将提高伤残人士的生活质量。3D打印机打印的人体器官有很多优势，它可以根据人体特征进行精确配型，让打印出的器官及组织在人体内更好地工作。如今这种技术已被应用于制造更好的钛质骨植入物、义肢以及矫正设备。2014年9月，一位83岁的老人由于患有慢性的骨头感染，因此换上了由3D打印机打印出来的下颌骨，这是世界上首例使用打印产品做人体骨骼的案例。

3D打印技术在建筑设计与制造行业也受到了追捧。工程师和设计师们已经接受了用3D打印机打印的建筑模型，这种方法速度快、成本低、环保，同时制作精美。完全合乎设计者的要求，同时又能节省大量材料。2014年1月，苏州工业园区亮出了数幢由3D打印技术建造的建筑。这批建筑包括一栋面积为1 100m^{2}的别墅和一栋六层居民楼。大型3D打印机通过层层叠加喷绘而形成这些建筑的墙体，建筑垃圾制成的"油墨"是本次打印使用的原材料。

3D打印技术远不局限于上述内容，3D打印技术在其他个性化制造行业中的应用也日益广泛。这将是一个前景广阔的市场。未来，从你的个性笔筒、手机外壳的半身浮雕，再到你的戒指都将是世界上独一无二的，这些都有可能是通过3D打印机打印出来的。3D打印机可以完成很多在现在看起来匪夷所思的事，从某种角度来说，很多想象得到的东西，都可以通过3D打印机直接得到。未来，3D打印技术有可能走进千家万户，融入我们的生活中，像计算机一样普及。例如，研究人员已经开始尝试打印巧克力了。或许在不久的将来，很多看起来一模一样的食品就是用食品3D打印机打印出来的。3D打印技术在文物保护方面也能发挥重要的作用。相信看过成龙电影《十二生肖》的观众，会对一段场景印象深刻：在影片中，成龙扮演的寻宝者用手套在兽首雕像表面一扫描，远程的3D打印机便迅速打印出兽首铜像，并且完全能以假乱真。电影中的3D打印技术有些夸张，但在现实中，3D打印技术已经来到了我们身边。国外在3D打印技术研究与应用方面比我国先行一步，我国也认识到3D打印技术的重要性，例如，神龙汽车、长安福特、奇瑞汽车、广西玉柴机器有限公司、东风汽车公司等一批企业将3D打印技术应用于多种零部件和产品的设计开发和生产中。如今的3D打印技术，不仅可以在制造过程中控制所用材料，还可以将精度保证在分子和原子的级别上。通过3D打印机制造的产品将集新材料、纳米尺度以及印刷电子器件等特点于一身，从而展示出令人神往的新特性。

4.3.5　3D打印技术的重要意义

3D打印技术发展至今，已经显示出它的重要意义，各国都予以高度关注，大力推进快速成型与快速制造技术的发展。

奥巴马在2011年年底和2012年4月，两次在公开演讲中大力提倡快速成型和快速制造技术，把人工智能、3D打印技术、机器人视为重振美国制造业的三个重要支柱，认为可以凭借这几项技术，使制造业"重归美国"。2012年6月11日，温家宝总理在中国科学院第十六次院士大会和中国工程院第十一次院士大会上的讲话也表明了中国政府对此的重视。欧美学者预言，第六次科技革命即将来临，它是建立在互联网和新材料、新能源相结合的基础上的，它的核心是制造业数字化，全球技术要素和市场要素配置方式将发生革命性变化。一些专家认为，先导性技术已被美、德等国突破，它们有可能占据此次革命的制高点，全球分工被将重新划分。可以肯定的是，现代化进程和国际竞争的强大需求将拉动新科技革命，也必将更加密切融合、促进新兴产业发展。美国《时代周刊》已将3D打印产业列为"美国十大增长最快的工业"，英国《经济学人》杂志则认为它将与其他数字化生产模式一起推动实现新的工业革命。各国如此重视3D打印技术，究其原因，不外乎以下几点：

1）消费模式的变化导致了工业制造模式的变化。原先人类的消费模式是受工业制造方式影响的，市面上出售什么，人类就消费什么，别无他想；第一次和第二次工业制造革命，使人类从最早的全手工、自给自足的生产消费模式跳跃到产品急剧丰富、全球化流通的阶段，到如今已经是供大于求，人们的消费反过来可以影响制造了。相比生产大规模标准化产品的模具制造，3D打印技术可以在一定约束下随意生产制作个性化产品，称为"大规模定制制造模式"，是以互联网为支撑的智能化大规模定制方式，或者是"分散生产，就地销售"方式，标志着个性化消费时代的到来。从前，消费者都是在店里挑选、购买已经生产好的商品，现在则可以根据各自的需求，在3D打印店定制，边生产边体验，及时获得自己喜欢的产品。

2) 快速成型和快速制造相比传统模具明显的制造优势。快速成型技术是不受产品结构和形状限制的，任何复杂的造型和结构，只要有 CAD 数据，都可以轻松完成，这样就给个性化、定制化提供了可能性；而且使用快速成型技术和快速制造技术是不需要模具的，实现了无模具化制造，可使新产品研制的成本下降、周期缩短。快速成型和快速制造技术可以贯穿于产品设计、开发、试制、小批量生产等环节，而且无论是工业制造领域、教育领域、医疗领域、文物保护领域还是其他领域，大至一架飞机，小到一枚戒指，只要需要进行实物打样或者试制，都可以使用快速成型和快速制造技术，适用面非常广泛。快速成型和快速制造的后期辅助加工量大大减少，避免了委托外加工的数据泄密和缩小了时间跨度，尤其适合一些高保密性的行业，如军工、核电。3D 打印技术打印的产品是自然无缝连接的，一体成型，结构之间的稳固性和连接强度要远远高于传统方法。

3) 未来制造业必须走低碳环保之路。第六次科技革命概念的真正兴起和全球化传播，与全球可持续发展面临的压力息息相关。快速成型和快速制造技术适逢其时，以绿色、节能、低碳、环保的全新姿态迅速得到了各国政府和机构的认可和信赖。快速成型和快速制造采用的是加法式制造技术，基本上是生产多少质量的东西，所耗费的也就是同等质量的材料，因此所耗费的材料明显减少；个性化定制以后也不产生产品库存，可以在减少碳排放和原材料消耗的前提下，保持更高的生产效率。

4) 全球制造业未来的竞争在于高附加值的设计环节。在全球经济正迈向第六次科技革命以及经济疲软的背景下，欧美国家开始制定"再工业化"战略——去掉低附加值的加工制造环节，对制造业产业链进行重构，重点加强对高附加值环节的再造，通过技术创新、设计创新，改变传统制造业的制造模式，降低单位劳动成本，提高其在国际上的竞争力，同时提供大量就业机会。快速成型和快速制造的日趋成熟为这一战略提供了实实在在的条件。

4.3.6　3D 打印技术存在的问题

3D 打印技术已得到飞速发展，但在发展过程中也存在不少问题，目前全世界数十家 3D 打印设备制造商以及各科研机构、院校制造了非常多的 3D 打印机，能够支持多种材质，应用于各种场景，从巨大的房屋 3D 打印机到微小的细胞 3D 打印机都有，但是这些都是应用在专用领域，无论设备成本、材料成本，还是使用难度，对于普通用户来说都是无法接受的。3D 打印技术的概念在普及之初，受到了极大的关注，不少企业看好它的前景，并跃跃欲试。然而，当前 3D 打印技术发展尚不成熟，人们要对其有清晰的认识。3D 打印技术发展的瓶颈渐渐显现，不少企业和个人也开始理智地对待这一新技术。而 3D 打印技术的推广也遇到了难题。就世界范围而言，3D 打印技术目前主要面临以下几个方面的问题。

1) 设计工具需进一步优化。3D 打印技术要求开发和广泛运用计算机辅助设计（CAD）工具。对于功能部件的制造，需要新的工具来优化形状和材料性能，以最大化地减少材料使用和质量。对于非专业人员，则需要开发出易于操作的设计工具来进行产品设计。

2) 可用材料需拓宽范围。目前的可用原料还不多，正逐步从树脂、塑料扩展到陶瓷、金属，乃至最新的金、银以及强度极高的钛和不锈钢等材料。未来，仍然需要开发更多的材料，并深入研究材料的加工—结构—属性之间的关系，明确材料的优点和局限性，为材料提供规范性标准。不可否认，我们设计出来的所有东西，3D 打印机都可以打印。但实际应用的东西它不一定能打印出来。例如，3D 打印机可以打印不同材料的杯子，但我们不能用 3D 打印机打印出的杯子来喝水，虽然它一定是杯子，因为材料是否环保是制作用来喝水的杯子时所必须考虑的，而目前用于 3D 打印的材料还不能满足环保等功能的需求，而且缺乏用于家庭的质量检测手段。即便杯子打印出来能够满足环保等要求，这个杯子的成本也远远高于传统方式制造的杯子。更重要的是，3D 打印机打印的飞机、自行车、手枪等仅仅是个模型，电子元器件和成千上万个零部件是根本不可能一下子打印出来的。因此，要想取代传统制造业，3D 打印技术尚需克服材料、质量检测、成本三个瓶颈。

3）道德与伦理问题。如果将 3D 打印技术用于生产人体的肾脏等器官、婴儿模型等，则还将涉及社会道德和伦理问题。

4）产业发展需要加强必要的监管。如利用 3D 打印技术打印的汽车方向盘如果失效而导致交通事故，则很难确定事故中的责任方，失效可能是由于设计不足、制造不当、材料甚至是安装所引起的。

5）存在安全隐患。例如，利用 3D 打印技术复制钥匙，这一技术一旦被坏人利用，后果不堪设想。之前，就有过报道关于利用 3D 打印技术复制钥匙的案例。3D 打印机可以制造钥匙，那是不是也可以制造手枪呢？业内人士表示，3D 打印机确实可以制造手枪，但要用工业级金属 3D 打印机，这样的设备受到国家管控。枪械机件的数码模型是十分容易传播的，也许一个 .STL 文件带上 U 盘就能让万能制造机吞吐出极具杀伤性的武器。据报道，2013 年 9 至 12 月，日本横滨某大学职员居村佳知（28 岁）用家里的计算机和 3D 打印机制作出树脂材料的枪支部件，并组装成两把手枪。

6）知识产权归属问题。3D 打印技术有强大且完美的复制能力，对于一款拥有知识产权的产品设计，要想复制它非常容易，这也是导致知识产权纠纷的潜在因素。随着设计者和制造商开始关注这一问题，可以预测，大量关于产品设计的知识产权归属的诉讼和争端将会出现。

4.3.7 3D 打印技术未来的发展方向

根据目前发展现状及存在问题来看，3D 打印技术的未来发展方向也逐渐清晰。3D 打印技术的核心意义：一是传统生产方式不能生产制造的个性化、高难度产品，通过 3D 打印技术能够直接制造；二是有些产品虽然能够以传统方式生产制造，但投入成本太大，周期太长，通过 3D 打印技术可以实现快捷、方便、缩短周期、降低成本的目的。当然，要使 3D 打印更便捷地推广，需要做好以下几方面工作。

1）标准的制定机构。当一间实验室做出了图纸，需要拿出来共享时，会发现格式和标准太多了，因此，3D 打印原型机这个领域看起来像是在野蛮生长，毫无标准。所以在今后的发展中需要统一标准。

2）开源的设计、配置和软件。当有了统一的标准后，3D 打印行业将会迎来开源。现在，太多的团队只注重提高自己的 3D 打印技术水平，在自我的闭环中发展。实际上，行业需要设备和软件的开源，在统一的标准下产生更多有用、高效、开放的创新。

3）原型机实验室。原型机打印并不受到重视，所以现在很多医疗器械商都是在一个脏乱、布满灰尘的地方放置打印设备。其实，现在已经有商业化运营的3D打印实验室来帮助这些企业打印出质量更高的原型机。

思考题

1. 什么是新材料？
2. 材料的结构有哪五个层次？
3. 什么是纳米？什么是纳米技术？
4. 3D打印技术原理是什么？
5. 碳材料的结构有什么特点？

参考文献

[1] 臧炳贵. 多用型测量觇板的研制与应用 [D]. 济南：山东科技大学，2014.

[2] 杨登科. 细长支撑抗震性能的实验研究 [D]. 济南：山东科技大学，2014.

[3] 李进卫. 碳纤维增强复合材料性能特点及其应用领域 [J]. 化学工业，2015，33(8)：13–18.

[4] 葛国华. 碳纤维填充聚合物基复合材料摩擦学性质的研究进展 [J]. 中国化工贸易，2015(7)：99–99.

[5] 康迪. 钛镍合金连续铸造实验装置的研制 [D]. 上海：上海大学，2008.

[6] 宋高峰. Cu–Al–Ni–Be形状记忆合金单晶制备及其性能特性研究 [D]. 上海：上海大学，2007.

[7] 康迪. 钛镍合金连续铸造实验装置的研制 [D]. 上海：上海大学，2008.

[8] 陈辉. 多维超精密定位系统建模与控制关键技术研究 [D]. 南京：东南大学，2015.

[9] 师昌绪. 二十一世纪初的材料科学技术 [J]. 中国科学院院刊，2001，16(2)：93–100.

[10] 未来材料科技开发展望 [J]. 技术与市场，2004(5)：4–5.

[11] 王中林. 纳米科学和纳米技术——发展领域和方向 [J]. 中国科学基金，2001，15(6)：337–341.

[12] 师昌绪. 21世纪初的材料科学技术 [J]. 金属世界，2002(3)：6–7.

[13] 洪天琪. 超导电机设计方案的研究 [D]. 南京：东南大学，2014.

[14] 杨智龙. 超导故障限流器对电力系统暂态稳定性影响的分析 [D]. 保定：华北电力大学（保定），2007.

[15] 晓雷. 2014年机器人"蜕变"技术盘点 [J]. 中国设备工程，2014(12)：18–25.

[16] 贺香梅. SiO2气凝胶的常压干燥制备及在隔热纺织品中的应用 [D]. 上海：东华大学，2014.

[17] 熊小萌. 中国夏热冬冷地区绿色建筑技术应用问题研究 [D]. 武汉：华中科技大

学，2006.

[18] 张福强，韩瑜. 二氧化硅气凝胶材料及其制备方法的研究 [J]. 城市建设理论研究(电子版)，2015，5(14)：5154-5155.

[19] 李秀荣. 气凝胶型木材的制备及环境学特性分析 [D]. 哈尔滨：东北林业大学，2011.

[20] 韩永奇. 柔性陶瓷——新材料中的宠儿 [J]. 新材料产业，2014(8)：60-62.

[21] 王玉萍. 信息与企业发展 [J]. 企业标准化，2001(1)：38-39.

[22] 蔡建岩. 纳米科技发展现状及趋势 [J]. 长春大学学报，2005，15(4)：71-75.

[23] 刘少锋. 树枝状分子的合成及其对纳米CdS生长的控制 [D]. 北京：北京化工大学，2007.

[24] 李恒. 光电化学刻蚀 Pt/Si、Pd/Si 电极检测草酸、抗坏血酸 [D]. 济南：山东师范大学，2015.

[25] 刘超. 富勒烯衍生物的设计、合成及应用研究 [D]. 北京：中国科学院研究生院，2012.

[26] 刘俊峰. 碳纳米管在聚合物中的应用及性能研究 [D]. 南昌：南昌大学，2008. DOI：10.7666/d.y1540559.

[27] 杨亮. 三维高度有序碳基聚苯乙烯复合材料的制备与性能研究 [D]. 南京：南京大学，2014.

[28] 刘堃，浦绍俭，徐东，等. 田湾核电站绝对位移探测器新型安装方式的研究 [J]. 仪器仪表用户，2016(1)：95-100.

[29] 杜建军. 共享高速缓存多核处理器的关键技术研究 [D]. 重庆：重庆大学，2011.

[30] 臧可. 纳米电子设备中单电子晶体管的建模及电路仿真 [D]. 北京：北京邮电大学，2010.

[31] 周向阳. 我国纳米材料科技发展战略研究 [D]. 武汉：华中科技大学，2001.

[32] 黄昆，郑厚植，甘子钊，等. 抓住时机紧急部署纳米量子结构、量子器件及其集成技术的基础研究 [J]. 微纳电子技术，2003，40(1)：4-5.

[33] 《科技和产业杂志》编辑部. "全国信息技术与产业发展专家论坛"观点综述 [J]. 科技和产业，2003，3(5)：11-29.

[34] 黄昆，郑厚植，甘子钊，等. 奋起迎接纳米科技争夺战 [J]. 科技文萃，2001(10)：45-46.

[35] 李爱红，赵宇宏，孟前进，等. 多孔二氧化钛微管的制备及表征 [J]. 化工技术与开发，2012，41(1)：1-3.

[36] 陈青松. Co 纳米薄膜的制备、结构表征及其特殊红外性能研究 [D]. 厦门：厦门大学，2006.

[37] 沈海军，穆先才. 纳米薄膜的分类、特性、制备方法与应用 [J]. 微纳电子技术，2005，42(11)：506-510.

[38] 黄巧萍. 纳米级铜锌合金薄膜的研制及其基础研究 [D]. 长沙：中南大

[39] 张颖. 新型生物可降解聚合物纳米粒子的合成及体外释药性能研究 [D]. 武汉：武汉大学，2004.

[40] 盛淼. 原位配位聚合法制备聚乙烯/凹凸棒石纳米复伤口材料的结构与性能 [D]. 北京：北京化工大学，2001.

[41] 刘林森. 纳米机器人在血管中穿行并非梦想 [J]. 科学24小时，2009（11）：15-17.

[42] 薛方红. Sb 系低维纳米阵列合成及物性研究 [D]. 北京：中国科学院固体物理研究所，2006.

[43] 于世泳. 氧化锌和稀土复合纳米材料的合成及性能研究 [D]. 长春：中国科学院长春应用化学研究所，2007.

[44] 《中国科学基金》编辑部. 纳米发电机的发明和纳米压电电子学的创立——专访美国佐治亚理工学院王中林教授 [J]. 中国科学基金，2009，23（4）：203-208.

[45] 吉云亮. 纳米技术及其在机电领域的应用研究 [J]. 新技术新工艺，2007（8）：82-84.

[46] 李丽. 稀土铈、镧纳米氧化物及其配合物的制备与表征 [D]. 西安：陕西师范大学，2005.

[47] 纪小龙. 纳米医学怎样诊治疾病（二）[J]. 中国社区医师，2002（3）：48.

[48] 王银峰. 扫描隧道显微术的理论基础和大范围、快速扫描关键技术的研究 [D]. 重庆：重庆大学，2002.

[49] 张阳德. 生物信息学（1）：概论 [J]. 外科理论与实践，2006，11（5）：1-7.

[50] 张坚松，秦志强，秦晓群，等. 纳米技术在生物医学研究中的渗透 [J]. 湖南师范大学学报（医学版），2005，2（3）：66-68.

[51] 曾晋鲁. 加强技术创新实现西藏经济跨越式发展 [J]. 西藏科技，2002（5）：13-17.

[52] 王中林. 纳米科学和纳米技术——发展领域和方向 [J]. 中国科学基金，2001，15（6）：337-341.

[53] 林佳慧. 当代建筑竹材利用的观念与方式研究 [D]. 北京：中国矿业大学（北京），2015.

[54] 王红. 3D打印设备产业化可行性分析 [J]. 城市建设理论研究（电子版），2015，5（36）：2654.

[55] Bird Hey. 图览：3D打印机制作出来的电声乐器！[J]. 乐器，2014（11）：74-77.

[56] 周美芳，马骏. 快速成型和直接数字化制造在汽车行业的应用 [J]. 汽车与配件，2007（19）：28-31.

[57] 周迎春. 互动体验积累创新——苏州市吴江区鲈乡实验小学电子慧谷活动案例 [J]. 中国教育技术装备，2013（11）：16-17.

[58] 李白薇. 向创新强国大步迈进 [J]. 中国科技奖励，2012（8）：14-18.

第5章

能源——人类进步的驱动力

> 能源既是"工业的粮食",也是"工业的血液",是人类社会发展的基本条件。能源的转型是经济转型的关键环节,能源结构向低碳化、多元化、均衡化有序地发展,既是能源战略转型的核心问题,更是国民经济宏观战略向可持续发展方向转变的理性选择。能源开发利用的广度和深度,是衡量一个国家的科学技术和生产发展水平的主要标志之一。每种能源的发现和利用,都会把人类支配自然的能力提高到一个新的水平;能源科学技术的每一次重大突破,都会引起生产技术的革命。能源是人类进步的驱动力。

人类社会的发展离不开能源。清洁高效的能源技术的使用是全人类共同关心的问题。能源是向自然界提供能量转换的物质,是人类活动的物质基础。狭义的能源是指提供能量的自然资源,是机械能、热能、化学能、原子能、生物能、光能等的总称。广义的能源是指可能为人类利用,以获取有用能量的各种来源,例如,化石燃料、核能、太阳能、风力、水力及地热能等。

5.1 能源的定义及分类

5.1.1 能源的定义

能源又叫能量资源或能源资源,是指可产生各种能量(如热量、电能、光能和机械能等)或可做功的物质的统称;是指能够直接取得或者通过加工、转换而取得有用能的各种资源,包括煤炭、原油、天然气、煤层气、水能、核能、风能、太阳能、地热能、生物质能等一次能源和电能、热能、成品油等二次能源,以及其他新能源和可再生能源。

能源的定义约有 20 种。例如，《科学技术百科全书》中提到："能源是可从其获得热、光和动力之类能量的资源。"《大英百科全书》中说："能源是一个包括所有燃料、流水、阳光和风的术语，人类用适当的转换手段便可让它为自己提供所需的能量。"《日本大百科全书》中说："在各种生产活动中，我们利用热能、机械能、光能、电能等来做功，可用作这些能量源泉的自然界中的各种载体，称为能源。"我国的《能源百科全书》中提到："能源是可以直接或经转换提供人类所需的光、热、动力等任一形式能量的载能体资源。"可见，能源是一种呈多种形式的，且可以相互转换的能量的源泉。确切而简单地说，能源是自然界中能为人类提供某种形式能量的物质资源。

能源是国民经济的重要物质基础，国家的命运在很大程度上取决于对能源的掌控。能源的开发和有效利用程度以及人均消费量是衡量一个国家生产技术和人民生活水平的重要指标。在全球经济高速发展的今天，能源安全已上升到了国家安全的高度，各国都制定了以能源供应安全为核心的能源政策。当前各国大力发展的各类能源简介如下。

5.1.1.1　太阳能

太阳能又称为太阳辐射能。电力和可再生能源学认为，太阳能是太阳以电磁辐射形式向宇宙空间发射的能量。资源科技和能源资源学认为，太阳能是太阳内部高温核聚变反应所释放的辐射能，其中约二十亿分之一到达地球大气层，是地球上光和热的源泉。

人类利用太阳能已有 3 000 多年的历史，而将太阳能作为能源和动力加以利用，只有 300 多年的历史。近来才真正将太阳能作为"近期急需的补充能源"和"未来能源的结构基础"。太阳能技术是指将太阳能加以利用并与生产生活相结合的技术，比如太阳能热水器、太阳能灶、太阳能沼气和太阳能灯等。

太阳能作为一种新能源，与常规能源相比有以下几大优点：一是普遍。整个地球都在太阳的照射范围内，因此太阳能的利用极为方便。二是无害。太阳能的开发与利用不污染环境。这对于改善环境污染状况有极大作用。三是太阳辐射总量大。每年到达地球表面的太阳辐射能约相当于 130 万亿 t 标煤所能产生的能量，是现今世界上可以开发利用的最大量的能源。四是储量无限。太阳能的储量即太阳的寿命，因太阳的寿命长达数十亿年，因此其储量可认为是无限的。

太阳能虽然有其他能源无法比拟的优点，但作为能源也存在以下缺点：

（1）分散

尽管到达地球表面的太阳辐射能总量极大，但是其能流密度较低，且按纬度分布，各地区不均衡。赤道的太阳能流密度高，两极的太阳能流密度低。我国北回归线附近温带地区在夏季正午晴朗时 $1m^2$ 面积上接收到的太阳辐射能平均有 1 000W 左右。而在冬季接收到的大约只有夏季的一半。阴天更少，通常低于 200W，这样的能流密度是极低的。

（2）不稳定

由于受到昼夜、季节、地理纬度和海拔高度等自然条件的限制以及晴、阴、云、雨等随机因素的影响，到达某一地面的太阳辐照度不仅是间断的，而且是极不稳定的，这增加了太阳能大规模应用的难度。为了使太阳能成为连续、稳定的能源，从而最终成为能够与常规能源相竞争的替代能源，就必须很好地解决蓄能问题，即把晴朗白天的太阳辐射能尽量储存起来以供夜间或阴雨天使用，但目前蓄能技术也是太阳能利用中较为薄弱的环节之一。

(3) 效率低，成本高

目前太阳能的利用，在某些方面，理论上是可行的，且技术上也是成熟的。但因为有的太阳能利用装置效率较低，为获得较高的能量和转换效率，就需要使用面积大且造价高的收集和转换设备，故总的来说，在经济方面，太阳能还缺少与常规能源相竞争的优势，因此在今后很长的一段时期内，经济性的制约是太阳能利用进一步发展的最大阻力。

5.1.1.2 生物质能

生物质是指包括所有的动植物和微生物在内的通过光合作用形成的各类有机体。生物质能是指太阳能以化学能形式储存在生物质中的能量，即以生物质为载体的能量。绿色植物的光合作用可以直接或间接地得到生物质能，常规的固态、液态和气态燃料可由生物质能转换而来。生物质能不仅是一种可再生能源，而且也是唯一一种可再生碳源。

生物质能的特点有如下几个方面：

(1) 可再生

生物质能是可以通过植物的光合作用再生的，所以它与风能、太阳能等一样，是可再生能源，其资源丰富，且可以保证能源的永久利用。

(2) 低污染

生物质的硫、氮含量低，燃烧过程中产生的废气较少；由于生物质在生长时需要的 CO_2 和它用作燃料时排放的 CO_2 的量相当，所以 CO_2 在大气中的净排放量接近零，这对减轻温室效应有明显作用。

(3) 分布广泛

生物质在地球上分布广泛，在缺乏煤炭的地区可充分利用生物质能。

(4) 总量丰富

作为仅次于煤炭、石油和天然气的世界第四大能源，估计每年有 1 000 亿~1 250 亿 t 生物质能在陆地生产，而海洋的年生产量约为 500 亿 t。生物质能的年生产量远远高于全世界能源年需求总量，是目前世界总能耗的 10 倍以上。

按生物质能利用途径区分，其主要有直接燃烧、生物化学转换和热化学转换三种方式。生物质直接燃烧在今后相当长的时间内仍将是生物质能利用的主要方式。

目前，国内外对生物质能的研究主要集中在寻找生物质资源、研发生物质转换技术和探讨生物质能的生态效益三个方面。而生物质能开发利用技术较为成熟的是沼气的开发与利用。

沼气的主要成分甲烷是一种理想的气体燃料，无色无味，与适量空气混合后即可燃烧。$1 m^3$ 沼气完全燃烧后，可产生相当于 0.7 kg 无烟煤提供的热量。与其他燃气相比，其抗爆性能较好，是一种很好的清洁燃料。至今，全国已建成农村户用沼气池超过 2 000 万处，生活污水净化沼气池 14 万处，年产沼气约 90 亿 m^3，为我国近 8 000 万农村人口提供了优质生活燃料。

5.1.1.3 风能

在自然界中，太阳辐射等因素造成地球表面各部分受热不均匀，引起大气层中压力分布不平衡，在水平气压梯度力的作用下，空气沿水平方向运动而形成风，即风能是由地球表面大量空气的流动而产生的动能。风能的丰富程度可由风能密度和可利用的风能年累积小时数来判断。风能密度指单位迎风面积可利用的风的功率。

人类早在公元前就有利用风能的历史，但长久以来，风能技术没有引起人们的足够重视，故发展比较缓慢。自1973年爆发世界石油危机后，在常规能源告急和全球生态环境恶化的双重压力下，作为新能源的一部分的风能的研究利用才有了进一步的发展。风能作为一种无污染和可再生的新能源有着巨大的发展潜力。风能作为解决生产和生活能源的一种可靠途径，对于解决沿海岛屿、交通不便的山区、地广人稀的草原牧场，以及远离电网和近期内电网还难以达到的地区的能源问题有着十分重要的意义。即使在发达国家，风能作为一种高效清洁的新能源也日益受到重视，例如，美国能源部就曾经调查过，单是得克萨斯州和南达科他州两州的风能密度就足够全美国的用电量。据估算，全世界的风能总量约1 300亿 kW，中国的风能集中在新疆、内蒙古等地，总量约16亿 kW。

5.1.1.4 地热能

地热能是从地壳中抽取的一种可再生的天然热能，这种足够引致火山爆发及地震的能量来自地球内部的熔岩，并以热力形式存在。地球内部的温度高达7 000℃，而在80～100 km的深处，温度会降低到650～1 200℃。高温的熔岩将附近的地下水加热，这些加热了的水最终会渗出地面。直接取用这些热源，并抽取其能量是运用地热能最简单和最合乎成本效益的方法。地热能利用包括热发电和热利用两种方式，技术均比较成熟。

5.1.1.5 海洋能

海洋能是包括潮汐能、波浪引起的机械能和热能在内的一种蕴藏在海洋中的可再生能源。从广义上讲，海洋能也包括海面上空的风能、海水表面的太阳能和海里的生物质能。

5.1.2 能源的分类

能源种类繁多，通过人类不断地开发与研究，更多的新型能源被发现。根据不同的划分方式，能源可分为不同的类型，如表5.1所示。

表5.1 能源的分类

类别		常规能源	新型能源
一次能源	可再生能源	水能、生物质能	太阳能、海洋能、风能、地热能
	非再生能源	煤炭、石油、天然气、油页岩、沥青砂、核燃料	核聚变能量
二次能源		煤炭制品、石油制品、发酵酒精、沼气、氢能电力、激光、等离子体

1) 根据形成和来源，可以大致分为四大类：第一类是与太阳有关的能源，主要指来自太阳辐射的能量，如风能、煤、石油等，目前，人类所需能量的绝大部分都直接或间接地来自太阳；第二类是与地球内部的热能有关的能源，主要是地热能等；第三类是与原子能有关的能源，是某些物质在发生原子核反应时释放的能量，原子核反应主要有核裂变和核聚变两种类型；第四类是与地球—月球—太阳有关的能源，如潮汐能等。

2) 根据是否可再生，可分为可再生能源和非再生能源。可再生能源是指能够得到连补充以供使用的一类能源，如太阳能、水能、地热能等；非再生能源是指要经过漫长的地质年代才能形成的一次性的无法再生的一类能源，如煤、石油、天然气、核燃料等。非再生能源正逐渐减少，但它们又是人类目前主要利用的能源。

3）根据转换过程，可分为一次能源和二次能源。一次能源也称为初级能源，是指能从自然界直接获取而不改变其基本形态的能源，如太阳能、水能、地热能、生物能、风能、潮汐能、矿物能源（如煤炭、石油、核燃料）等。二次能源是由一次能源经加工、转化或改质而得到的另一类型能源产物，如电能、汽油、氢能、煤油、沼气、柴油等。其中煤、石油、天然气等化石能源是世界利用最多，同时也是推动世界经济发展的主要能源，当今低碳经济理念强调优化化石能源的利用量，提高其利用效率，并提倡积极开发新型清洁能源。

4）根据能源被利用的程度，可分为常规能源和新能源。常规能源又被称为传统能源，是指当前被广泛利用的一类能源。其特征是开发利用时间长，技术成熟，能大量生产并广泛使用，如煤炭、石油、天然气、柴薪燃料、水能等。相对应的新能源是开发利用较少或正在研究开发以便推广利用的一类能源，如太阳能、氢能、风能、地热能、海水温差能和生物质能等。核能通常被看作新能源，尽管核燃料提供的核能占一次能源的比例已有15%，但从其利用的程度与已有的常规能源相比还有较大差距。此外，核能利用技术难度大，可控核聚变反应至今尚未实现。

5）根据能源消费后是否会造成环境污染，可分为污染型能源与清洁型能源。如煤炭与石油类能源是污染型能源，水力、电力与太阳能等是清洁型能源。

6）能源还被分为低碳能源和高碳能源。所谓低碳能源，是指利用过程中产生较少的CO_2等温室气体的能源。目前国际上将煤炭、石油、天然气等化石能源称为高碳能源和传统能源，因为利用它们的过程中单位能量会产生的CO_2量远高于低碳能源。相应地，将风能、太阳能、氢能、核聚变能、潮汐能、波浪能、生物质能和地热能等统称为低碳能源，可见低碳能源的概念很宽泛。

5.2 能源利用现状

5.2.1 能源利用历程

人类利用能源的历史，也就是人类认识和征服自然的历史。人类利用能源的历史可分为五个阶段：

1）火的发现和利用。
2）畜力、风力、水力等自然动力的利用。
3）化石燃料的开发和热的利用。
4）电的发现及开发利用。
5）原子核能的发现及开发利用。

旧石器时代是考古学中石器时代的早期阶段，我国已经发现了旧石器时代的人类化石，如北京猿人，并且在周口店北京猿人遗址洞穴内发现了木炭、灰烬等痕迹，这说明北京猿人已能利用火。人类利用火的开始，就是人类利用燃料（能源）的开始。新石器时代，彩陶的出现充分说明人类已经能利用柴薪作燃料烧烤食物和烧制陶器。

农业社会开始于4 000多年前。农业社会中利用的能源是太阳能系统的能源，例如木材等植物能源。从广义的能源含义上看，食物也是能源，是一次能源，人体能（人力）是二次能源，是由食物的能量转换而来的。按照同样的道理，畜力也是二次能源。在农业社会，太阳能已被利用，如照明（光利用）和取暖、海盐制造（热利用）等；风能也被利用，如风车和帆船；水能和地热也曾被利用，古时有将水能转换为机械能的设备，如水轮泵和水磨，可用于提水灌溉和磨面；用温泉水沐浴是利用地热的例子。在漫长的农业社会，能源结构几乎没有多大变化。木材的来源是砍伐森林。由于生产发展，人口增加，人类长期砍伐森林，破坏植被，从而出现了自然生态问题，同时引起木材资源的匮乏，出现了农业社会的能源危机。

18世纪前，由于技术的限制，人类只能对风力、水力、木材和畜力等天然能源进行直接利用，特别是木材的消费，在世界一次能源消费结构中长期占据首位。18世纪蒸汽机的出现加速了世界的产业革命，同时迎来了大规模开采煤炭的时代。到19世纪下半叶，出现了人类历史上第一次能源转换。1860年，煤炭在世界一次能源消费结构中仅占24%，1920年超过其他能源消费，达到62%。从此，世界进入了"煤炭时代"。

煤可以用作燃料，早为人们知晓。但是由于煤又黑又脏，开采又较困难，一直未能得到很好的利用。14—16世纪木材短缺已严重威胁西欧和北欧人民的生活，1700年英国率先决定以煤代替木材作为能源，之后逐渐扩展到欧洲其他地区和北美。这为18世纪的工业革命提供了能源条件。工业革命在18世纪60年代始于英国，迄今约250年。与漫长的农业社会相比，这是很短暂的。但是，在这250年中，工业生产发展异常迅速，科学技术日新月异，人类使用的能源结构快速发展变化。

18世纪末出现的以煤为燃料的蒸汽机，使得机械化工厂逐步取代了手工业工场。在18、19世纪，煤成为人类社会的主要能源。19世纪中叶人类又开发了石油。1859年在美国宾夕法尼亚州钻成了第一口现代化的石油井，开发了第一个油田。19世纪末以后相继出现用汽油作燃料的汽车、飞机，用柴油作燃料的内燃机火车和内燃机轮船，柴油还用于火力发电。石油逐渐超过煤炭成为20世纪的主要能源。1965年，石油首次取代煤炭占据能源消费的首位，世界进入了"石油时代"。1979年，世界能源消费结构的比例是：石油占54%，天然气和煤炭各占18%，石油和天然气之和高达72%。石油取代煤炭完成了能源的第二次转换。

电能也是在19世纪被人类发现的。1831年英国物理学家法拉第发现磁铁同导线相对运动时，导线中有电流产生，从而开辟了一种新能源——电能，人类利用电力的大门由此开启。19世纪70年代人们发明了直流发电机，1882年建成第一座火力发电厂。19世纪末至20世纪初，人类成功建立了水力发电站。电力代替了蒸汽机，电气工业迅速发展，从此，电力逐渐成为人类广泛使用的能源，煤炭在世界能源消费结构中的比例逐渐下降。各部门广泛使用电力进行生产和工作，电气化成为经济现代化的标志。

人类在20世纪40年代又发现了原子能，50年代建立了世界上第一座原子能发电站，核能的和平利用登上历史舞台。

煤、石油和天然气等化石能源是近现代的主要能源，因此人们把近300年（从1700年算起)或250年(从工业革命算起)称为化石能源时代,以区别于原始太阳能时代。遗憾的是,正当人类的生活、生产越来越离不开石油时,地球上的石油储量不多了,科学家们估计地下石油储存量只能再供人类使用几十年。

20世纪70年代,世界上曾两次爆发石油危机,频频向人类发出能源危机的警报。在石油危机和环境污染的双重压力下,近30年来人们不得不研究开发新能源。但是随着近几年世界各国对石油的大量消费,使得本就储量有限的石油能源严重短缺,世界能源朝着石油以外的能源物质转移已是大势所趋。世界能源正在面对一个全新的转变。在能源消费结构中,已开始从以石油为主要能源逐步向多元能源结构过渡。新能源包括地下能源(地热、低品位放射性矿物、地磁等),还包括海洋能(潮汐能、波浪能、海流能、海水温差能、海水盐差能、海水重氢能等)和地面能源(风能、生物质能等),以及太空能源(太阳能、宇宙射线等)。在这些能源中最有希望取代石油的重要能源就是核能。

对人类能源的利用史略加考察可以发现,人类对能源的利用主要有三次大转换:第一次是煤炭取代木材等成为主要能源;第二次是石油取代煤炭而居主导地位;第三次是20世纪后半叶开始出现的向多能源结构的过渡转换。

5.2.2 能源利用现状

1)太阳能。太阳能热发电、太阳能光伏发电以及太阳房等均属于太阳能的利用。最初作为独立的分散电源使用的光伏发电近年来发展速度很快,其中并网光伏发电的市场容量已超过独立使用的分散光伏电源。2016年全球光伏新增装机容量70 GW[①],比2015年约增长了30%,至此,全球光伏装机容量达到300 GW。太阳能热利用技术成熟并且经济性好,可大规模发展,据《2016年全球可再生能源现状报告》统计,2015年全球太阳能集热器装机容量约为435 GW。

2)生物质能。高效清洁能源的利用是现代生物质能的发展方向。将生物质转换为优质能源,包括电力、燃气、液体燃料和固体成型燃料等。农林生物质发电、垃圾发电和沼气发电等均属于生物质发电范畴。截至2015年,全球生物质发电装机容量约为1亿kW,其中美国为1 590万kW、巴西为1 100万kW,生物质热电联产已成为欧洲,特别是北欧国家重要的供热方式。截至2015年,全球生物质成型燃料产量约3 000万t。欧洲是世界最大的生物质成型燃料消费地区,年均约1 600万t。北欧国家生物质成型燃料消费比例较大,其中,瑞典生物质成型燃料供热约占供热能源消费总量的70%。截至2015年,全球沼气产量约为570亿 m^3,其中德国沼气年产量超过200亿 m^3,瑞典生物天然气满足了全国30%车用燃气需求。截至2015年,全球生物液体燃料消费量约1亿t,其中燃料乙醇全球产量约8 000万t,生物柴油产量约2 000万t。巴西甘蔗燃料乙醇和美国玉米燃料乙醇已规模化应用。沼气已是成熟的生物质能利用技术,在欧洲、中国和印度等地已建设了大量沼气工程和分散的户用沼气池。

3)风能。目前风能的利用主要是以风能作动力和风力发电两种形式,其中又以风力发电为主。以风能作动力,就是利用风来直接带动各种机械装置,如带动水泵提水等。

---

① 1 GW = 1×10^6 kW。

而风力发电就是将风的动能转变为机械能,再把机械能转换为电能。依据目前的风车技术,2~3m/s的微风速度,便可用于发电。风电包括离网运行的小型风力发电机组和大型并网风力发电机组,目前技术均已成熟。近年来,并网风电机组的单机容量不断增大,新增风电机组的平均单机容量早已超过1 000kW,并且风电场建设已从陆地向海上发展。随着风电的技术进步和应用规模的扩大,风电成本持续下降,经济性与常规能源已十分接近。

4) 水。目前最成熟并被广泛应用于世界各地的可再生能源发电技术是水力发电。2016年,全世界水力发电稳步发展,新增装机容量31.5GW,其中抽水蓄能新增6.4GW,总水电装机容量达到1 246GW。目前,水电建设主要集中在发展中国家,发达国家水能资源已基本开发完毕。

5) 地热能。利用地热能的两种方式为热利用和发电,技术均比较成熟。截至2014年年底,全球地热能发电累计装机容量达到12.7GW,主要在意大利、美国、冰岛等国家。近年来全世界地热能热利用年均增长约13%。地热能热利用包括地热水的直接利用和地源热泵供热、制冷,在发达国家已得到广泛应用。

6) 海洋能。波浪发电、潮汐发电和海流发电等海洋能的开发利用也取得了较大突破,潮汐发电已初步形成规模,潮汐发电在全世界总装机容量已达到约30万kW。

7) 天然气。截止到2013年年底,世界探明天然气剩余可采储量为185.7万亿m^3。截止到2014年年底,世界探明石油剩余可采储量为17 001亿桶,煤炭剩余可采储量为8 915.31亿t。

总之,全球新能源资源潜力巨大(见表5.2),因成本及技术原因,目前利用率还比较低。应用相对比较成熟的是水能、生物质能;由于政策的支持,近年来风能、地热能、太阳能的发展比较迅速。海洋能(包括潮汐能、波浪能、海水温差能和海水盐差能等)、垃圾能已经处于商业化应用示范阶段。

表5.2 全球可再生能源的利用潜力 10^{15}J/y

能源种类	技术潜能	理论潜能
地热	5 000	140 000 000
太阳能	1 600	3 900 000
风能	600	6 000
生物质能	>250	2 900
水能	50	150
海洋能	10	7 400
总计	>7 500	>143 000 000

随着常规能源的有限性和环境问题的日渐突出,各国越来越重视以环保和可再生为特质的新能源。在中国,水能、风能、生物质能、太阳能、地热能等新能源都可以形成产业,它们都是可循环利用的清洁能源。新能源产业的发展既是生态保护和环境治理的重要举措,也是补充整个能源供应系统的有效手段,更是满足人类社会可持续发展需要的最终能源选择。

当前世界能源消耗的特点:

1）主要利用石油、煤、天然气及常规核燃料等一次不可再生能源。20世纪80年代以前，世界的一次能源消耗结构中，石油占40%以上，煤占20%以上，天然气占10%以上。

2）能源消耗水平差异大。工业化国家人口只占世界总人口的1/4，消耗的能源却占到了世界能源消费总量的3/4。尤其是人口占世界总人口5%的美国，其能源消耗却占了世界能源消耗总量的25%。发展中国家能源消耗普遍较低。占世界人口15%的印度，却只消耗世界能源的1.5%，中国的人均能源消耗不到世界人均能耗的1/3。

3）世界能耗在继续增长。虽然自1972年以来工业化国家的能耗程度（指能源消耗与国民生产总值之比）有所下降，但是，由于人口和发展中国家能耗需求的增长，世界平均能耗强度仍在继续上升。

中国能源生产与消费的特点：

1）20世纪50年代，中国的石油靠进口，60年代主要是自给，70年代煤炭、原油与石油制品均有出口，直到近年，石油制品再度进口。

2）以煤为主的能源结构面临严峻挑战，1986年我国能源消费结构是煤炭占66.03%、石油占17.06%、天然气占2.26%、水电占4.65%。我国是最大的煤炭消费国，这使环境受到了严重污染，给交通运输带来严重的困难，因此能源结构急需改善。

3）人均能耗低而单位产值能耗高，能源利用率亟待提高。

中国能源利用现状可归纳为：

1）能源丰富而人均消费量少。就消费的绝对量来说，仅次于美国与俄罗斯，居世界第三；但由于我国人口众多，人均占有消费量只有840kg，是美国的1/9、加拿大的1/11，只相当于世界平均水平的40%。

2）能源结构以煤为主，污染严重。在20世纪90年代，我国煤炭在一次能源中所占比例达70%以上。全国直接燃烧煤炭占总煤耗量的84%，我国煤炭消耗的比例是世界平均水平的两倍以上。以煤炭为主要能源是我国大气污染严重的主要根源。据以往的资料估算，燃煤排放的主要大气污染物（如SO_2、CO、粉尘、氮氧化物等）总量约占整个燃料燃烧排放量的96%。其中燃煤排放的SO_2占各类污染源排放的87%、粉尘占60%、氮氧化物占67%、CO占70%。燃煤对我国城市的大气污染作用尤为突出。

3）工业部门消耗能源占有很大的比例。我国工业部门耗能比例比其他工业化国家高很多，而商业、民用与交通运输的消耗占比较低。我国的能耗比例关系反映了我国工业生产中的能源管理水平低、工艺设备落后等问题。

4）农村能源缺乏，以生物质能为主。我国农村使用的能源以生物质能为主，农村生活用的能源更是如此。在农村能源消耗中，生物质能约占55%。目前，一年所生产的农作物秸秆只有4.6亿t，除去用作饲料与工业原料，可作为能源的农作物秸秆所占比例约为43.9%。

5.2.3 能源利用面临的挑战

能源利用面临的挑战是多方面的。在交通运输业中，减少运输工具（汽车、飞机、火车等）的质量，增加发动机的燃烧温度，都有助于提高燃烧效率。这些都是第六次科技革命的核心内容。我国研制飞机发动机时遇到的核心问题是材料研究程度不够。如增加发动机的燃烧温度有助于提高燃烧效率，但这需要耐高温材料。新的高强度、低密度的结构材料，以及用于发动机的耐高温材料会不断被开发出来。人们已经意识到需要开发新的、经济的能源，并且要更有效地利用现有的能源。在发展和解决这一问题的过程中，材料无疑起着非常重要的作用。例如，理论和实践已经证明，将太阳能直接转换为电能是可行的。太阳能电池就是这样一种装置，人类目前制造的太阳能电池采用了一些相当复杂和昂贵的材料，只能在一些特殊领域应用。为了大规模应用这一技术，必须开发出光电转换效率高、费用低的新材料。但同时，材料的生产也会产生污染，材料加工和精制的方法需要改进，以减少对环境有害的物质排放，即以更少的污染、更少占用开采矿石所用土地，获得人类所需要的材料，并且在某些材料的生产过程中，必须考虑产生的毒性物质和处理它们时导致的生态问题。总结起来，能源利用主要存在如下问题。

5.2.3.1 常规能源的环境问题

常规能源的大量消耗所带来的环境污染既影响动植物的生长，又损害人体健康，损坏建筑物及文物古迹，破坏经济资源，甚至可改变大气性质，破坏生态环境。

自工业革命以来，大气中 CO_2 和 CH_4（甲烷）等温室气体含量大幅上升，导致全球气温升高，产生温室效应。温室效应导致如下危害：一是格陵兰岛和南极的冰盖大量融化，从而使海平面上升。有数据显示，全球海平面在20世纪上升了大约17cm。这使太平洋岛国，如马尔代夫等面临50年内被海水完全淹没的严重威胁。二是极端气候事件不断增加。自20世纪50年代至今，全球极端气候的记录不断增加。其原因是温度上升，空气对流加剧，从而使温和天气转变为极端天气的概率大大增加。三是海水酸化。自工业革命开始，表层海水酸度增加了约30%。这是由于人类活动向空气中排放了大量的 CO_2，而其中一部分 CO_2 被海洋吸收。其中，上层海水吸收的 CO_2 每年增加20亿t。这使海洋的pH值环境平衡被破坏。

当前，随着空气质量的恶化，中国霾天气现象增多，危害加重。仅在2016—2017年秋冬，北京、天津、河北、河南、山东等10省市先后多次遭遇霾天气，其中不少重度霾天气。不利的气象条件对人体健康和交通运输等产生了较大影响。

小知识

PM2.5是悬浮在空气中的空气动力学当量直径小于等于 $2.5\mu m$ 的颗粒物。雾是悬浮在近地面空气中的微小水滴或冰晶使能见度降低的天气现象，多出现于秋冬季节，是近地面层空气中水汽凝结（或凝华）的产物。霾是空气中的灰尘、硫酸、硝酸、有机碳氢化合物等粒子使能见度降低的天气现象。

5.2.3.2 新能源的竞争力问题

新能源产品成本均高于常规能源。在不考虑常规能源外部环境成本的情况下，除太阳能热水器外，全球范围内可再生能源生产的电力、热力、液体燃料产品的成本均高于常规能源产品，因此制约了自主商业化发展，也在一定程度上限制了市场容量的扩大。从国内情况来看，经过多年的发展，我国可再生新能源的开发利用已获得了极大突破，但与发达国家相比还有很大的差距，产品成本高、竞争力不足，还不能适应我国能源发展战略的要求。

5.2.3.3 产品制造和配套能力有待提升

我国的新能源产业自主创新能力较弱，产品制造和配套能力有待提升，相当部分关键零部件依赖进口。单纯依靠低成本而迅速扩张的方法，拓展太阳能和风电相关产品的海外市场，遇到了大多数欧美企业的强烈抵制。欧美企业在技术上占尽了优势，我国在核心技术，包括太阳能电池的核心生产装备、生产纤维素乙醇所需的高效生物酶、大型风电机组装所需要的轴承等方面均落后于世界先进水平。其根本原因在于国内缺乏清晰、系统的技术发展路线和长远的发展思路，缺乏连续的研发投入计划，企业技术开发能力低，新能源核心产品生产工艺落后、集约化程度低，而且产品质量不稳定，这些原因为整个国内产业的发展埋下了危机的种子。如果国内现在不迅速建立强大的制造业，那么关键技术与主要设备依靠进口的局面依然在短期内不可能得到根本扭转。另外，光伏产业特别是多晶硅生产，产业规模过大，产能过剩，又极大影响了我国整体产业的发展。

5.2.3.4 标准体系建设相对滞后

林业、水利、环保、海洋、气象等各部门职能交叉，缺少协调性，多头管理、资金分散、冲突不断，国家的宏观调控无法形成合力，导致有机构无管理的问题。企业间和政企间缺乏有效的交流平台和沟通渠道，造成企业以自我为中心，甚至出现圈水、圈风、圈秸秆等恶性竞争的现象。如风电领域，各方面似乎更注重装机规模，没有用上网电量考核风电场的绩效，使电网成为制约风电产业进一步发展的障碍。此外，随着产业的发展和国内外市场的扩大，技术标准的缺失和人才匮乏的问题日益突出。上述问题的存在，需要相关部门统筹研究新能源产业的发展方向，出台系统有力的支持政策，扭转资源开发无序的状况。

5.2.3.5 政策措施出台相对滞后

尽管我国可再生能源法已经提出了包括总量目标制度、强制上网制度、分类电价制度、费用分摊制度和专项资金制度等多种制度，但由于缺乏强制性目标要求，故该法的出台只有原则性和指导性，缺少立法的刚性。同时，政策措施不配套，不能适应可再生能源发展对政策的现实要求。

5.2.3.6 并网相对困难

电网对接纳可再生能源电力缺乏动力，导致大量风电场弃风不发电。我国可再生能源资源丰富，主要地区在北部、西部和东北部，而电力负荷主要集中在中部以及南部和东部，中部和东南部高电力负荷地区必须从资源丰富地区引进大量可再生能源电力。尽管国内形成了华北、华东、东北、华中、西北及南方六大区域电网，但六大电网相互独立，新疆独立于西北，内蒙古西部与华北相对独立，这六大电网没有达到像欧洲大陆以及美国同步电网相互支撑的水平。统筹协调可再生能源电力并网、传输和消纳，已成为解决可再生能源电力发展瓶颈的关键。随着最近几年太阳能发电装机容量的扩大，可再生能源电力并网形势变得更为严峻。

存在这些问题的关键是，我国虽然可再生能源技术种类众多，包括水能、太阳能、风能和生物质能等，但各类技术均处在不同的发展阶段，而且面临着经济、技术、体制等多种因素的影响。尤其是最近几年，随着产业规模的逐渐扩大，可再生能源电力并网和消纳问题慢慢出现，只依靠常规政策手段很难解决多方面的问题，唯一的办法是进行重大的制度创新，建立起一套能有效协调各方利益、鼓励可再生能源开发、推动电网建设、有效传输和消纳可再生能源电力的体制机制。

5.3 能源结构预测

能源结构与世界经济密切相关。为此，需要综合考虑能源需求和环境约束等因素，预测未来全球一次能源需求的总量、结构和布局，以及电力需求的总量和分布，为全球能源开发布局和全球能源互联网构建提供基础支撑。

5.3.1 能源需求总量

1990—2000年，全球经济平均增长率为2.8%，能源消费平均增长率为1.4%，能源消费弹性系数约为0.5。2000—2010年，全球经济平均增长率为2.7%，能源消费平均增长率为2.4%，受非OECD[①]国家能源消费拉动影响，全球能源消费弹性系数升至0.9。2013年，全球GDP总量74万亿美元，人口约70亿人，一次能源需求总量约195亿t标准煤。2014年，全球GDP总量77万亿美元，人口约73亿人，一次能源需求总量约200亿t标准煤。预计2020—2050年，全球经济将保持较平稳增长，年均增长率在2%~4%。随着全球经济和人口稳步增长、能源利用效率持续提高，预计2050年，全球GDP总量将达到220万亿美元左右，人口增至约95.5亿人。预测到2050年全球一次能源需求总量将增至300亿t标准煤。总体来看，2020—2050年，世界经济年均增长率约为3.0%，能源需求维持近1.2%的增长率，能源消费弹性系数在0.4左右。但一次能源需求总量与全球经济增长、产业结构变化、城市化进程、人口增长和能源政策等密切相关，客观上存在不确定性。如果全球经济和人口增长放缓，或者能效技术出现重大突破，则全球一次能源需求到2030年可能达到230亿t标准煤，2050年达到250亿~270亿t标准煤。

5.3.2 能源需求结构

从第六次科技革命的前景来看，一次能源需求结构将持续优化，将实现从化石能源为主、清洁能源为辅，向清洁能源为主、化石能源为辅的根本性转变。其变化主要体现在：

1) 电力逐步取代化石能源，电气化水平提高，成为终端能源结构变化的主要趋势。因此，在满足相同有效能需求的情况下，将提高电力在终端能源中的比例，减少终端能源需求。预计2010—2050年期间，全球终端能源需求年均增长0.4%。

2) 能源始终从直接、低效使用向间接、高效使用转变，电能需求持续增加。到2030年，电能占终端能源消费的比例将达25.0%，较2010年提高7%。

3) 2030年之后，随着亚洲、南美洲、非洲主要新兴经济体和发展中国家陆续完成工业化，工业领域电炉将逐步替代传统的转炉、高炉成为钢铁主要冶炼设备，其他工业行业和建筑领域将更多地使用可再生能源提供的电力及其产生的热力。交通领域电动汽车对传统燃油

---

① OECD, Organization for Economic Cooperation and Development, 经济合作与发展组织。

汽车的替代将进一步提速，促使石油逐渐让出交通主要能源的地位。在"两个替代"较快发展情景下，到2050年，电能将占据终端能源需求的"半壁江山"，比例达到52.2%，较2030年的水平翻一番。

5.3.3 能源需求分布

随着亚洲、南美洲和非洲陆续进入和完成工业化、城镇化进程，以及人口规模较快增长，其能源消费占全球比例将较快上升；欧美所占的比例下降，但仍是人均消费最高、能源消费最密集的地区。长期以来，欧美发达国家占据了全球能源消费的主体，随着近年来中国和印度能源消费的快速增长，亚洲也成为全球最主要的能源消费区域。未来，随着全球经济一体化和平衡化发展，亚洲、非洲、南美洲的经济将加快增长，到2030年占全球经济的比例由2010年的34%上升至45%左右，到2050年占全球一半以上。

人均能源消费水平和人口规模的快速增长，使非洲成为2050年以前全球能源消费总量增长最快的地区。2010—2050年，非洲人口将从2010年的10.3亿人增至2050年的23.9亿人，占全球人口的比例从14.9%升至25.1%；非洲能源消费占全球能源消费总量的比例将由2010年的3.0%增加到2050年的13.7%。2010—2050年，全球能源需求预计增长112亿t标准煤，全部由亚洲、非洲和南美洲贡献；上述三个地区由于人口基数巨大，作为全球最大能源消费区域的地位将进一步巩固，预计2050年占世界能源需求总量的比例将达到74.1%。

传统的能源高消费地区——北美洲、欧洲和大洋洲，受经济和人口增长相对缓慢、能源利用效率提高等因素影响，能源消费增长较慢，消费量占全球比例持续下降，到2050年将分别下降到11.7%、13.4%和0.8%。尽管如此，其年人均能源需求量仍高出世界平均水平1.5倍、0.8倍和0.4倍左右。

由国际能源署主办、国家安全生产监督管理总局煤炭信息研究院承办的《世界能源展望2009》研究报告发布会于2009年11月23日在北京举行。该会探讨了全球金融危机、经济放缓以及石油和其他能源价格的下滑对能源市场的影响。国际能源署认为，能源投资的下降是经济危机导致的，这将会阻碍中期能源行业的产能增长，导致能源供应不足的风险，若随后一些年里的需求开始逐渐恢复，那么会造成能源价格上涨，尤其是在石油和电力供应方面。

报告会还深入地分析了三个热点议题：全球天然气市场展望、2012年后气候变化政策框架下的能源融资以及东南亚地区的能源趋势。

在报告会上，国际能源署提出了全球减排路线"450情景"，并号召所有的国家采取大规模的行动——清洁能源新政——抓住由经济危机所带来的机遇，使投资永久地转向抑制温室气体排放增长所需要的低碳科技。所谓"450情景"是指将大气层中的温室气体浓度控制在450ppm[①]CO_2当量，以实现把全球温度上升限制在2℃的目标。

---

① ppm 为百万分之一。

5.4 绿色能源技术

绿色能源，又称为洁净能源或可持续能源，是指能量来自可再生的天然资源，如太阳能、风能、水能、生物能、地热能等。这些能源在消耗过程中不会或轻微产生污染环境的物质，绿色能源技术被喻为 21 世纪最有希望的技术。国家发改委、工信部、国家能源局印发的《中国制造 2025——能源装备实施方案》提出的目标是：到 2020 年，能源装备制造业成为带动我国产业升级的新增长点。电力装备等优势领域技术水平和竞争力达到国际领先，形成一批具有自主知识产权和较强竞争力的装备制造企业集团。到 2025 年，部分领域能源技术装备引领全球产业发展，能源技术装备标准实现国际化对接。

5.4.1 太阳能技术

1995 年国家计委、国家科委和国家经贸委制定了《新能源和可再生能源发展纲要（1996—2010 年）》，明确提出我国在 1996—2010 年新能源和可再生能源发展的目标、面临的任务以及所需要采取的对策和措施。这些文件的制定以及实行，对进一步推动我国太阳能事业发挥了重要作用。1996 年，"世界太阳能高峰会议"在联合国组织下在津巴布韦召开，会后发表了《哈拉雷太阳能与持续发展宣言》，会上讨论了《世界太阳能战略规划》《世界太阳能 10 年行动计划（1996—2005 年）》《国际太阳能公约》等重要文件。在这次会议上进一步表明了联合国和世界各国对开发利用太阳能的坚定决心，要求全球共同行动，广泛利用太阳能。

人类直接利用太阳能的技术领域有四个，即光热转换、光电转换、光化学转换和光生物转换，此外，还有储能技术。

5.4.1.1 太阳能的光热转换

它的基本原理是将收集好的太阳辐射能，通过与物质之间的相互作用转换成热能，再进一步利用。当前人们使用最多的太阳能收集装置，主要有聚焦集热器、真空管集热器和平板型集热器 3 种。通常根据所能达到的温度和用途的不同，把太阳能光热利用分为低温利用（<200℃）、中温利用（200～800℃）和高温利用（>800℃）。目前，低温利用主要有太阳能热水器、太阳能温室、太阳能干燥器、太阳房、太阳能蒸馏器、太阳能空调制冷系统等；中温利用主要有太阳灶、太阳能热发电聚光集热装置等；高温利用主要有高温太阳炉等。

5.4.1.2 太阳能光电转换

未来，太阳能发电将被大规模利用。目前，利用太阳能发电的方式有很多种。当前已实现的应用主要是以下两种。

小知识

太阳能光伏电池，简称光伏电池，是用于把太阳的光能直接转换为电能的装置，以光电效应工作的薄膜式太阳能电池为主流。地面光伏系统可分为单晶硅、多晶硅、非晶硅太阳能电池，目前大量使用的是以硅为基底的硅太阳能电池。在能量转换效率和使用寿命等综合性能方面，单晶硅和多晶硅电池优于非晶硅电池。多晶硅比单晶硅转换效率低，但价格更便宜。常用的光伏转换材料效率太低，如非晶硅薄膜一般在10%以下，转换率较高的单晶硅或GaAs低于30%，且成本高难以大规模推广。因此，开发高效、廉价、长寿命的光伏转换材料是当务之急。这对我国西部大开发至关重要，那里日照时间长，可供光伏发电的地区广大，而且居民分散，有可能成为以太阳能为主要能源的地区。

1) 光—电转换。其基本原理是利用光生伏特效应将太阳辐射能直接转换为电能，它的基本装置是太阳能电池。据我国相关部门介绍，2015年我国并网太阳能发电装机容量达到500万kW，加上分散的太阳能发电项目，太阳能发电累计容量达到1 000万kW。

案例

超薄可折叠太阳能电池——把无机复合半导体微电池设备和可弯曲或可延展的基板结合起来，通过减少电池的厚度来提高其柔韧性，为利用这些微电池设备作为可穿戴电子设备的便携式电源提供了可能性。减少微电子设备的电池厚度，有利于适应日常使用中电子设备各种被极端弯曲的场合。同时，可佩戴在身上的弹性电子设备通常都要求有持续的电源供给。这类电池的高柔韧性和轻质量的特性，将有利于推动可穿戴电子设备的生产，也可以纳入衣服中为可穿戴设备供电。

太阳能射向地球时，30%被大气反射，23%被大气吸收，因此，在太空建立空间太阳能电站，以微波传回地面或直接在太空中应用是经济而有前景的。由此所得电能可能有竞争力。

2) 光—热—电转换。即利用太阳辐射所产生的热能发电。一般是用太阳能集热器将所吸收的热能转换为蒸汽，然后由蒸汽驱动汽轮机带动发电机发电。前一过程为光—热转换，后一过程为热—电转换。

5.4.1.3 太阳能的光—化学转换

这是一种光—化学制氢转换技术，是利用太阳辐射能直接分解水制氢的光—化学转换方式，太阳能制氢是目前太阳能应用的三种主要技术方式之一。

5.4.1.4 光生物利用

通过植物的光合作用来实现将太阳能转换成为生物质能的过程叫作光生物利用。目前主要有速生植物（如薪炭林）、油料作物和巨型海藻。

5.4.1.5 太阳能储存技术

太阳能储存有三层含义：一是将白天接收到的太阳能储存到晚间使用；二是将晴天接收的太阳能储存到阴雨天使用；三是将夏天接收的太阳能储存到冬天使用。目前，国内外研究太阳能的储存方法有两大类：第一类是将太阳能直接储存，即太阳能热储存，包括显热储存、相变储存和化学反应储存；第二类是把太阳能先转换成其他能量形式，然后储存，如先转换为电能和机械能。

5.4.2 生物质能技术

我国是一个石油净进口国，石油储量很有限，大量进口石油对我国的能源安全造成很大威胁。生物质能具有可再生、清洁和安全三大优势。专家认为，生物质能对我国农业结构调整、能源安全和生态环境综合治理有十分重大的战略意义。生物质能技术多种多样，各类技术又包含了不同的子技术。

5.4.2.1 生物质热转换与热利用

（1）直接燃烧技术

直接燃烧大致可分成四类，包括炉灶燃烧、锅炉燃烧、垃圾焚烧和固体燃料燃烧。炉灶燃烧是最原始的利用方法，一般在农村分散独立的家庭用户会利用此法，它虽投资最少，但效率却很低。锅炉燃烧可以大规模利用生物质。锅炉燃烧最主要的优点是效率高，并且能够实现工业化生产；缺点是投资大，而且用户分散、规模小不宜使用。垃圾焚烧虽是采用锅炉技术来处理垃圾，但因为垃圾品质问题、腐蚀性强，所以它要求的技术高、投资较大，从能量利用的角度看，使用该方法时规模必须大。固体燃料燃烧是把生物质固化成型后再采用传统的燃煤设备燃用，主要优点是所采用的热力设备是传统的定型产品，不用特殊的设计或处理，但主要缺点是运行成本高，所以它比较适合企业对原有设备进行技术改造，在不重复投资的前提下，以生物质代替煤，来达到节能的目的，或应用于对污染限制特别严格的场所，如饭店烧烤等。

（2）物化转换技术

物化转换技术包括干馏技术、气化制生物质和燃气热解制生物质油三种技术。干馏技术以同时生产生物质炭和燃气为目的，将能量密度低的生物质转换为热值较高的炭或燃气，炭和燃气可作不同用途。优点是设备简单，能够生物产炭和生产多种化工产品；缺点是利用率较低，而且适用性较低，一般只适用于木质生物质的特殊利用。气化制生物质是把生物质转换为可燃气的技术，根据技术路线的不同，可以分为低热值气和中热值气。它的主要优点是生物质转换为可燃气后，有较高的利用效率，而且可以用作生活燃气，也可以用于烧锅炉或直接发电等；主要缺点是系统复杂，而且生成的燃气不便于储存和运输，因此必须有专门的用户或配套的利用设施。燃气热解制生物质油是通过热化学方法把生物质转换为液体燃料的技术，它的主要优点是将生物质制成油品燃料，作为石油产品的替代品，从而大大增加用途和提高附加值，主要缺点是技术复杂，目前的成本仍然太高。

（3）生化转换技术

生化转换技术主要分为厌氧消化和特种酶两种技术。沼气发酵是碳水化合物、脂肪、蛋白质等有机物质在一定温度、湿度、酸碱度和厌氧条件下，通过沼气菌群发酵（消化）生成沼气、消化液和消化污泥（沉渣），此过程叫作沼气发酵或厌氧消化。它不仅包括小型的农村沼气技术，也包括大型的厌氧处理污水的工程。其主要的优点是它能够提供的能源形式——沼气（甲烷）非常洁净，环保效益十分显著；主要缺点是能源产出低、投资大，所以比较适合以环保为目的的污水处理工程或以有机易腐物为主的垃圾的堆肥过程。利用生物技术（包括酶技术）把生物质转换为乙醇的主要目的是制取液体燃料，它的主要优点是可以使生物质变为清洁燃料，拓宽用途，提高效率；主要缺点是转换速度太慢，投资较大，成本相对较高。

5.4.2.2 生物质压缩成型技术

将农业和林业生产过程中所产生的分布散、形体轻、储运困难、使用不便的大量废弃物，经压缩成型和炭化工艺加工成燃料，能提高容量和热值，改善燃烧性能，成为商品能源，这种转换技术称为生物质压缩成型技术，这种被压缩后的物质称为生物质颗粒。农业和林业生产过程中所产生的大量废弃物通常松散地分散在大面积范围内，具有较低的堆积密度，给收集、运输、储藏带来困难。由此人们提出，如果能够将农业和林业生产的废弃物压缩为成型燃料，提高能源密度则不仅可以解决上述问题，而且可以形成商品能源。

5.4.2.3 植物油利用技术

能源植物油——能源植物油是一类储存于植物器官中，经加工后可以提取植物燃料油的油性物质。它通过植物有机体内一系列的生理生化过程形成，以一定的结构形式存在于油脂或挥发性油类等物质中。能源油料植物是一类含有能源植物油成分的种和变种，是一类可再生资源。能源油料植物主要包括油脂植物。油脂植物是一种具有制成还原形式烃的能力且接近石油成分的可以替代石油使用的植物。植物燃料油是通过能源油料植物油的提取加工后，生产出的一种可以替代化石能源的可燃性油料物质。它的主要优点是提炼和生产技术简单，主要缺点是油产率较低，速度很慢，而且品种的筛选和培育也较困难。

生物燃料乙醇——生物燃料乙醇是指各种生物质通过微生物的发酵转换成的燃料酒精。它可以单独或与汽油混配制成乙醇汽油作为汽车燃料。近年来，各大能源消费国竞先寻求新能源用以替代石油。以生物燃料乙醇作为主要的替代运输燃料成为美国和欧洲不约而同的选择，并制订了颇具野心的开发计划。2007年1月，美国总统布什宣称（2007年《国情咨文》），美国计划在今后10年中减少国内20%的汽油消费量，其中15%通过使用替代燃料实现，计划到2017年生物燃料乙醇的年使用量达到2007年使用量的7倍，也即1 325亿L。2007年3月，欧盟27国出台了新的共同能源政策，计划到2020年实现10%的车用燃料为生物燃料乙醇。中国开发生物燃料乙醇也在近几年骤然升温。2005年，中国生物燃料乙醇的生产量为125万t，2006年增长到133万t，消费量约为中国汽油消费量的20%，成为第三大生物燃料乙醇生产国和消费国（仅在巴西、美国之后）。粮食作物是目前绝大多数工业化生产的燃料乙醇的原料，从长远来看，其具有规模限制和不可持续性。未来大规模替代石油的是以木质纤维素为原料的第二代生物燃料乙醇。正因为如此，在2007年9月，OECD发表了题为《生物燃料：是比疾病还要糟糕的治疗方案吗？》的长篇报告，认为发展生物燃料因小失大，呼吁美国和欧洲国家取消对当前生物液体燃料的补贴政策。在同期召开的OECD可持续发展圆桌会议上，支持和反对生物燃料的两派展开了激烈辩论，主要针对的是生物燃料乙醇的能源投入产出比、经济性、社会和环境影响问题。美国和欧盟似乎还并未对质疑的声音做出反应，而中国已率先开始限制和调控生物燃料乙醇产业。2007年年底，国家发改委紧急下发《关于加强生物燃料乙醇项目建设管理，促进产业健康发展的通知》，玉米加工燃料乙醇项目被暂停核准和备案，并开始全面清理在建和拟建项目。2008年6月，发改委全面叫停粮食乙醇的开发，要求今后生物燃料的发展必须以不占用耕地、不消耗粮食和不破坏生态环境为前提。

生物柴油——生物柴油是指通过酯交换工艺制成的以野生油料植物和工程微藻等水生植物油脂，以及动物油脂、油料作物、餐饮垃圾油等为原料油的，可代替化石柴油的再生性柴油燃料。生物柴油是生物质能的一种，它是一种长链脂肪酸的单烷基酯，是生物质利用热裂解等技术而得到的。生物柴油是含氧量极高的复杂有机成分的混合物，这些混合物主要是一些分子量大的有机物，几乎包括所有种类的含氧有机物，如醚、酯、醛、酮、酚、有机酸、醇等。目前，汽车工业的一个发展方向便是汽车柴油化，据专家预测，世界柴油需求量将大幅增加，又由于柴油的供应量严重不足，所以用油菜籽制造生物柴油便拥有了广阔的发展空间。发展生物柴油产业还可促进中国经济社会和农村发展。如发展油料作物生产生物柴油，有利于调整农业结构，增加农民收入，可以使农林产品向工业品转换，走出一条富农强农之路。我国有十分丰富的原料资源，有利于发展生物柴油。就目前而言，我国对生物柴油的开发利用还处于发展初期，要从总体上降低生物柴油成本，使其在我国能源结构转变中发挥更大的作用，只有向规模化和基地化方向发展，实行集约经营，形成产业化，这样才能走出一条符合中国国情的生物柴油发展之路。

能源植物——能源植物是指经专门种植，含糖类（碳氢化合物）较高，用于提供能源原料的草本和木本植物。我国疆土广阔，地域跨度大，水热资源分布有较大差异，能源植物资源种类多种多样，主要的科有桃金娘科、大戟科、樟科、夹竹桃科、豆科、菊科、大风子科、山茱萸科和萝藦科等。可作为能源原料的主要是某些林木、森林工业残留物、农作物及有机残留物，藻类、水生植物也是具有开发前景的能源植物。使用植物作为能源，可以借助科学方法转换为炭、生物原油或可燃气，同时植物也能直接作为固体燃料使用。在林业能源方面，国外尤其重视培植生长快、光合作用效率高、繁殖力强的树木。中国林业科学研究院实验研究，列出60余种能源植物。林业能源的利用方法有两种：通过干馏来提取煤气、焦油和炭；直接进行燃烧。石油植物也是近年来开辟的一个新领域。由于石油属于不可再生能源，因此它必然会逐渐枯竭。所以许多国家都在进行研究以寻找到替代石油的能源，能源植物的研究便因此开展起来。美国诺贝尔奖获得者卡尔教授，开发出了世界上第一种人工石油植物（1984年），并成功得到了每公顷120～140桶原油的收成。欧洲和北美大量种植多年生草本植物用以作为燃料发电，如象草就是这样一种植物。英国还查明，高沙草、大网茅和草原网草等植物的生长速度快，也是能源植物。此外，红雀珊瑚属和海漆属，大戟科的大戟属，也是理想的能源植物。石油果（树海桐）是一种潜在的石油代用品。在巴西，有一种香波树，只需挖个洞就能流出油来。美国西海岸的巨型藻、美国的黄鼠草、澳大利亚的丛粒藻等也能提炼出石油来。同样，我国也有许多能高产石油的植物（如海南的汕楠树，还有桉树等）。经科学家鉴定，在亚太地区有生产价值的能源植物，就有18种灌木、10多种草本植物和23种乔木。

案例

麻疯树——麻疯树俗称小桐子，盛产于干热河谷地区。麻疯树既是保水固土、防治沙化、改良土壤的优良树种,也是世界公认的生物能源树。从1985年开始,四川攀枝花市就围绕麻疯树生物能源技术开展了系统的研究,先后成功利用野生麻疯树果实提取了生物柴油和工艺油,并在应用麻疯树进行干热河谷植被恢复方面取得了重大进展。目前四川大学同四川长江造林集团合作在攀枝花地区和凉山地区建立了2 000亩①优质麻疯树种苗基地,已推广栽种优质麻疯树30万亩。从2006年起,攀枝花市开始规模性地营造麻疯树生物柴油原料林,于当年种植了15 000余亩,并计划在几年内发展生物能源原料林200多万亩,建设年产10万t的生物柴油炼油基地。

目前,国内外对生物质能发展研究主要集中在寻找生物质资源、研发生物质转换技术、探讨生物质能的生态效益三个方面。而世界重大热门课题之一便是生物质能技术的研究与开发,它广受世界各国政府与科学家的关注。许多国家都制订了相应的(生物质能源的开发利用占有相当比例的)开发研究计划,如印度的绿色能源工程、日本的阳光计划、巴西的酒精能源计划、美国的能源农场等。目前,国外的生物质能技术和装置设备多数已经实现了一定的规模化、产业化应用,达到了商业化水平,以瑞典、奥地利和美国三国为例,生物质能转换的高品位能源的利用分别占该国一次能源总消耗量的16%、10%和4%,已经具有十分可观的规模。在美国,生物质能发电的单机容量达10~25MW,总装机容量已超过10 000MW;乙醇燃料开发应用最有特色的国家巴西,实施了世界上规模最大的生物燃料乙醇开发计划,目前巴西汽车燃料消耗总量的半数以上为乙醇燃料。美国纽约的斯塔藤垃圾处理站投资2 000万美元,采用湿法处理垃圾,回收沼气用于发电,同时生产肥料。美国开发出利用纤维素废料生产酒精的技术,建立了能年产酒精2 500t的1MW的稻壳发电示范工程。

5.4.3 风力发电技术

在自然界中,风是无污染、可再生而且储量巨大的能源。目前风能的利用为风力发电、风能作动力两种形式。风力发电就是将风的动能转变为机械能,再把机械能转变为电能。以风能作动力,就是将风能转变为机械能用以直接带动各种机械装置,如带动水泵提水等。

风力发电的原理是利用风力带动风车叶片旋转,将风能转变为机械能,再通过增速机将旋转的速度提升,将机械能转变为电能。在风力发电机中用高温超导体来代替普通发电机的铜线圈作为发电机励磁绕组,为风力发电提供了轻量化选择。高温超导材料的低电阻甚至是零电阻的特点能够有效提高发电效率。理论上,对于相同容量的发电机,高温超导发电机的重量可以降低为常规发电机的1/2~1/3,这对需要把大功率发电机安放到十几米甚至更高位置的风电场来说,可以极大降低建设成本;如果保持发电机的体积、质量不变,那么高温超导发电机的容量可提高数倍,这有效降低了风电场的发电成本。超导风力发电机还有同步阻抗低、噪声低、谐波含量少、维护简单、励磁绕组不易产生热疲劳等优点。美国超导公司Seatitan风力发电机的高温超导直驱发动机有望将目前最大的风力发电机输出功率提高一倍,使大功率高经济性的风力发电机组变为现实。

---

① 1亩=666.667 m²。

5.4.4 核能技术

核能的高效利用期待材料的突破。核能具有许多优势,然而从核燃料的生产,到防止放射性污染的结构设计制造,再到放射性废料的处理都涉及技术突破问题。目前热中子反应堆只用了铀矿中占 0.71% 的 ^{235}U,而占 99.29% 的 ^{238}U 要通过快中子增殖堆。这种堆型虽已运行多年,但所用冷却剂液钠的腐蚀性太强,容易造成泄漏,这是有待解决的问题。可控热核聚变反应堆利用的是海水中氢同位素氘的聚合反应所产生的能量,据估计,1t 海水所含氘相当于 300t 汽油,然而,这一技术要求使用耐 2 万度高温、抗辐射和抗氦脆的材料。乐观估计,要到 2050 年或更长的时间才能进入实用化。

中国科学院合肥物质科学研究院"人造太阳"EAST 物理实验已获重大突破,首次实现了持续时间达 102s 的超高温长脉冲等离子体放电。我国全超导托卡马克核聚变实验装置 EAST 旨在通过可控核聚变来提供连绵不断的清洁能源,被称为"人造太阳"。一旦实现商业发电,将从根本上解决人类能源问题。未来聚变堆的基本运行模式便是超高温长脉冲等离子体放电。目前,国际上只有欧盟和日本的科学家曾经获得过最长为 60s 的高参数偏滤器等离子体。EAST 既定科学目标是实现 1 亿 kW/h、持续时间为 1 000s 的等离子体放电,但是要想实现该目标仍然面临着众多科学和技术方面的挑战。科研人员通过实验已使 EAST 成功实现电子温度超过 5 000 万 kW/h、持续时间达 102s 的超高温长脉冲等离子体放电。这也是目前国际托卡马克实验装置上电子温度达到 5 000 万 kW/h、持续时间最长的等离子体放电。我国核电发展的技术路线和战略路线早已明确并正在执行,那就是当前发展压水堆,中期发展快中子堆,远期发展聚变堆。

5.4.5 氢能

氢能是通过氧气和氢气反应所产生的能量,是氢的化学能。地球上的氢主要以化合态的形式出现,氢是宇宙中分布最广泛的物质,它构成了 75% 的宇宙质量,氢能是二次能源。工业上有很多生产氢的方式,常见的有煤炭气化制氢、水电解制氢、重油及天然气水蒸气催化转换制氢等,但这些反应消耗的能量都大于其产生的能量。

氢能是高效清洁的含能体能源。能源可以分为一次能源和二次能源两大类。水能、风能、地热能、太阳能和核能等以自然形态存在的能源就是一次能源。而电能、汽油、柴油、液化石油气、氢能等是由一次能源经过加工转换以后得到的二次能源。二次能源是联系一次能源和能源用户的纽带,二次能源又可以分为含能体能源和过程性能源,当今应用最广的过程性能源是电能,目前应用最广的含能体能源是汽油和柴油。因为过程性能源很难大量地直接储存,所以轮船、汽车、飞机等机动性强的现代交通工具暂时无法大量地使用发电厂输出的电能,只能大量使用柴油、汽油和天然气这一类含能体能源。但是随着电动汽车、混合动力汽车的发展,过程性能源也可以部分替代含能体能源。二次能源的电能可从各种一次能源中生产出来,例如太阳能、风能、水力、煤炭、石油、天然气、潮汐能、地热能、核燃料等都可直接生产出电能,但二次能源的汽油和柴油等则不一样,它们的生产几乎完全依靠化石燃料。伴随着化石燃料消耗量的日益增加,其储量日益减少,最终有一天这种资源将会枯竭,这就迫切需要寻找一种不依赖化石燃料、储量丰富的新的含能体能源。

氢燃料电池技术一直被认为是一种利用氢能来解决人类未来能源危机的终极方案。上海是中国氢燃料电池研发和应用的重要基地，其中上海汽车集团股份有限公司、上海神力科技有限公司、同济大学等企业、高校，也一直在从事氢燃料电池和氢能车辆的研发。随着改革开放后中国经济的高速发展，汽车行业已经成为中国的支柱产业之一。中国已在2007年发展成为世界第三大汽车生产国和第二大汽车市场。与此同时，汽车燃油消耗也随之增长，如今每年已高达8 000万t，约占中国石油总需求量的1/4。在今天，能源供应日益紧张，发展新能源汽车已刻不容缓，毫无疑问用氢能作为汽车的燃料是最佳选择。

质子交换膜燃料电池（PEMFC）在原理上相当于水电解的逆装置。质子交换膜燃料电池具有结构简单、工作温度低、启动快、操作方便、比功率高、操作方便等优点，被公认为固定发电站、电动汽车等的首选能源。在质子交换膜燃料电池内部，质子的迁移和输送通道由质子交换膜提供，质子经过膜从阳极到达阴极，与外电路的电子转移构成回路，向外界提供电流，因此，质子交换膜燃料电池的性能受质子交换膜性能的影响。美国杜邦公司的Nafion质子交换膜是目前最常用的质子交换膜，它具有质子电导率高和化学稳定性好的优点。质子交换膜大多采用Nafion质子交换等全氟磺酸膜，国内装配质子交换膜所用的PEM主要依靠进口。

虽然燃料电池发动机的关键技术已被突破，但是燃料电池产业化技术还需要进一步改进和提升，以使产业化技术变得更加成熟。在这个阶段就需要政府加大研发投入力度，以确保中国在燃料电池发动机关键技术方面处于先进水平和具有领先优势。除此之外，还需要国家加大对燃料电池关键原材料、零部件的国产化、批量化生产的支持力度，不断地整合燃料电池各方面优势，带动燃料电池产业链的延伸。同时国家还应对燃料电池相关产业链予以培育，并且给予相关的示范应用配套设施等。另一方面，国家应加快燃料电池车示范运营的相关标准、法规的制定和加氢站等配套设施的建设，推进燃料电池汽车的载客示范运营。相信有了政府的大力支持，中国氢能源汽车必定能成为朝阳产业。

案例

分解水制氢——利用光合作用将水分解成氧气和氢气是科学家们一直寻找的方法。光合作用将光转换为能源的效率达90%以上，太阳能电池的转换效率平均只有16%。科学家们一直未找到水分解的催化剂介质。该技术一旦得到突破和工业化利用，未来汽车燃料箱中加的将不是汽油而是液氢，这将带来能源领域的一场革命，因为太阳是取之不尽的能量的天然源泉，水是用之不竭的电子的天然源泉。

5.5 储能技术

日益增长的能源消耗，特别是煤炭、石油等化石燃料的大量使用对环境和全球气候带来的影响使得人类可持续发展的目标面临严峻威胁。据预测，如按现有开采不可再生能源的技术和连续不断地日夜消耗这些化石燃料的速率来推算，那么煤、天然气和石油的可使用有效年限分别为100~120年、30~50年和18~30年。显然，21世纪所面临的最大难题及困境可能不是战争及粮食，而是能源。因此，对新能源和可再生能源的研究和开发，寻求提高能源利用率的先进方法，已成为全球共同关注的首要问题。

未来能源利用灵活多样，这使储能技术受到了极大的关注。储能本身不是新兴的技术，但从产业角度来说却是刚刚出现，正处在起步阶段。到目前为止，中国没有达到类似美国、日本将储能当作一个独立产业加以看待并出台专门扶持政策的程度，尤其在缺乏为储能付费机制的前提下，储能产业的商业化模式尚未成形。储能技术的发展主要基于以下两点：

1) 风电光伏产业的迅猛发展将推动大容量储能产业的发展。储能技术在很大程度上解决了新能源发电的随机性、波动性问题，可以实现新能源发电的平滑输出，能有效调节新能源发电引起的电网电压、频率及相位的变化，使大规模风电及光伏发电方便可靠地并入常规电网。储能电池的未来应该在风力发电产业和光电产业，其中以已经大量布局的风力发电产业为主。风力资源具有不稳定性，此外，风力资源较大的后半夜又是用电低谷，因此，虽然近年来风电、光电产业发展势头迅猛，但一直饱受"并网"二字困扰，储能技术的应用，可以帮助风电场输出平滑和"以峰填谷"。

2) 新能源汽车，特别是电动汽车的良好发展有利于动力电池储能产业发展。伴随电动汽车的发展，高效储能电池必将逐步取代内燃机。而电池成本逐渐下降，成熟度日益提高，增强了对内燃机的替代能力。

由于大规模储能技术可针对风能、太阳能发电的不稳定、不连续性问题，实现安全、稳定的供电，因此是实现未来能源多样化的核心技术，也是未来电力行业发展的必然选择。由于新能源规模化的接入电网、电力削峰填谷、参与调压调频、发展微电网等方面的需要，储能在未来电力系统中将是不可或缺的角色。2013年年底，我国发电总装机量达1 250GW，其中包含91.4GW风力发电（占7.3%的比例）。除了火力发电和水力发电，风力发电是我国第三大电力来源。而我国的光伏发电装机容量达18.1GW，占全国总装机容量的1.5%，超越美国成为全球最大的光伏市场。由于发电装机容量的快速增长，我国的储能需求也在日益扩张。2013年，中国的抽水蓄能装机容量总计21.5GW，其他储能技术装机容量为65MW。2012年电网调峰负荷的储能需求是95GW，2014年预计增长到110GW，这反映出巨大的发展前景。电网系统储能技术种类多样，我国主要采用锂电池、铅酸电池和流体技术。2013年这三种方式分别占60%、20%和14%。2015年我国储能电池产业规模已达85亿元，到2020年电力调平用储能电池市场规模预期将达到200亿美元。2016年1月19日，国际能源署表示，由于新太阳能电池技术和其他科技进步促进价格下跌，未来15年，电池储能成本将下降70%。储能技术可以说是新能源产业革命的核心。储能产业巨大的发展潜力必将导致这一市场的激烈竞争。如果政策到位，我国储能产业既可快速成长为在全球有重要影响的新兴战略性产业，也将极大促进国内新能源的规模化发展。

5.5.1 储能技术分类

储能技术主要分为储电与储热。目前储能技术主要分为三大类：一是物理储能，包括抽水储能、压缩空气储能和飞轮储能等；二是电化学储能，包括铅酸电池、氧化还原液流电池、钠硫电池和锂离子电池等；三是电磁储能，包括超导电磁储能、超级电容器储能等。各种储能技术都有不同特点，飞轮储能、超导电磁储能和超级电容器储能适合于应对电压暂降和瞬时停电、提高用户的用电质量，抑制电力系统低频振荡、提高系统稳定性等需要提供短时较大脉冲功率的场合；而抽水储能、压缩空气储能和电化学电池储能适用于系统调峰、可再生能源并入、大型应急电源等大容量、大规模的应用场合。

抽水蓄能是目前最成熟的大规模储能方式，它需要配建上下游两个水库。在负荷低谷时段抽水蓄能设备处于电动机工作状态，将下游水库的水抽到上游水库保存，在负荷高峰时设备处于发电机工作状态，利用储存在上游水库中的水发电，它的能量转换效率在70%～75%。因受建站选址要求高、建设周期长和动态调节响应速度慢等多种因素的影响，抽水储能技术没有大规模推广应用，所以现在全球抽水储能电站总装机容量只有9 000万kW，仅占全球发电装机容量的3%左右。

压缩空气储能是另一种可以实现大规模工业应用的储能方式。利用压缩空气储能，在电网负荷低谷期，富余电能可以用于驱动空气压缩机，把空气高压密封在山洞、报废矿井和过期油气井中；而在电网负荷高峰期，可以释放压缩空气推动燃汽轮机发电。由于压缩空气储能具有效率高、寿命长、响应速度快等特点，且能源转换效率较高（约为75%），因而是具有发展潜力的储能技术之一。

电化学储能包括铅酸电池、锂离子电池、氧化还原液流电池、钠硫电池等。氧化还原液流电池具有大规模储能的潜力，但目前使用最广泛的还是铅酸电池。电池储能分大功率和小功率。大功率场合一般采用铅酸电池，主要用于应急电源、电瓶车、电厂富余能量的储存。小功率场合也可以采用可反复充电的干电池，如镍氢电池、锂离子电池等。

电磁储能包括超导电磁储能、电容器储能和超级电容器储能。超导储能系统（SMES）利用超导体制成的线圈储存磁场能量，在输送功率时不需要能源形式的转换，同时具有转换效率高（≥96%）、响应速度快（ms级）、比容量（1～10 Wh/kg）/比功率（104～105kW/kg）大等优点，能实现与电力系统的实时大容量能量交换和功率补偿。SMES可以充分满足输配电网电压支撑、功率补偿、频率调节、提高系统稳定性和功率输送能力等要求。

电容器也是一种储能元件，其储存的电能与自身的电容和端电压的平方成正比：$E = C \times U \times U/2$。电容器储能容易保持，不需要超导体。电容器储能还有很重要的一点就是能够提供瞬时大功率，非常适合激光器、闪光灯等应用场合。

超级电容器根据电化学双电层理论研制而成，可以提供强大的脉冲功率。在充电时处于理想极化状态的电极表面，电荷吸引周围电解质溶液中的异性离子，使其附于电极表面，形成双电荷层，构成双电层电容。超级电容器多用于时间短、功率大的负载平滑和电能质量峰值功率场合，在电压跌落和瞬态干扰期间提高供电水平，如大功率直流电机的启动支撑、态电压恢复器等。

电感器储能。电感器本身就是一个储能元件，其储存的电能与自身的电感和流过它本身的电流的平方成正比：$E = L \times I \times I/2$。由于电感在常温下具有电阻，电阻要消耗能量，所以很多储能技术采用超导体。电感器储能还不成熟，但也有应用报道。

此外，还有其他的储能方式，比如机械储能等。

5.5.2 能源技术的发展

近年来，我国多地雾霾天气频发，急待解决，这背后折射出的是以化石能源为主的发展方式已经超出了环境的承载负荷,发展风能、太阳能、潮汐能等清洁能源迫在眉睫。但是,风能、太阳能等可再生能源具有不连续、不稳定、不可控的非稳态特性,加之我国优质风、光自然资源分布与用电负荷重心分布之间的错位矛盾,弃风、弃光等影响可再生能源利用效率的问题始终伴随着我国风力发电、光伏行业的发展。目前,储能技术逐步开始商业化。截止到2013年年底,全球储能累计装机容量达到736MW,增速平稳。2014年第一季度,新增装机容量15MW。在中国,截至2013年10月底,累计运行、在建及规划的项目近60个,装机规模超过75MW。2020年后,储能系统将成为电力生产运营的必备部分,预计2030年储能技术将进入大规模发展期。

在高度信息化的今天,未来能源的发展势必与互联网相结合,依靠大数据云计算平台的分析来实现能源的高效利用。以电网为例,现代电网技术与互联网的融合、高电压技术与微电子技术的融合是未来的核心方向。比如交流和直流技术的融合将两种输电方式的优缺点进行互补,智能化的无线传感器将为未来电网的数据采集提供极大便利;还有换流器和传统变压器技术融合产生的固态智能电力变压器,传输功率密度比常规变压器大2个数量级,质量却只有75磅(约34千克),甚至能被装进手提箱里。这些新技术和新产品都是电子技术和电网技术融合的产物,协同增效将成为判断新技术或新产品是否适应未来趋势的重要依据。同时,这些新产品、新技术可使能源消费流量及状态数据被实时采集,便于能源间的协调控制与均衡发展。

电池是当前技术水平下储能的首选。然而,不管是铅酸电池、镍氢电池,还是新型磷酸铁锂电池、锰酸锂电池、三元材料电池均很难满足电动汽车续驶里程的最终发展要求。因而电动汽车发展的核心内容是电池。除了电池的续航力问题,安全可靠性也是一个重要方面。下一代动力电池的研发也应着力攻克正负极材料和电介质隔板的核心技术及模块智能技术,跨领域联合开展新一代高容量锂离子正负极材料和以锂聚合物电池——锂硫、锂空气、钠空气为代表的新型体系电池研发,形成核心知识产权保护体系。此外,电动汽车的发展涉及能源资源生产、交通模式、商业模式、基础设施、智能交通、智慧城市等方面,是一项延伸范围广、综合程度高、多领域交叉融合的系统性工程,要紧密结合智能电网建设以及远程智能信息控制、智慧型城市建设,按照大城市、城市间、小城镇"点线面"三个步骤有序推进。

总之,在能源技术的发展方面,需在能源生产、能源传输、能源消费方面进行突破以实现能源清洁、互联的均衡发展;在能源生产方面,页岩气开发,油气资源深度开发,煤炭等化石能源的清洁高效利用,风能和太阳能等绿色新能源技术开发,电动汽车、储能技术、智能电网等关键技术的发展是关键,需形成以清洁能源为主动力的多轮驱动能源供应体系;在能源传输方面,传统能源传输介质的更新换代、能源传输方式的升级是主题方向;在能源消费方面,实现能源形式之间的相互转换,为消费者因地制宜地选择能源消费类型提供可能。

5.6 低碳能源与技术

全球气候变暖已成为国际热点问题,CO_2因具有温室效应被普遍认为是导致全球气候变暖的重要原因之一。如何减少CO_2排放,降低大气中CO_2浓度,是人类面临的共同难题。

因此采用低碳技术是 21 世纪人类经济发展方式的变革。

1972 年罗马俱乐部发表了《增长的极限》报告，第一次对高能耗、高污染的传统工业文明和高碳经济的发展方式进行了深刻反思。1992 年，联合国环境与发展大会在巴西里约热内卢通过《联合国气候变化框架公约》，明确提出了控制大气中温室气体浓度上升，减少 CO_2 排放是国际社会共同的责任和义务，并首次提出"可持续发展"理念。这是联合国政府间谈判委员会就气候变化问题达成的公约，于 1992 年 6 月 4 日举行的联合国环境与发展大会上通过，1994 年正式生效。这是一个有法律约束力的公约。它首次把全球资源环境管理提升到国家发展战略高度。

1997 年《联合国气候变化框架公约的京都议定书》（简称《京都议定书》）是低碳经济理念形成的关键。《京都议定书》是《联合国气候变化框架公约》的补充条款，于 1997 年 12 月在日本京都由《联合国气候变化框架公约》缔约方第三次会议制定，到 2009 年 2 月，一共有 183 个国家签署了该条约。条约于 2005 年 2 月 16 日生效。中国于 1998 年 5 月签署并于 2002 年 8 月核准了该议定书。《京都议定书》允许采取以下四种减排方式：

1) 两个发达国家之间可以进行排放额度买卖的"排放权交易"。
2) 以"净排放量"计算温室气体排放量。
3) 可以采用绿色开发机制，促使发达国家和发展中国家共同减排温室气体。
4) 可以采用"集团方式"，即欧盟内部的许多国家可视为一个整体，采取有的国家削减、有的国家增加的方法，在总体上完成减排任务。

2009 年 12 月在丹麦首都哥本哈根，来自 192 个国家的谈判代表召开峰会，商讨《京都议定书》以及承诺到期后的后续方案，即 2012—2020 年的全球减排协议。《哥本哈根协议》重申全球气温上升幅度不得多于 2℃ 的目标。协议并没有法律约束力，但约定各国在一年之内签署有法律约束力的文件，在 2012 年后取代《京都议定书》，规定所有国家要在 2010 年 1 月底前向联合国递交实现温室气体减排目标的计划。

2015 年 12 月，《联合国气候变化框架公约》近 200 个缔约方在巴黎气候变化大会上达成《巴黎协定》。《巴黎协定》制定了"只进不退"的棘齿锁定（Rachet）机制。各国提出的行动目标建立在不断进步的基础上，建立了从 2023 年开始每 5 年对各国行动的效果进行定期评估的约束机制。《巴黎协定》明确了全球共同追求的"硬指标"，即把全球平均气温较工业化前水平升高控制在 2℃ 之内，并为把升温控制在 1.5℃ 之内努力。只有全球尽快实现温室气体排放达到峰值，21 世纪下半叶实现温室气体净零排放，才能降低气候变化给地球带来的生态风险以及给人类带来的生存危机。《巴黎协定》涉及的各项内容摒弃了"零和博弈"的狭隘思维，体现出与会各方多一点共享、多一点担当、实现互惠共赢的强烈愿望。《巴黎协定》从经济上推动各方以"自主贡献"的方式参与全球应对气候变化行动，积极向绿色可持续的增长方式转型，避免过去几十年严重依赖化石产品的增长模式继续对自然生态系统构成威胁；通过促进发达国家继续带头减排并加强对发展中国家提供财力支持，在技术周期的不同阶段强化技术发展和技术转让的合作行为，帮助后者减缓和适应气候变化；通过市场和非市场双重手段，进行国际合作，通过适宜的减缓、顺应、融资、技术转让和能力建设等方式，推动所有缔约方共同履行减排贡献。此外，根据《巴黎协定》的内在逻辑，在资本市场上，全球投资偏好未来将进一步向绿色能源、低碳经济、环境治理等领域倾斜。

《巴黎协定》是继1992年《联合国气候变化框架公约》、1997年《京都议定书》之后，人类历史上应对气候变化的第三个里程碑式的国际法律文本，形成了2020年后的全球气候治理格局。

思考题

1. 新能源有哪几类？
2. 正在研究开发的新能源主要有哪几种？
3. 可再生的能源有哪些？
4. 什么是一次能源？什么是二次能源？
5. 未来的汽车用什么样的能源？

参考文献

[1] 马怀新. 新能源与减碳 [J]. 四川水力发电, 2010, 29(2)：286-301.

[2] 刘昊. 中小城镇能源体系规划方法研究 [D]. 西安：西安建筑科技大学, 2012.

[3] 宋建华. 沸石床吸附储热性能的数值模拟与分析 [D]. 北京：北京工业大学, 2008.

[4] 陈俊风. 光混合独立供电系统的研究 [D]. 呼和浩特：内蒙古工业大学, 2006.

[5] 梁菲. 我国生物质能产业利用外资的影响因素研究 [D]. 镇江：江苏大学, 2009.

[6] 吴修孟. 可再生能源在建筑设计中的利用 [J]. 建材与装饰, 2016(15)：99-100.

[7] 薛光林. 中国能源发展战略的辩证思考 [D]. 南京：南京大学, 2005.

[8] 张晗. 台湾风能产业发展现状分析 [J]. 海峡科技与产业, 2014(3)：39-44.

[9] 周洪宇. 第三次工业革命的新能源革命 [J]. 决策与信息, 2016(3)：10-18.

[10] 刘新宇. 新能源产业：长期向好趋势和短期波动风险并存 [J]. 社会观察, 2010(6)：14-17.

[11] 王颖超. 低碳能源及其用于改善电网能源结构的研究 [D]. 北京：华北电力大学, 2015.

[12] 温燕. 高校节能效益评价指标体系研究 [D]. 哈尔滨：哈尔滨工程大学, 2013.

[13] 邱晨. 我国发展生物能源的哲学思考 [D]. 沈阳：东北大学, 2009.

[14] 赵爽. 能源法律制度生态化研究 [D]. 重庆：西南政法大学, 2009.

[15] 国家发展和改革委员会. 可再生能源中长期发展规划 [J]. 可再生能源, 2007, 25(6)：1-5.

[16] 刘庆华. 可再生能源资源与开发利用 [J]. 攀枝花科技与信息, 2009(1)：43-49.

[17] 芮崑. 电力市场参与者博弈、协调及公共管制研究 [D]. 上海：上海财经大学, 2009.

[18] 李芳. 农村可再生能源利用问题探讨 [D]. 郑州：河南农业大学, 2009.

[19] 徐丽若. 高中物理学习情境创设研究 [D]. 杭州：浙江师范大学, 2012.

[20] 文劲松. 中小功率单相逆变并网控制系统设计与开发 [D]. 长沙：湖南大学, 2007.

[21] 吴玲玲. 论再生能源与环境 [J]. 江西化工, 2014(1)：253-254.

[22] 王侃翩, 曾光. 可再生能源在绿色建筑中的应用 [C]. 第五届夏热冬冷地区绿色建筑联盟大会论文集. 2015：189-192.

[23] 任东明. 我国可再生能源开发面临的问题和障碍 [J]. 太阳能, 2013(4)：18-21.

[24] 陈捷, 潘琪斌, 褚豪, 等. 可再生能源技术在既有建筑节能改造中应用的研究 [J]. 企业导报, 2014(6)：139-141.

[25] 胡志峰. 绿色电力营销可再生能源发展的市场动力 [J]. 城市建设理论研究, 2015, 5(34)：594-595.

[26] 刘贞先. 山东桑乐太阳能有限公司竞争战略设计 [D]. 济南：山东大学, 2006.

[27] 赵利勇, 胡明辅, 杨贞妮, 等. 太阳能利用技术与发展 [J]. 能源与环境, 2007, (4)：55-57.

[28] 王平. 大型并网光伏发电系统设计的方法与研究 [D]. 呼和浩特：内蒙古工业大学, 2010.

[29] 丁刚. 平板式太阳能空气集热器的实验研究和数值模拟 [D]. 镇江：江苏大学, 2011.

[30] 徐斌. 旧建筑生态化改造与利用研究初探 [D]. 南京：东南大学, 2009.

[31] 李松. 流化床中生物质气化工艺实验研究 [D]. 淄博：山东理工大学, 2009.

[32] 付秀芹. 能源植物乌桕的不同品种与杂种研究 [D]. 武汉：湖北大学, 2010.

[33] 梁爱云, 惠世恩, 徐通模, 等. 几种生物质的 TG-DTG 分析及其燃烧动力学特性研究 [J]. 可再生能源, 2008, 26(4)：56-61.

[34] 陈文明. 生物质基木糖制备糠醛的研究 [D]. 合肥：安徽理工大学, 2007.

[35] 周恒涛. 生物质能-太阳能联合制冷的适配性研究 [D]. 郑州：河南农业大学, 2010.

[36] 吴植华. 生物质颗粒燃料在纺织印染厂的应用 [C].//上海染整新技术、节能环保交流研讨会暨上海印染 2013 学术年会论文集. 2013：231-238.

[37] 尹妍妍. 单壁碳纳米管储氢的分子动力学模拟 [D]. 济南：山东大学, 2005.

[38] 曹祎舟. 氢能简介及制氢工艺现状和氢能应用展望 [C].//2003 青年氢能论坛论文集. 2003：217-219.

[39] 赵祖珍. 交替微波快速催化合成碳化钨及碳化钨基燃料电池催化剂的研究 [D]. 广州：中山大学, 2009.

[40] 宋有明. 高压气动减压阀的结构改进与特性分析 [D]. 兰州：兰州理工大学, 2013.

[41] 谢春玲. 选择性催化氧化脱除煤气中硫化氢的研究 [D]. 武汉：华中科技大学, 2008.

[42] 杨芳. 中国低碳经济发展：技术进步与政策选择 [J]. 福建论坛（人文社会科学版）, 2010(2)：73-77.

[43] 朱莉娜. 成都市碳排放量及排放特征分析 [D]. 成都：西南交通大学, 2010.

[44] 高博. 苯磺酸功能化碳纳米管基复合材料的制备及其超电容特性 [D]. 南京：南京航空航天大学, 2010.

[45] 吴昌华. 能源变革，应对气候变化的唯一选项 [J]. 风能, 2016(2)：20-22.

[46] 路晶. 光伏并网发电系统与储能装置协调控制的研究 [D]. 西安：西安理工大学, 2015.

[47] 能源经济网. 2013年美国创光伏安装新纪录 [J]. 浙江电力, 2014(2)：68-69.

[48] 王志萍. 离子色谱仪日常维护及常见故障的排除 [J]. 能源与节能, 2013(1)：1-3.

[49] 赵枭枭. 含移动储能单元的微电网继电保护方案的研究 [D]. 北京：北京交通大学, 2011.

[50] 李明，梁辰，郭孟龙，等. 新型自行车储能装置 [J]. 科技创新导报, 2013(4)：21-22.

[51] 侯宇扬. 水溶液可充锂电池正极材料充放电过程及其机理的研究 [D]. 上海：复旦大学, 2013.

[52] 鲁金定. VRB在风力发电系统中的应用研究 [D]. 武汉：华中科技大学, 2013.

[53] 李永亮，金翼，黄云，等. 储热技术基础(Ⅱ)——储热技术在电力系统中的应用 [J]. 储能科学与技术, 2013, 2(2)：165-171.

[54] 杨苹，马艺玮. 储能技术在风力发电中的应用 [J]. 系统科学与数学, 2012, 32(4)：410-417.

[55] 程时杰，李刚，孙海顺，等. 储能技术在电气工程领域中的应用与展望 [J]. 电网与清洁能源, 2009, 25(2)：1-8.

[56] 倪旻. 未来能源利用技术的N种可能 [J]. 国家电网, 2015, (8)：54-57.

第6章

高端装备制造——人类发展的阶梯

> 制造业涉及国民经济各个行业,是国民经济的支柱产业和经济增长的发动机,是高技术产业化的基本载体,是吸纳劳动就业的重要途径,是国际贸易的主力军,也是国家安全的重要保障。装备制造是制造业的脊梁,高端装备制造业改变了我们人类世界的进程,可谓是"人类发展的阶梯"。未来,中国在工业机器人及智能装备、航空装备、船舶和海洋工程装备、先进轨道交通装备等若干关键领域均会实现重大突破,先行的中国高端装备制造业正在逐步改变着世界。

6.1 现今世界的高端装备

高端装备的内涵随时代的变化而变化,在当前背景下,高端装备有两层含义:一是指"十三五"国务院战略新兴产业规划中明确的航空装备、卫星产业、轨道交通、海洋工程装备、智能制造装备;二是指装备制造业中传统装备的高端部分。"高端"二字主要表现在三个方面:第一,技术含量高,要求知识、技术密集,体现多学科和多领域中高精尖技术的应用;第二,处于价值链高端,具有高附加值;第三,占据产业链核心位置,其发展水平决定了产业链的整体竞争力。本节先来认识一下当今世界一些著名的高端装备。

案例

"福特"号航空母舰。美国海军新一代"福特"级航母的首舰"福特"号于2013年下水,2017年7月22日正式服役。"福特"号舰体宽40.8m,飞行甲板长332.8m、宽78m,满载吃水12.4m、排水量10万t,是当之无愧的海上巨无霸。下一步,该级别航母将陆续建造11艘。"福特"号航母安装了两座A5W压水堆。它在50年的全寿命周期内无须更换堆芯，这相当于"福特"号具有了理论上的无限续航能力。两座A5W压水堆提供的强大动力，能使"福特"号的航速达到30节以上。13 800V的配电系统提供60MW以上的电能，能够满足全电力推进、电磁弹射、电磁及激光武器的用电需求。该航母能在较大范围内精确调控弹射推力，能穿插弹射几吨到三四十吨的无人机、有人机，日均弹射160架次，峰值可达270架次，如此高的能耗，传统的蒸汽轮机根本无法保证。"福特"号继承"企业"级和"尼米兹"级航母的传统，延续了超大型、核动力、多功能等特点，网络化则是"福特"号应网络中心战要求进行的革命性创新。以舰载机为例，不具备网络中心战能力的舰载机，只是相对孤立的武器平台，其作战效能只能是数量的叠加。而具备网络中心战能力的舰载机，不仅具有独立获取信息和自主打击目标的能力，而且还可在线接收来自陆军、海军、海军陆战队、空军以及空天、天基平台的各种信息和指令。它作为物联网中的一个节点，既服务整个网络，又被整个网络服务。其挂载的攻击武器，不仅可以接受本机的控制，还可以在线接受其他授权用户的控制，打谁、由谁打，以及在什么时间、地点、方向，用什么武器打，都是基于云计算的网络统筹，其适时性、有效性并不是简单的数量叠加所能比拟的。一艘搭载75架舰载机的"尼米兹"级航母，在3天的作战时间内，每天打击的目标数是248个。而搭载同等数量舰载机的"福特"号航母，其打击的目标数将达2 000个以上。考虑其他武器的使用，其综合作战效能要高出"尼米兹"级航母3倍。

C-5运输机。C-5运输机的出现重新定义了"庞然大物"。这是巨型的飞行仓库，将近一个美式足球场那么长，有6层楼那么高。它的翼展为68m，能以时速788km巡航，货舱和8个保龄球道一样大，不仅能快速将大型装备送往任何地方，而且续航力不受限制。C-5运输机能在飞行途中进行空中加油。

A380客机。A380客机是最高、最长、最重的四引擎喷气式商用客机，有7层楼高，73m长，两侧机翼的顶端之间的距离达80m，一次能搭载853名乘客，这意味着可以轻松地把一所常规小学的学生运送到目的地，堪称是史上最大的工程学和建筑创举。它能进行长时间的不间断飞行，比如从莫斯科直达悉尼。A380客机由欧洲空中客车公司制造，它的设计研发历时10年，花费120亿欧元，这才真叫"十年磨一剑"。空中客车公司需要售出420架这样的飞机才能覆盖成本。它能够一次搭载150t的有效载荷飞行10 370km。跟波音747客机相比，A380客机只有前者一半的噪声和更高的舱内气压，这两点能有效降低长途飞行中旅客的疲劳。机上的各种线缆所占空间比波音747客机节省了50%，省出的空间留给了乘客。机上还配备了小型的升降机，方便载货卡车装卸货物。目前它是世界上最大的客机，很多机场都必须进行改造才能适应它那超大的体积。

"弗吉尼亚"号潜艇。"弗吉尼亚"号是用高科技武装起来的美国海军潜艇，它有着令人惊叹的能力，是世界上最先进、功能最多的潜艇，也是有史以来最复杂的潜艇。它能用毁灭性的鱼雷对其他舰船发动攻击，也能发射巡航导弹，准确无误地打击内陆1 000英里[①]内的目标。"弗吉尼亚"号潜艇的潜水深度可达800英尺[②]。艇上所配置的最精密传感器，使

---

① 1英里=1.609 344km。
② 1英尺=0.304 8m。

它的监视和监听能力超过了其他所有的美国潜艇。该潜艇能通过自动导航系统缓缓穿过浅水区，抵达确切的坐标位置。强大的隐蔽能力使它具备了一流的情报搜集功能。卓越的适应性成就了这艘独一无二的潜艇。

超级油轮。超级油轮是大海上的巨兽，协助推动现代社会的运行。建造超级油轮也是一项终极的工程挑战，这需要精密的工程与科学。只有船上的每部分都完美无缺，它们才能与其他超级油轮并行，成为巡航大海的伟大工程例证。

磁悬浮列车。时速460km的磁悬浮列车，从浦东国际机场出发，前往上海新金融区龙阳路站，全程30km，只需8分钟就能抵达，是全球第一条商业运营的高架磁悬浮专线。上海磁悬浮列车结合了铁道传统与航空交通的省时性，这种节省能源、维修需求度低的高安全地面运输方式，将改变21世纪的交通面貌。磁悬浮列车是一种革命性的运输系统。它的优点是能有效载送乘客与货物，而且无须动用活塞和涡轮等运动零件，最重要的是磁悬浮列车不像火车和飞机那样需要燃油。

盾构机。盾构机是一种隧道掘进的专用工程机械，是修建地铁、铁路、公路、水电等隧道工程的主要挖掘设备。盾构机是高端制造装备，部件繁多且极度复杂。现代盾构机集光、机、电、液、传感、信息技术于一体，具有开挖切削土体、输送土渣、拼装隧道衬砌、测量导向纠偏等功能，涉及地质、土木、机械、力学、液压、电气、控制、测量等多门学科技术，而且要按照不同的地质特征进行"量体裁衣"式的设计制造，可靠性要求极高。在这个领域，中国曾经远远落后于世界。1958年我国在被称为修路禁区的西南地区修建成昆铁路时第一次使用机械施工，这比西方整整落后了90年。从那时起中国从零开始追赶世界高端装备，半个世纪后，中国制造高端装备的能力已经大大提高，但超大直径的盾构机的制造一直被世界上少数几家高端设备制造公司垄断。在南京纬三路隧道修建时，需要2台大型盾构机，外商报价7亿元/台，面对外商的不降价、不让步，我国开始自主研发，经过2年时间，花费5亿元，我国制造出了第一台超大直径盾构机"天和"号。"天和"号是由中交天和生产的拥有自主知识产权、达到世界先进水平的超大型盾构机，总重超过了4700t，刀盘直径14.93m。"天和"号盾构机承载着推进、拼装、盾尾油脂、注浆、冷却、污水处理、刀盘七大系统，其中超长掘进距离刀盘、刀盘伸缩机构、盾尾冷冻技术、饱和潜水作业人行闸、观测可视摄像系统五项技术属世界首创，另外还有多项成果获国家专利。长期从事国内大型隧道建设的业内专家认为，"天和"号盾构机在挖掘复合地层，以及实现泥水气压平衡等关键技术上，实现了一系列重大突破。

6.2 神奇的机器人

机器人的国际名称叫"罗伯特"（Robot），原意是用人手制造的工人。该词源于捷克作家卡列尔·查培于1920年创作的一部名叫《洛桑万能机器人公司》的幻想剧。"罗伯特"是该剧主人公的名字，它是个既忠诚又勤劳的机器人。机器人是靠自身动力和控制能力来实现各种功能的一种机器，从用途上可以分为工业机器人、军用机器人和服务机器人。目前全球机器人应用范围最广的是工业机器人，包括焊接机器人、搬运机器人、喷涂机器人和装配机器人等；而服务机器人涉及行业较广，未来发展潜力巨大；工业机器人市场中使用量最大的为焊接机器人和搬运机器人。据称，世界上机器人数量已达20万台，并且每年还在以35%的速度递增。机器人从事的行业也由原来单一的工业迅速扩展到农业、交通运输业、商业、科研等领域。

1962年，在美国诞生了世界第一台工业机器人，比日本要早五六年。经过几十年的发展，凭借雄厚的基础和先进的技术，美国现已成为世界机器人强国之一。

与此同时，20世纪70年代的日本正面临着严重的劳动力短缺问题，这已成为制约其经济发展的一个主要问题。毫无疑问，在美国诞生并已投入生产的工业机器人给日本带来了福音。日本川崎重工业公司于1967年从美国引进了工业机器人及技术，次年试制出第一台日本产Unimate机器人。经过短暂的测试阶段，日本的工业机器人很快投入生产，并由汽车业逐步扩大到其他制造业以及非制造业。1980年被称为日本的"机器人普及元年"，因为日本政府从这一年开始采取多方面的鼓励政策，在各个领域大规模推广工业机器人，极大地缓解了市场劳动力严重短缺的社会矛盾。20世纪80年代，日本的工业机器人处于鼎盛时期，之后国际市场曾一度转向欧洲和北美，但经过短暂的低迷期后，日本又恢复了昔日的辉煌。

德国的工业机器人数量在世界排名第三，仅次于日本和美国，其智能机器人的研发和应用处于世界领先地位。世界上的机器人供应商分为日系和欧系。瑞典的ABB公司是世界上最大的机器人制造公司之一。ABB公司制造的工业机器人广泛应用在焊接、装配铸造、密封涂胶、材料处理、包装、喷漆、水切割等领域。德国的KUKA Roboter Gmbh公司是世界上几家顶级工业机器人制造商之一，所生产的机器人广泛应用于仪器、汽车、航天、食品、制药、医学、铸造、塑料等领域，主要用于材料处理、机床装备、包装、堆垛、焊接、表面休整等。

我国的工业机器人制造起步较晚，经过几十年的发展，现已初具规模。目前我国已具备自主生产部分机器人关键元器件的能力，研发出弧焊、点焊、码垛、装配、搬运、注塑、冲压、喷漆等不同用途的工业机器人。一大批国产工业机器人已服务国内许多行业的生产线；一大批掌握机器人技术的专业人才也如雨后春笋涌现出来。许多相关的科研院所和公司研发部门也已掌握了工业机器人的设计制造及优化技术，工业机器人操作、制动系统的硬件设计技术，工业机器人软件的编程及优化技术，运动学和轨迹设计技术，弧焊、点焊及大型机器人与生产线系统其他设备的配合和制备技术等，工业机器人的核心技术已达到或接近世界先进水平。

6.2.1 工业机器人

自第一台机器人半个多世纪前在美国诞生以来，机器人越来越多地进入人类的工作与生活中。有人认为它是影响人类生产和生活的四大技术之一，是引领第六次科技革命，也是引领全球经济变革的颠覆性技术。机器人时代的确已经来临。在可预见的将来，机器人行业将与大数据、移动通信等进行跨领域技术融合，基于服务创新的机器人产业体系也许很快就要出现。工业机器人已悄然而又快速地走进大小工厂生产线，机器人越来越多地出现在生产、生活的各个领域，世界工业正迎来以数字化智能制造为核心的生产变革。在中国，一场由"中国制造"变为"中国智造"的浪潮正在掀起。

下面介绍几种典型的工业机器人。

小知识

飞行模拟器

飞行模拟器是并联机器人在工业上的应用之一,是模仿航空器执行飞行任务时的飞行状态、飞行环境和飞行条件,并给驾驶员(空勤人员)提供相似的操纵负荷、视觉、听觉、运动感觉的实验和训练装置。

煤矿探测机器人

煤矿探测机器人可应用于煤矿瓦斯爆炸后造成的高温、烟雾、有害气体和缺氧以及存在发生二次灾害的可能等井下恶劣环境中,可提高矿井下抢险救灾能力,最大限度地减少损失。

管道机器人

管道机器人具有各种类型的传感器装置及辅助工具(如机械手、喷嘴、焊钳等),在自动控制或操作人员的遥控操作下,可沿管道内壁或外壁自动行走,能够在管道中进行一系列作业。常用于城市管道建设、石油管道铺设及维修、化工管道、核工业管道等工程管道的质量检测、探伤、故障诊断、清洁、焊接和维修等。

高速轮胎搬运机械手

高速轮胎搬运机械手是机器人技术在龙门天车上的典型应用,适用于车间内橡胶轮胎等物品的码垛。它运行于车间的上方,不占用额外空间,而且工作空间最大化,能高速、准确、平稳地对最大工作负载范围内的物品进行搬运。

轨道运输小车

轨道运输小车是AMHS(Automatic Material Handling System,自动材料处理系统)中的关键部分,在现阶段主要应用于工厂物料高效传输,如半导体工厂的晶圆传输、液晶面板搬运等。

喷涂机器人

喷涂机器人是一种从事喷涂工作的工业机器人,一般具有3个或3个以上自由度,可按照预定的空间位置、预期的工作轨迹高效完成喷涂工作。

直角坐标机器人

直角坐标机器人可在设定好的三维空间内快速、精准、可靠地定位,可沿直线或弧线进行插补运动,完成焊接、搬运、上下料、包装、码垛、检测、探伤、分类、装配、贴标、喷码、打印和喷涂等一系列工作。

全自动激光拼焊生产线

由中国科学院沈阳自动化研究所(SIA)与日本IHI公司共同合作开发的全自动激光拼焊生产线,是我国第一条全自动激光拼焊生产线。全自动激光焊接速度快、精密度好,远比一般焊接"高明"。它的所有工作过程,都可通过智能化人工界面随时随地进行监控。

智能物流机器人

智能物流机器人是具有3或3个以上自由度的搬运机器人,主要用于化工、食品、机械、新能源等行业中形成作业单元或自动化生产线。

1 000kg 重型负载机器人（KR1000TITAN）

目前世界上最大的工业机器人已被载入吉尼斯世界纪录。该机器人于 2008 年荣获了产品设计奖 Reddot Award（红点奖），是市场上最强大的六轴机器人。它具有 1 000kg 的负载能力，主要应用于玻璃工业、铸造工业、建筑材料工业及汽车工业。

6.2.2 军用机器人

军用机器人是一种用于军事领域的具有某种仿人功能的自动机。供军事作战使用的机器人非常罕见，因为它属于军事机密。尽管如此，一些工业化国家的新闻媒体仍然透露了这方面的内幕，向人们描述了军用机器人的神秘风采。机器人虽从军较晚，但自 20 世纪 60 年代在战场上崭露头角以来，日益受到各国军界的重视。作为一支"新军"，眼下虽然还难有作为，但其巨大的军事潜力，超人的作战效能，预示着机器人在未来的战争舞台上是一支不可忽视的军事力量。

机器人投入工业实用性研究始于 20 世纪 40 年代，是从研究假肢起步的，至今已发展到第三代。从理论上讲，机器人既然是一种仿人功能的自动机，那么，只要人能做的工作，机器人就都可以取而代之。然而，由于受科技水平的限制，迄今不论哪一代机器人，其智能水平、反应能力和动作的灵活性都还远远赶不上自然人。因此，机器人在军事领域的大规模应用尚需一个过程。目前，国外考虑最多的应用领域，是用机器人代替一线作战的士兵，以减少人员伤亡。

小知识

用于直接执行战斗任务的机器人

固定防御机器人。这是一种外形像铆钉的战斗机器人，身上装有目标探测系统、各种武器和武器控制系统，固定配置于防御阵地前沿，主要执行防御战斗任务。当无敌情时，机器人隐蔽成半地下状态；当目标探测系统发现敌人攻击时，该机器人靠升降装置迅速钻出地面抗击进攻之敌。

奥戴提克斯 I 型步行机器人。这种机器人由美国奥戴提克斯公司研制，主要用于机动作战。它外形酷似章鱼，圆形"脑袋"里装有微型计算机和各种传感器和探测器，能像普通士兵那样登高、下坡、攀越障碍、通过沼泽；可立姿行走，也可像螃蟹一样横行，还能蹲姿运动。脑袋虽不能上下俯仰，但能前后左右旋转，观察十分方便。该机器人负重也是人所不及的，停止时可提重 953kg，行进时能搬运 408kg。它是士兵型基础机器人，只要给其加装任务所需要的武器装备，就立即能成为某一部门的"战士"。为适应不同作战环境执行战斗任务的需要，美国还打算在此机器人的基础上，进一步研制高、矮、胖、瘦等不同型号的奥戴提克斯机器人。

阿尔威反坦克机器人。这是一种外形类似小型面包车的遥控机器人，车上装有反坦克导弹、电视摄像机和激光测距机，由微型计算机和人两种控制系统控制。当发现目标时，机器人能自行机动或由远处遥控人员指挥其机动，占领有利射击位置，通过激光测距确定射击诸元,瞄准目标发射导弹。它是配属陆军执行反坦克任务的机器人。

榴炮机器人。这是一种外形像自行火炮的遥控机器人。作战时,先由机器人观察捕捉目标,报告目标性质和位置,再由机器人控制指挥中心定下决心,确定射击诸元,下达射击指令,然后机械手根据指令操作火炮射击。

飞行助手机器人。这是一种装有微型计算机和各种灵敏传感器的智能机器人。该机器人安装在军用战斗机上,能听懂驾驶员简短的命令,主要通过对飞行过程中或飞机周围环境的探测、分析,辅助驾驶员执行空中格斗任务。它能准确、及时地报告飞机面临导弹袭击的危险和指挥飞机采取有力的规避措施。更奇特的是,它通过监视飞行员的脑电波和脉搏等,能确定飞行员的警觉程度,并据此向飞行员提供各种飞行和战斗方案,供飞行员选择。

海军战略家机器人。这是美国海军正在研制的高级智能机器人,用于舰艇操纵、为舰艇指挥员提供航行和进行海战的有关参数及参谋意见。其工作原理是,通过舰艇上的计算机系统不断搜集与分析舰上雷达、空中卫星和其他探测手段获得的各种情报资料,从中确定舰艇行动应采取的最佳措施,供指挥员决策参考。类似的作战机器人还有徘徊者机器人、步兵先锋机器人、重装哨兵机器人、电子对抗机器人、机器人式步兵榴弹等。

用于侦察和观察的机器人

侦察历来是勇敢者的行动,其危险系数要高于其他军事行动。机器人作为从事危险工作最理想的代理人,当然是最合适的选择。目前正在研制的这类机器人有:

战术侦察机器人。其配属侦察分队,担任前方或敌后侦察任务。该机器人是一种仿人形的小型智能机器人,身上装有步兵侦察雷达,或红外、电磁、光学、音响传感器及无线电和光纤通信器材,既可依靠自身的机动能力进行自主侦察,也能通过空中辅助途径深入敌人内部,自主选择适当的位置进行工作,并将结果及时反馈给有关部门。

防侦察机器人。其主要用途是对核污染、化学污染和生物污染进行探测、识别、标绘和取样。美国的陆军机器人"曼尼"就是一种防侦察机器人。

地面观察员/目标指示员机器人。这是一种半自主式观察机器人,身上装有摄像机、夜视仪、激光报警器和指示器等,配置在便于观察的地点。当特定目标出现时,报警器便向使用者报警,并按指令发射激光锁定目标,引导激光寻的武器进行攻击。一旦暴露,还能依靠自身机动能力进行机动,寻找新的观察位置。

类似的侦察机器人还有便携式电子侦察机器人、铺路虎式无人驾驶侦察机等。

用于工程保障的机器人

繁重的构筑工事,艰巨的修路、架桥,危险的排雷、布雷,常使工程兵不堪重负。而这些工作对于机器人来说,最能发挥它们的"素质"优势。如多用途机械手。这是一种类似平板车的多功能机器人,上面装有机械手和无线电控制、电视反馈操作系统,可担负运送舟桥纵列和土石方的任务,同时,还能承担运送油桶、弹药等后勤保障任务。

案例

据俄罗斯纽带网报道,美国军方领导人已决定向阿富汗派遣一种名为"大狗"的新型机器人,作为增兵计划的一部分。与以往各种机器人不同的是,"大狗"并不依靠轮子行进,而是通过其身下的四条"铁腿"。这种机器狗的体型与大型犬相当,能够在战场上发挥非常重要的作用:为交通不便的地区的士兵运送装备、补给等。它不但能够行走和奔跑,而且还可跨越一定高度的障碍物。"大狗"的四条腿完全模仿动物的四肢设计,内部安装有特制的制动装置。机器人的长度为1m、高70cm、自重75kg,从外形上看,它基本上相当于一条真正的大狗。"大狗"的内部安装有一台计算机,可随着周围环境进行行进姿态的调整,操作人员可以通过传感器实时跟踪"大狗"的位置,同时还可以监测其系统运行状况。这种机器人能够攀越35°的斜坡,且移动速度最高可达7km/h,能携带超过150kg的武器和其他物资。"大狗"既可以自行沿着预先设定的简单路线行进,也可以进行远程控制。

布雷机器人。这是仿照现行布雷机械制造的智能机器人,装有遥控和半自主控制两套系统,可以自主设置标准布局的地雷场。它工作时,能严格按照控制者的布雷计划挖坑,给地雷安装引信、打开保险、埋雷、填土,并能自动标示地雷场的界限和绘制埋雷位置图等。

排雷机器人。这是一种装有探雷器和使地雷失效装置的机器人,主要用于协助攻击分队在各种雷场中开辟通路,并进行标识。

海卡尔思飞雷机器人。外形似导弹的小型智能机器人,全重约50kg,装有小型计算机和磁、声传感器,可由飞机投送,也可依靠自身火箭机动。当接近目标区时,它身上的探测设备会立刻开始工作,自行呈战斗状态。当发现目标接近时,小火箭即点燃、启动,向目标攻击。攻击半径为500~1 000m,速度可达100km/h。

烟幕机器人。其身上装有遥控发烟装置,可自行运动到预定发烟位置,按人的指令发烟,完成任务后,自主返回。该机器人主要用于协助步兵发烟分队。

便携式欺骗系统机器人。其身上装有自动充气的仿人、车、炮等,主要用于战术欺骗。它可模拟一支战斗分队,并发出相应的声响,自行运动到任务需要的地区去欺骗敌人。

用于指挥、控制的机器人

人工智能技术的发展,为研制"能参善谋"的机器人创造了条件。研制中的这类机器人有参谋机器人、战场态势分析机器人、战斗计划执行情况分析机器人等。这类机器人一般都装有较发达的"大脑"——高级计算机和思想库。它们精通参谋业务,通晓司令部工作程序,有较高的分析问题的能力,能快速处理指挥中的各种情报信息,并通过显示器告诉指挥员,供其参考。

用于后勤保障的机器人

后勤保障是机器人较早运用的领域之一。这类机器人有车辆抢救机器人、战斗搬运机器人、自动加油机器人、医疗助手机器人等,其主要在泥泞、污染等恶劣条件下执行运输、装卸、加油、抢修技术装备、抢救伤员等后勤保障任务。

用于军事科研和教学的机器人

机器人充当科研助手、进行模拟教学已有较长历史,并做出过卓越贡献。人类最早采集月球土壤标本、太空回收卫星都是由机器人完成的。如今用于这方面的机器人较多,典型的有宇宙探测机器人、宇宙飞船机械臂、放射性环境工作机器人、模拟教学机器人、射击训练机器人等。

6.2.3 民用机器人

经过50多年的发展，工业机器人已广泛应用于各个领域，特别是在汽车行业中，工业机器人已成为生产流水线上不可或缺的部分。如在毛坯制造（冲压、压铸、锻造等）、热处理、机械加工、上下料、焊接、装配、表面涂覆、检测及仓库堆垛等作业中，机器人已经可以进行自主作业。随着工业机器人发展方向的拓宽、机器人智能化水平的不断提高，工业机器人的应用领域一直在扩大，从汽车业扩展到其他制造业，进而推广到诸如自助服务式机器人、建筑业机器人以及水电系统维护维修机器人等各种非制造行业。此外，机器人在医疗卫生、生活服务等领域的应用也越来越多，如医疗机器人、家政服务机器人等均有应用实例。机器人的广泛使用，使人类的生活质量有了极大的提高。

小知识

服务机器人

服务机器人是机器人家族中的一个年轻成员，到目前为止尚没有一个严格的定义，不同国家对服务机器人的认识也有一定差异。服务机器人的应用范围很广，主要从事维护、保养、修理、运输、清洗、安保、救援、监护等工作。德国生产技术与自动化研究所所长施拉夫特博士给服务机器人下了这样一个定义：服务机器人是一种可自由编程的移动装置，它至少应有三个运动轴，可以部分地或全自动地完成服务工作。这里的服务工作指的不是为工业生产物品而从事的服务活动，而是指为人和单位完成的服务工作。

娱乐机器人

娱乐机器人主要用于娱乐、赏玩，外部特征多样化，可以像人、像某种动物，也可以像童话或科幻小说中的人物等。同时具有机器人的功能，可以行走或完成特定动作，可以与人交流，会唱歌，传感器又让其具有一定的感知能力。

类人机器人

类人机器人是一种人形机器人，不仅具有人的外部特征，还可以模仿人的动作行为，配备了越来越先进的传感器中枢系统，类人机器人甚至可以像人一样思考，这样的机器人会让人更容易接受。其实，研制出外观和行动与人一样的机器人是科学家们梦寐以求的，是他们不懈追求的目标。然而，研制性能优异的类人机器人，最大的难关就是双腿直立行走。因为机器人与人的学习方式不一样。一个婴儿要先学走，再学跑；机器人则要先学跑，再学走，也就是说机器人学跑更容易些。

农业机器人

我国农业生产的机械化、自动化程度比较低，"面朝黄土背朝天，一年四季不得闲"一直是我国农民的普遍形象。但是农业机器人的出现，改变了农业生产的现状。在农业机器人的研制方面，目前日本居于世界前列。

人类发明了机器来代替人劳动，并不是要把自己排除在外。未来，机器人将与人共处。目前，在飞机和造船等许多制造行业中，部件都是由高度自动化的精密设备加工的，但是飞机装配、船舶焊接等工作还主要靠人工，缺乏灵活的设备协助。劳动密集型制造业中的许多手工工作，现在的机器人还没法胜任。由于机器人的在线感知能力远低于人，无法接受抽象命令，无法与人高效交流，再加上缺乏适当的安全机制，所以机器人仍然是游离于人之外的机械物体。未来的人机合作会是解决这类问题的最佳方案，能与人合作的机器人是理想的作业装备，机器人要想很好地服务人，必须与人融为一体。而与人共融的程度，将是机器人发展的一个重要指标。在新的世纪，机器人工业必将得到更加快速的发展和更加广泛的应用。

6.3 激光革命与多功能的电子束

6.3.1 激光

"削铁如泥"一词最早出现在罗贯中的《三国演义》第四十一回："那青红剑砍铁如泥，锋利无比。"但是这把宝剑是否真的存在并不为人所知。以当时的工业水平，恐怕所谓的削铁如泥只是古人对刀剑的幻想，但随着工业的发展，削铁如泥似乎已不是什么难事。例如我们马上向大家介绍的激光和电子束，不但能削铁如泥、化铁为水，还有许多惊人之举。

人类的文明史就是一部人类利用光的历史，激光是现代新光源，其亮度高、方向性和单色性好，被誉为迄今为止"最亮的光"，广泛应用于激光测距、激光钻孔和切割、地震监测、激光唱片、激光焊接、表面处理、精细加工和激光医疗等领域，并取得了显著的成效。激光武器产生的独特的烧蚀效应、激波效应和辐射效应已被广泛运用于防空、反坦克、轰炸机等方面，并已显示出巨大的威力。由激光掀起的一场"激光革命"正在改变着世界。工欲善其事，必先利其器。激光就是先进制造领域的一把利器，对一个国家的先进制造业发展有着至关重要的作用，而先进制造业的水平体现着综合国力的强弱。

先来了解一下由激光引发的信息革命。在现代社会中，信息的作用越来越重要，谁掌握的信息越迅速、越准确、越丰富，谁就越有主动权，也就有更多成功的机会。从VCD、DVD光盘到激光照排，激光的使用大大提高了工作效率，使得信息的保存和提取更加便捷，"激光革命"影响深远。激光的空间控制性很好，对加工对象的要求很低，加工对象的材质、形状、尺寸和加工环境无须固定标准，特别适合自动化加工，激光加工系统与计算机技术相结合，可形成高度自动化的加工设备，已成为企业个性化实时生产的关键技术，为优质、高效和低成本的加工生产开辟了广阔的前景。

案例

这是一个由激光引发的电视业的颠覆性革命的故事。颠覆从来不是某一个点的突破就能成功的，即便是苹果手机，也是集合了超凡的硬件设计和自主研发的iOS系统，才彻底颠覆了手机行业。一直以来，电视业难以被颠覆，主要有三个方面的原因：首先是画质。电视凭借超高的配置和先进的显示技术使得智能投影仪难以逾越，智能投影仪可以把屏幕放大，但牺牲了画质；其次是电视内容更丰富。用户可以在电视上看很多直播频道、电影和综艺节目等，甚至现在很多智能电视还可以玩游戏、互动；最后是电视价格更低。但随着激光显示技术的革命性突破和激光投影在智能投影领域的发展，坚果 S1 激光电视的问世对传统电视业发起了挑战。

我们知道，目前主流的投影方式是 DLP 和 3LCD，其中 3LCD 是将光线投射到红、绿、蓝三色液晶板上，通过透镜放大和反光镜透射出来。DLP 的工作方式则将光线通过色轮高速旋转后颜色混合，最后经过棱镜透射出来。虽然各自都有优点，但要注意的是，这两种方式需要使用灯泡，而灯泡是有寿命的，并且画面亮度和色彩的纯度都只能算是相对够用。激光投影仪就能弥补 DLP 和 3LCD 两种投影方式的缺陷，即工作寿命长，不会因长时间的工作而导致屏幕亮度变暗，色域广泛，是普通投影仪色域的 2 倍左右。

坚果 S1 激光电视颠覆电视业体现在以下几个方面：坚果 S1 激光电视是智能投影领域首次采用激光作为光源的产品，激光光源相比于市面上常用的 LED 和 CRT 光源，色域更广，可以达到人眼所能看到的极限。基于激光的高色域特性，坚果 S1 激光电视将带来更好的色彩表现和更极致的图像显示能力，投射画面更加鲜艳丰富；为了把用户体验做到极致，坚果 S1 激光电视还研发了贴心护眼识别功能：当小孩或成人接近设备时，触动护眼传感器，同时激光投射光源变暗，防止直射眼睛。在使用寿命上，激光光源远远超过传统光源，几乎不需要更换；此外，它相比普通电视更加便捷，而且拥有 120~300 英寸①的全高清大屏投影，使激光影院进入家庭成为可能，能让用户实现拥有一个激光电视影院的梦想。

人人都爱美，激光来帮忙。1960 年梅曼制成了世界上第一台激光器——红宝石激光器，从此，一种完全新颖的光源诞生了。1963 年 Goldman L 开始将红宝石激光器应用于良性皮肤损伤和文身治疗并取得成功，开创了激光医学应用的先河。那么激光在医疗方面有哪些应用呢？

小知识

激光祛痘。激光作用于皮肤时，皮肤的表面只有痤疮瘢痕部分受到激光作用，其他组织不受任何影响，而这些受到激光作用的部分，会积蓄较多的胶原蛋白及弹性蛋白，帮助真皮部位的胶原蛋白新生及重排。

激光嫩肤。激光治疗皮肤老化的原理是：激光会产生热效应，使真皮组织受到一定刺激，出现新的胶原组织，从而达到紧致、嫩肤的作用。治疗办法可以分为无创治疗和微创治疗，其中，强脉冲光与长脉冲 Nd:YAG 激光属于无创治疗。

激光去痣。激光去痣的原理是：将激光在瞬间爆发出的巨大能量置于色素组织中，把色素打碎并分解，使其可以被巨噬细胞吞并，而后会随着淋巴循环系统排出体外，由此达到将色素去掉的目的。

激光除皱。激光除皱的原理是：通过皮肤中的黑色素、血红蛋白，尤其是水吸收激光释

---

① 1 英寸 = 25.4 mm。

放的能量,并产生光热效应使之转变为热量,从而激活真皮中成纤维细胞等各种基质细胞产生新的胶原蛋白、弹性蛋白以及各种细胞间基质,并发生组织重构。

激光脱毛。激光脱毛的原理是:选择性热动力学原理,即选择的波长只作用于黑色素而不作用于皮肤的正常组织,选择的脉宽只作用于毛囊中的黑色素而不作用于皮肤基底层中的黑色素。

激光包括氦氖激光、氩离子激光、二氧化碳激光、掺钕激光、染料激光、铜蒸气激光、红宝石激光、氢激光、倍频激光等10余种。激光美容祛斑就是利用光辐射作用到皮肤时所产生的热效应、机械效应、光化学效应和电磁效应,对病变组织进行烧灼、炭化、气化、凝固,使生物组织酶失活。

激光引发武器革命。英国《泰晤士报》曾刊登博拉·海恩斯的题为《死亡射线将保护英国军队》的报道,文中提到:未来,一种为英国军队研发的死亡射线可取代枪支射出的子弹和战舰发射的导弹。这里所说的死亡射线就是激光。

激光武器(Laser Weapon)是用高能的激光对远距离的目标进行精确射击或用于防御导弹等的武器,分为战术激光武器与战略激光武器,具有快速、灵活、精确和抗电磁干扰等优异性能,在光电对抗、防空和战略防御中可发挥独特作用。激光武器也有自身的缺点,其精密性会受到大气的影响和限制。

激光武器分为三类:一是致盲型;二是近距离战术型,可用来击落导弹和飞机,1978年美国进行的用激光打陶式反坦克导弹的实验,就是用的这类武器;三是远距离战略型。美国雷神公司展示的最新武器——激光防空武器系统吸引了全世界的视线。雷神公司称,在之前进行的秘密实验中,该激光武器系统击落了4架无人机。事实上,美国陆海空三军正斥巨资研发各种激光武器,下致可以让人致盲的激光枪,上致能摧毁无人机、火箭弹乃至巡航导弹的高能激光武器。虽然这些武器仍停留在设计和实验阶段,但可以预见,激光武器走上战场只是时间早晚的问题。英国国防部近年来投资了一系列创新项目,其中一项就是定向激光武器,据悉武器样品将于2019年以前完成制造,用以证明如何将激光技术应用于陆基和海基武器上。这种光束能够在各种气候条件下发现并跟踪远距离目标。英国国防部称,这种新型激光武器能补充或取代现有的武器系统,具有潜在的优势。它可以保护海上和陆上的军队,如它可保护舰船不受导弹的威胁,保护士兵不受迫击炮的攻击。

6.3.2 电子束

小知识

电子在电场中会因受力而加速,提高能量,产生电子束。帮助电子提高能量的工具我们称为电子加速器。一台电子加速器,注入的电子能量为20GeV($1GeV = 10^9 eV$),相应的电子速度为0.999 999 999 79倍光速。电子经加速器加速后,能量可达到100GeV,速度达到0.999 999 999 987倍光速。这说明电子在这台加速器里速度几乎没有增加,而能量增加了4倍。其实,加速器离人们的生活并不远。

之前的电视和计算机显示器所用的显像管就是一台小小的电子加速器。显像管有玻璃密封外壳,内部抽成真空,由一端的电子枪产生的电子束(强度受影像讯号控制)经过聚焦线圈聚焦后在高压电极的作用下加速向前运动。与此同时,电子束在偏转电极的作用下,自上而下做水平方向的扫描。这样,在显像管另一端的荧光屏上就形成了明暗程度不同的亮点。

通常电子束的获得是利用电子枪中阴极所产生的电子在阴阳极间的高压(25~300kV)加速电场作用下被加速至很高的速度(0.3~0.7倍光速),经透镜汇聚作用后,形成密集的高速电子流,它具有非常高的能量密度。

电子束因其能量密度高、穿透力强,在现代工业中用途非常广泛,如电子束焊接、电子束熔炼、电子束钻孔、电子束光刻、电子束曝光、电子束CT,等等。

6.3.2.1 电子束焊接

电子束焊接因具有不用焊条、不易氧化、工艺重复性好及热量集中等优点而广泛应用于国防军工、航空航天、原子能、汽车和电气电工仪表等行业。电子束焊接的基本原理是在真空或非真空环境下,利用电子枪中的阴极直接或间接加热而发射电子,进而形成能量密度极高的电子束用以轰击工件,利用这部分热能实现对工件的焊接。

在多数生产应用中电子束焊接已超过激光焊接的能量密度。电子束能焊接要求焊缝很细小的工件,可达到的焊缝深度在0.2~200mm。由于极小的焊缝宽度使得热影响区面积很小,所以工件变形也很小。

在航天活动中所用的各类火箭、载人飞船、航天机器人、空间站以及航天设备等,它们的结构件以及所用的各种仪器工况苛刻,要经受各种恶劣环境的考验,而且由于工作环境限制,要求零件尺寸和质量要小,具有良好的气密性。因此,对零部件的材料选择、结构设计及其加工工艺都提出了极为苛刻的要求,综合上述原因,电子束焊接技术成为必不可少的工具之一。这是因为电子束焊接技术具有以下特点:

1)电子束焊接能量密度很高($106W/cm^2$),对于任何材料,包括高熔点的钨、钼等金属材料,电子束都能使其焊缝快速熔化,而且不需要使用焊条,只靠零件自身材料熔融便可形成焊缝。

2)电子束焊接技术可以在真空中进行,不但可以有效防止焊材被氧化,而且可以阻止其他有害气体侵入,同时熔池与真空气氛之间的压强差可使焊接过程产生的气体排出熔融金属,增加焊缝的气密性,从而提高焊缝质量。

3)电子束焊接因为高能量密度和特殊的焊接机理,可以获得又深又窄的焊缝,即很大的焊缝熔合比,因而焊接零件可以获得小的变形量和小的焊接热影响区。

4)焊接两种物理性质差异大(如热传导或热容量)的材料所构成的零件时,用普通的焊接方法有较高的难度,但是电子束焊接技术可以使两种材料同时瞬间熔化再快速凝固,如铜和钢、极薄的零件与厚零件都可以利用电子束焊接轻松实现异种材料的连接。

5)因为电子束可以聚得很细,方向性好,可进行精细的零件焊接,完成普通焊接方法难以达到的焊接点,因此电子束焊接对特殊结构、要求精细的零件是非常适宜的。

第6章 高端装备制造——人类发展的阶梯

> **案例**

以下我们略举几个电子束焊接在航天中的应用事例。

空间站以及太阳能发电站的建设是不可能实现整体运输的,都需要将零部件用航天飞机或运载火箭运送到空间,再进行装配工作。由于是在宇宙空间进行,故设备是在真空环境下操作,使用电子束焊接既可实现装配工作,又无须真空系统,大大简化了焊接装置,而且电子束焊接无须焊条,不会像铆接或螺栓连接等方法一样,大大增加结构质量,所以在宇宙空间使用电子束焊接是最理想的。

美国20世纪60年代研制成的宇宙空间用电子束焊机,是为了防止"阿波罗"登月舱降落在月球表面时,因冲击力过大而将登月舱的腿折断,无法起飞返回地球(航天员可以使用电子束焊机对登月舱的腿进行焊接)。经过详细分析,科学家论证并确认,电子束焊接是修复登月舱最理想并可以付诸实现的途径。未来的空间站及太阳能发电站需要长期在太空中运行,难免受到陨石冲击而损坏,同样需要用电子束焊机来修补。

电子束焊接不仅仅应用于一小部分需在宇宙空间完成焊接作业的宇宙航行用各类设备及其零部件,由于航天器具的特殊要求,大多数可在地面实现连接工作的零部件也使用电子束进行焊接,故采用电子束焊接的零部件的品种繁多、数量庞大。

宇宙飞船和空间站要提供适宜人类居住的环境,其内部就必须充以成分与压力相当于地球大气的气体,由于宇宙飞船和空间站不可避免地存在着泄漏,所以需从地球补送气体。如果宇宙飞船和空间站的泄漏比较严重,就需要大量的气体进行补充,这样会给飞行器带来很大的负担,而宇宙空间是超高真空的,这就对飞行器的气密性提出更高的要求。如已使用过的双子星座飞船(飞船内乘2人来往于地球与月球间),其舱内的气氛不到两周就受到了破坏,如果增加航天员或者增加航行路程,尤其是在远离地球、空气无法得到补充的情况下,就会出现严重的问题。因此对飞行器的气密性提出了非常严格的要求,造成气体泄漏的因素有很多,但焊接质量是最重要的因素之一,经实验证实,电子束焊接后的飞行器气体泄漏量最小。

美国的"阿波罗"载人登月舱,火箭发动机采用的是可调节液体型的,航天员的生命安全与该发动机的质量紧密相关,所以要求各个环节都不能有缺陷,尤其是焊接部分,而电子束焊接能满足其高要求,电子束焊接应用于该发动机64种零件的连接,其中90%的控制流量的阀及歧管采用了电子束焊接。其材料为321~347不锈钢、6061铝合金、17~4、17~7、PH[①]不锈钢和6Al~4V钛等,因使用电子束焊接时可输入很小的能量、变形很小又不会损坏焊件中封存的电子元件和传感器件,所以一些执行元件、测试基准和指令控制盒等也采用电子束焊接。又比如航天用短时小型推力器,外壳中的喷口是用0.05mm的304不锈钢薄膜封存炸药的,当炸药引燃后,高压气体冲破304钢薄膜而产生推力。因结构需要,要求助推的零件一次焊牢,炸药离焊缝仅1mm,在焊接封装时炸药表面温度必须低于150℃,否则会引燃炸药,只有用电子束焊接并严格控制其参数才能达到此要求。

空间飞行器的推进器中有不少零部件因其结构与材料很特殊,采用电子束焊接成功地解

---

① PH代表沉淀硬化不锈钢。

决了很多的疑难问题。如某些星际飞行器的推进器用的是电火箭，其中的水银或铯在发射体的作用下汽化并游离，离子又在极电势作用下加速，从其表面拉出并加速到一定速度，形成所需推力。发射体材料的表面积越大，游离量便越大，效率越高，所以多孔钨是发射体的最佳选择。多孔钨还需与支撑件钨块和钽盒用电子束焊接成一体，而钽与钨直接熔焊，会使合金变脆，这时以钛为中间介质用电子束钎焊，可以获得无裂纹焊接。

航天用的重要结构材料要求很高的强质比，钛合金是一种优选材料。如果采用氩弧焊连接钛合金，则会使材料延性变差、脆性增加，而换用电子束焊接，焊接质量会好得多，如焊接 5Al, 2.5Sn；4Al, 3Mo, 1V；6Al, 4V；13.5V, 11Cr, 3Al 等，电子束焊接使这些钛合金焊缝强度达到了基材的强度，其冲击强度甚至比基材还高。"阿波罗"飞船舱门的框架构件所采用的铍合金具有更高的强质比，也采用电子束焊接而成。

某些导弹和空间飞行器骨架用材采用的是工具钢、热加工模具钢（5% Cr，0.4% C），因其价格较钛合金低得多而具有竞争力，但性能差于钛合金，用局部电子束热处理可以加以改善。钨、钼、钽、铌等耐熔金属在航天材料中应用很广，但这些耐熔金属具有强烈的吸气性和脆性倾向，采用常规电弧焊时，焊缝质量难以保证，而电子束焊接在真空中进行，恰好避免了其吸气过程，降低了材料的脆性，增加了材料延展性和耐冲击强度。在钽与钼材料的焊接中，其焊缝强度可与基体材料相当。

电子束焊接与普通焊接方法相比还要考虑：有些零件的不同部位会在不同气氛和不同工作状态下运行，同种材料要满足不同部件的不同要求，有时得放弃设计好的最合理的结构，如增加零件尺寸、质量、加工工艺等。大多数异种金属间的焊接难题可凭借电子束的优异特性很好地解决，能满足零件最理想的使用结构。在航天材料的加工中还会遇到非金属材料的焊接，如陶瓷、石墨、玻璃等之间的焊接，或这些材料与高熔点金属之间的焊接难题，电子束焊接可顺利将其解决。在高真空条件下，电子束蒸镀钛能在零件表面起到湿润作用，使钎焊料很易漫延并且附着性良好，从而实现优质钎焊。电子束焊接不但制造出来的零件尺寸和质量小、性能好，而且解决了很多异种材料焊接的难题，从而得到了广泛的应用。

6.3.2.2 电子束熔炼

电子束熔炼发明于 1905 年，当时德国的 Siemens 和 Haisko 用电子束熔炼钽首次获得成功，重熔锭的纯度和加工性能都优于真空电弧炉重熔的锭子。但当时真空技术发展水平较低制约了电子束熔炼技术的发展。直到 20 世纪 50 年代，美国的 Tomoscai 公司将电子束熔炼发展到工业化生产规模，引起了世界各国的关注。几个工业发达国家相继开展了电子束炉的研制工作，其中美国和德国发展最快。这样，电子束熔炼也就发展成为一种新的特种冶金技术。中国是 1958 年开始电子束熔炼炉的研究和试制工作的。到了 20 世纪 60 年代已经具备了工业化生产的规模，但直到 70 年代才用于熔炼难熔金属，后来又用于熔炼活泼金属（如钛锭）和高级合金钢。加热电子束可使材料在真空中维持熔化状态并保持很长时间，实现材料的去气和杂质的选择性蒸发，可用来制备高纯材料。加热电子束是电能转为热能的有效方式之一，大约有 50% 的功率用于熔化和维持液化。功率在 60kW 以下的电子束熔炼机可用直热式钨丝作为电子枪的阴极。60kW 以上的电子熔炼机的电子枪则用间热式块状钽阴极，它由背后的钨丝所发射的电子轰击加热到 2 700K，可有每平方厘米为几安的发射电流密度。

电子枪加速电压约30kV，这样容易防止电击穿和减弱X射线辐射。电子束用磁聚焦和磁偏转。电子枪和熔炼室用不同的真空泵抽气，真空度分别维持在10Pa左右。20世纪80年代已生产出600kW级的电子枪。如果需更大功率进行熔炼，则可用几支电子枪同时工作。目前利用电子束加热可铸造100t的坯料。

6.3.2.3 电子束钻孔

要在短时间加工大量的精准细小的微孔，电子束绝对是不二之选。电子束可在厚度为0.1~6.0mm的任何材料的薄片上钻直径为一至几百微米的孔，能获得很大的深度—孔径比，例如在厚度为0.3mm的宝石轴承上钻直径为25μm的孔。用聚焦方法得到的束径细、功率密度高的电子束周期地轰击材料表面的待加工点，通过控制电子束休止时间和轰击时间的比例，可使被轰击处的材料迅速蒸发而避免周围材料的熔化，这样就可以实现电子束钻孔或切割。同电子束焊接相比，电子束钻孔所用的电子束功率和密度更大而作用时间较短。电子束还适合在薄片（例如燃气轮机叶片）上高速大量地钻孔。

6.3.2.4 电子束光刻

光刻是现代集成电路制造的基础工艺技术，也是最关键、最核心的加工技术。它就像洗相片一样，将电路图形投影到底片（硅芯片）上，然后刻蚀加工出电路、元器件。制造一片集成电路，要经过200~300道工序，其中要经过多次光刻，占用总加工时间的40%~50%，光刻工艺的水准直接决定了电子技术的水平。

案例

现代微电子技术的发展基本遵循摩尔定律，也就是说，每18个月左右，集成电路元器件的特征尺寸要缩小1/2，集成密度要增加1倍。西方发达国家把微电子技术作为一项战略产业，对发展中国家严格实行技术封锁。美国国会就规定，卖给中国的集成电路关键加工设备要比美国的低两代。今天，英特尔公司已经可以投产元器件尺寸为10 nm左右的集成电路，而我国相应的水平只有40 nm，加工水平相差两代（即20 nm、10 nm）。

电子束光刻与传统意义的光刻（区域曝光）加工不同，它是用束线刻蚀进行图形加工的。因电子束可以方便地由电磁场进行偏转扫描，再加上电子束光刻机的电子束被电磁场聚焦成微细束照到电子抗蚀剂上，所以复杂的图形可以直接写到感光胶片上而无须其他光刻机中的掩膜版。电子束光刻与其他光刻技术相比，拥有更高的分辨率，电子束直径可缩小至0.1μm，如直接进行刻蚀则可达到纳米级别，用电子束加工制作1~2nm的单电子器件的技术已经很成熟并已投入生产。电子束光刻的发展方向是尽可能提高曝光速度，以达到大批量工业生产，如采用变形的电子束、高灵敏度的电子抗蚀剂、高发射度的阴极等。尽管电子束光刻机比光学光刻机昂贵，但它优异的加工效果仍吸引了许多企业，如日本NEC公司已准备投资20亿美元，建立0.2μm的电子束加工生产线。另外，科研工作者利用电子束光刻，在纳米结构加工及纳米器件制备方面取得了诸多成果。例如，利用电子束光刻技术成功制备了间距为10nm的电极对，成品率达到了100%，但试图进一步降低电极对间距时，产品的成品率便大大降低；另外，大量平面纳米器件，如量子电导原子开关、单电子晶体管虽较容易获得二维纳米结构，但是其设备昂贵，加工耗时，另外在三维结构及大面积（几十微米到几百微米量级）图形结构加工上难以实现。

6.3.2.5 电子束曝光

电子束曝光是在电子束光刻的技术上延伸的方法，是在电子束光刻技术的基础上降低了功率，使电子束的波长变短，这样的电子束照射在电子抗蚀剂上，使电子抗蚀剂经显影后产生图形的一种精细的加工技术。电子束曝光有两种工作方式，投影（又称为电子束面曝光）和扫描（又称为电子束线曝光）。

电子束曝光的投影方式与光刻过程类似，是将掩模版上的图形转换成衬底表面介质的图形的过程。这种投影方式具有高分辨率、简易的掩膜版制作工序、较大的工艺容限，而且生产效率高，但电子束在光刻胶膜内的散射，使得临近图案的曝光剂量相互影响（临近效应），造成显影后线宽有所变化或图形畸变的结果。虽然如此，限角度投影式电子束光刻仍是目前最具前景的非光学光刻技术。

6.3.2.6 电子束CT

自从发现 X 射线后，医学上就开始用它来探测人体疾病。但是，由于人体内有些器官对 X 射线的吸收差别极小，因此 X 射线难以发现那些前后重叠的组织的病变。于是，美国与英国的科学家开始寻找一种新的东西来弥补用 X 射线技术检查人体病变的不足。直到 1967 年，英国电子工程师亨斯菲尔德（Hounsfield）在并不知道科马克研究成果的情况下，开始研究一种新的技术。他首先研究了模式的识别，然后制作了一台能加强 X 射线放射源的简单的扫描装置，即后来的 CT（Computed Tomography）机，用于对人的头部进行实验性扫描测量。1974 年科学家制成可扫描全身的 CT 机，检查范围扩大到胸、腹、脊柱及四肢。时至今日，第五代 CT 机已经问世，这就是电子束 CT 机，亦称超快速 CT 机。电子束 CT 机利用一个电子枪产生的电子束射向一个环形钨靶，通过环形排列的探测器把信息收集起来。最新的 64 层 CT 技术，将扫描时间缩短到 50ms，解决了心脏扫描的难题，仅用 0.33s 即可获得病人的身体 64 层图像，空间分辨率小于 0.4mm，提高了图像质量，尤其是可对搏动的心脏进行成像。总的来说，它优于螺旋 CT 扫描（主要是单位时间内扫描范围比螺旋 CT 大，移动产生的伪影比螺旋扫描少）。

6.4 交通运输——航空航天、高铁与航海

6.4.1 航空航天

人类的飞天梦想，从期盼到神话的幻想，再到对鸟等生物的模仿，都是一种进步。也许会令你吃惊，世界上第一个科学思考和研究飞行的是意大利文艺复兴时期的巨匠达·芬奇，他不仅是画家、学者，同时也是航空科学的先驱。他通过研究鸟类翅膀，正确推理出是空气流过鸟的翅膀才能产生升力，体现了气流与物体发生相对运动而产生升力的思想，而且发现气流流过的速度越快，产生的升力也越大。他的另一个重要贡献是绘制了大量有关飞行研究

的草图。许多草图都符合空气动力学原理，反映出他认识到空气密度和重心对飞行器的重要影响，但他的研究成果并未公之于世，直到19世纪后期才被发现，未能对航空事业的发展起到应有的作用。

飞机的诞生更加激发了人类对飞翔的狂热，尤其是第二次世界大战中，飞机发挥了它无法被代替的优势。在军用飞机迅猛发展过后，飞机进入更广阔的民用领域。

自世界上第一颗人造地球卫星于1957年10月4日上天以来，一直到19世纪90年代初，美国、法国、中国、日本、印度、以色列和英国等国家以及欧洲航天局在航空航天领域投入巨大，并取得了丰硕的成果，先后研制出80多种运载火箭，修建了10多个大型航天发射场，建立了完善的地球测控网，世界各国和地区先后成功发射了4 127个航天器。航天员在太空的持续飞行时间长达438天，先后有12名航天员登上月球，人类的太空探测活动大大更新了有关空间物理和空间天文方面的知识。到20世纪末，累计有5 000多个航天器上天，100多个国家和地区开展航天活动，航天技术带来了丰硕的成果，航天活动已成为一个国家国民经济和军事部门的重要组成部分。

6.4.1.1 航空器

航空器指能在大气层内进行可控飞行的各种飞行器。任何航空器都必须产生一个大于自身重力的向上的力，才能升入空中。根据产生向上的力的基本原理的不同，航空器可分为两大类：轻于空气的航空器和重于空气的航空器。前者靠空气静浮力升空，又称浮空器；后者靠空气动力克服自身重力升空。

小知识

轻于空气的航空器

轻于空气的航空器的主体是一个气囊，其中充以密度较空气小得多的气体（氢或氦），利用大气的浮力使航空器升空，气球和飞艇都是轻于空气的航空器，二者的主要区别是前者没有动力装置，升空后只能随风飘动，或者被系留在某一固定位置上，不能进行控制；后者装有发动机、空气螺旋桨、安定面和操纵面，可以控制飞行方向和路线。

重于空气的航空器

重于空气的航空器的升力是由其自身与空气相对运动产生的。固定翼航空器主要由固定的机翼产生升力。旋翼航空器主要由旋转的旋翼产生升力。

飞机是最主要的、应用范围最广的航空器。它的特点是装有提供拉力或推力的动力装置、产生升力的固定机翼和控制飞行姿态的操纵面。20世纪80年代初出现的航天飞机，虽然也有机翼并具有与飞机类似的外形，但它是靠火箭推力在发射架上垂直发射而飞出大气层，然后在近地轨道上运行的。航天飞机返回时主要靠无动力滑翔着陆，这是它与飞机的主要不同之处。

滑翔机与飞机的根本区别是，它升高以后不用动力而靠自身重力在飞行方向的分力向前滑翔。虽然有些滑翔机装有小型发动机（称为动力滑翔机），但主要是在滑翔飞行前用来获得初始高度。

旋翼航空器由旋转的旋翼产生空气动力。旋翼机的旋翼没有动力驱动，当它在动力装置提供的拉力作用下前进时，迎面气流吹动旋翼像风车似的旋转，从而产生升力。有的旋翼机还装有固定小翼面，由它提供一部分升力。直升机的旋翼是由发动机驱动的，升力和水平运动所需的拉力都由旋翼产生。

扑翼机又名振翼机。它是人类早期试图模仿鸟类飞行而制造的一种航空器。它用像飞鸟翅膀那样扑动的翼面产生升力和拉力，但是，由于人们对鸟类飞行时翅膀的复杂运动还没有完全了解清楚，加之制造像鸟翅膀那样扑动的翼面还有许多技术上的困难，扑翼机至今还没有获得成功。

未来几年，我国航空器制造将以市场应用为先导，以重点产品研制为主线，统筹航空技术研究、产品研发、产业化、市场开发与服务发展，重点加快大型客机、支线飞机、通用飞机和航空配套装备的发展，实现大型客机首飞、喷气支线飞机研制成功，建立具有可持续发展能力的航空产业体系。

6.4.1.2 航天器

航天器又称空间飞行器、太空载具等，是指在地球大气层以外的宇宙空间中，基本按照天体力学的规律运动的各种飞行器。载人航天器家族中有三个成员：载人飞船、空间站和航天飞机。航天器根据是否载人分为无人航天器和载人航天器。无人航天器根据是否环绕地球运行则被分为人造地球卫星和空间探测器。按照航天器的用途和结构形式，还可以将它们进一步进行细分为无人航天器和载人航天器。

航天器基本上是无动力的，依靠运载火箭（通常为第二级火箭）提供的初速度来运动。运载火箭在燃料耗尽后就与航天器自动分离，落向地球；航天器可以进入绕地轨道，也可以在进一步的推力下，继续飞向太空目的地。例如，美国"阿波罗"登月计划中的登月舱就装有火箭发动机，以便完成使命后可以从月球起飞，飞回轨道上的"阿波罗"号飞船。飞船本身也得有足够的火箭动力才能使其脱离月球轨道返回地球。

航天器的设计异常复杂，尤其是载人航天器。它包含几百万个部件，要求高度微型化但可靠率要达到99.999 9%以上。如果汽车的零件达到同样的可靠率的话，那么在首次故障之前，就可运行100年。航天器还需要电源来带动所携带的各种设备。不载人的航天器大多采用太阳能电池板和相连的蓄电池。在载人航天器上，包括在太空实验室上，通常用燃料电池，有时则为燃料电池与太阳能电池的组合。

航天器的出现使人类的活动范围从地球大气层扩大到广阔无垠的宇宙空间，引起了人类认识自然和改造自然的能力的飞跃，对社会经济和人类生活产生了重大影响。

6.4.1.3 人造地球卫星

人造地球卫星简称人造卫星，是数量最多的航天器，占航天器总数的90%以上。早在1945年，人造卫星的计划设想就在美国出现，美海军航空局已着手研究一种把科学仪器送入太空的卫星，次年美国陆军航空局在审查"兰德计划"的一项类似的研究报告中，就有"实验性环球空间飞行器"的初步设计。现代科学技术和一系列大功率运载火箭的发展，为人造卫星的研制和发射打下了坚实的基础。

> 案例

　　1957年10月4日，苏联用"卫星"号运载火箭把世界上第一颗人造卫星送入太空。这颗人造卫星呈球形，外径0.58m，外伸4根条形天线，重83.6kg，它在天上正常工作了3个月。同年11月3日，苏联发射了第二颗人造卫星，这颗人造卫星呈圆锥形，重508.3kg，这是一颗生物人造卫星，除了利用小狗"莱伊卡"做生物实验外，还用于探测太阳紫外线、X射线和宇宙线。按照今天的衡量标准，苏联的第一颗人造卫星只不过是一个可以伸展发射机天线的圆球，但它却是世界上第一颗人造天体，把人类几千年的梦想变成现实，成为人类航天史上的里程碑。

　　自第一颗人造卫星出现之后，苏联和美国在20世纪60年代发射了大量的科学卫星、技术实验卫星及其他的应用卫星；70年代军、民用人造卫星全面进入实用阶段，并向侦察、通信、导航、预警、气象、测地、海洋和地球资源等专门化方向发展。同时各类人造卫星亦向多用途、长寿命、高可靠性和低成本方向发展；80年代后期，兴起了单一功能的微型化、小型化人造卫星，这类卫星重量轻、成本低、研制周期短、见效快，是未来人造卫星发展的重要分支。之后，中国、日本、印度、加拿大、巴西、印尼、巴基斯坦等国都逐渐拥有了自己研制的人造卫星。

　　人造卫星按用途分为科学卫星、应用卫星和技术实验卫星。科学卫星用于科学探测和研究，主要包括空间物理探测卫星和天文卫星等。应用卫星是具有特定用途的为人类进行服务的人造卫星。应用卫星又可分为军用卫星和民用卫星，有许多应用卫星是军民兼用的，如通信卫星、气象卫星、导航卫星、测地卫星和地球资源卫星等。

　　空间探测器（Space Probe）又称深空探测器，按探测目标分为月球探测器、行星和行星际探测器。各种行星和行星际探测器分别用于探测金星、火星、水星、木星、土星和行星际空间。美国1972年3月发射的"先驱者"10号探测器在1986年10月越过冥王星的平均轨道，是第一个飞出太阳系的航天器。

6.4.1.4　载人航天器

　　载人飞船（Manned Spacecraft）是能保障航天员在外层空间生活和工作并返回地面的航天器，又称宇宙飞船。载人飞船可以独立进行航天活动，也可用作往返于地面和空间站之间的"渡船"，还能与空间站或其他航天器对接后进行联合飞行。载人飞船容积较小，受到所载消耗性物质数量的限制，不具备再补给的能力，而且不能重复使用。航天飞机既是航天器，又是可重复使用的航天运载器。

> 案例

　　世界第一艘载人飞船是苏联于1961年4月12日发射的，名为"东方"号。世界第一艘登月飞船是美国于1969年7月16日9时32分发射的，即"阿波罗"11号。表6.1为我国发射载人航天器的统计表，1992年，我国"921"载人航天工程正式立项研制。1999年11

月20日，中国第一艘无人实验飞船"神舟"一号在酒泉发射，21小时后在内蒙古中部回收场成功着陆，圆满完成"处女之行"。这次飞行成功为中国载人飞船上天打下了非常坚实的基础。2003年发射的"神舟"五号搭载了首位中国航天员杨利伟进入太空，这是中国第一艘载人飞船；2008年"神舟"七号搭载了3名航天员进入太空，翟志刚完成首次出舱行走。

表6.1 我国发射载人航天器统计表

飞船	发射日期	飞行目的
"神舟"一号	1999年11月20日	第一次测试飞行，成功实现天地往返
"神舟"二号	2001年1月9日	第一艘正样无人飞船。飞行实验主要对工程各系统工作的全过程进行了考核，从发射到运行、返回、留轨，检验各技术方案的正确性与匹配性，为载人飞行提供可靠的科学数据和实验数据
"神舟"三号	2002年3月25日	此次飞行实验采用了许多新的先进技术，主要在安全性和可靠性方面进行了进一步的提高，飞行实验还搭载了人类模拟装置
"神舟"四号	2002年12月29日	飞船经受了零下的低温考验并成功发射，完成了所有预定内容。在之前的基础上进一步完善，提高了飞船的可靠性，确保了航天员的绝对安全，是在无人状态下全面考核的一次飞行实验
"神舟"五号	2003年10月15日	这是中国第一艘载人飞船，中国首位航天员杨利伟成功搭载飞船围绕地球飞行十四圈
"神舟"六号	2005年10月12日	这是中国第二艘载人飞船，也是中国第一艘执行"多人多天"任务的载人飞船，航天员费俊龙和聂海胜经过115小时32分钟的太空飞行后，飞船返回舱顺利着陆
"神舟"七号	2008年9月25日	主要任务是实施中国航天员首次空间出舱活动，航天员是翟志刚、刘伯明和景海鹏，其中翟志刚身穿中国研制的"飞天"舱外航天服成功进行出舱活动（又称太空行走）
"神舟"八号	2011年11月1日	由改进型"长征"二号F遥八火箭顺利发射升空。2011年11月3日凌晨，与组合"天宫"一号成功实施首次交会对接任务，成为我国空间实验室的一部分
"神舟"九号	2012年6月16日	2012年6月18日与"天宫"一号首次载人交会对接，承载的航天员是景海鹏、刘旺和刘洋
"神舟"十号	2013年6月11日	2013年6月11日17点38分发射，将与"天宫"一号对接，载人短期管理空间站，承载的航天员是聂海胜、张晓光和王亚平
"神舟"十一号	2016年10月17日	2016年10月17日7时30分在中国酒泉卫星发射中心发射，承载2名航天员（景海鹏、陈冬），与"天宫"二号对接，主要承担航天员运送和空间站技术验证两大核心任务

随着航天飞机和其他新型空间运输系统的使用，以及空间组装和检修技术的成熟，人类将在宇宙空间建设更多大型的空间系统。未来航天器的发展方向主要体现在三个方面：第一，使人类从空间获取信息和传输信息的能力进一步提高，使航天器应用在更多的领域；第

二,通过空间环境条件下的加速实验,生产更多新的材料和产品;第三,探索空间的太阳辐射能等,为人类提供新能源,从而缓解亟待解决的能源问题。从空间获取信息、材料和能源是航天器发展的长远目标。

6.4.2 高速铁路

中国人对高速铁路的认识始于 1978 年邓小平访问日本时试乘新干线,发展历程起步于 1990 年对京沪高速铁路的大讨论,实践探索开始于 1999 年开工的秦沈客运专线。2010 年 1 月 27 日,美国总统奥巴马发表的《国情咨文》里,中国有一个产业被提到,那就是高速铁路。他以中国为例,强调建设高速铁路的重要性。

小知识

高速铁路是在原有线路(直线化、轨距标准化)的基础上经过改造,使列车的最高营运速度达到 200km/h 以上,或者重新修建专门的"高速新线",使营运速度至少达到 250km/h 的轨道系统。高速铁路除了在列车的营运速度方面设定标准外,车辆、路轨、操作都方面需要配合提升。

高速有相对性,时代不同,标准有异。由于铁路时速的发展,高速铁路的标准也在提高。世界上一些国家和地区有过不同的规定。

欧洲:在 20 世纪中期,其主导的非政府铁路组织,即国际铁路联盟(UIC),不仅将旧线路改造为高速铁路,还建设了速度更高的新高速铁路;1985 年联合国欧洲经济委员会在日内瓦的会议上签署了国际铁路干线协议,协议对新建铁路的时速作了新的规定:新建客货运列车混用(简称"客货共线")型高速铁路的时速必须超过 250km,新建专用客运列车(简称"客运专线")型高速铁路时速为 350km 以上。

日本:日本是世界上最早开始发展高速铁路的国家,日本对高速铁路的定义是:任何一条高速铁路的干线部分,必须使列车的最高运行速度达到 200km/h 以上。

美国:美国联邦铁路管理局曾对本国的高速铁路进行了定义,规定高速铁路的运行速度不低于 145km/h,但在美国民众看来,"高速铁路"一词通常指营运速度高于 160km/h 的铁路服务。

国际上,专家们做学术研究时采用时速分类的八挡法:时速 120km 以下为常速;时速 120~160km 为快速;时速 160~250km 为准高速;时速 250~400km 为高速;时速 400km 以上为更高速;时速 600km 以上为特高速;时速 1 000km 以上为音速;时速 1 260km 以上为超音速。但各国的高速铁路建设不采用这套体系。

20 世纪 60 年代以来,日本和法国等国家纷纷建设了本国的高速铁路,高速铁路受到广大民众的喜爱,呈现出一片光明的前景。由于它具有明显的经济效益和社会效益,所以欧洲、北美洲和亚洲的许多国家和地区纷纷制订了兴建、改建高速铁路的计划。据国际铁路联盟(UIC)的最新统计,截至 2010 年 5 月,全世界 14 个国家和地区的高速铁路营业总里程长达 13 414km。世界铁路的发展历史证明,高速铁路是经济社会发展的必然趋势。中国的高速铁路用5年时间走完了发达国家高速铁路40年的发展历程，中国内地几乎所有省份都在高速铁路圈中，届时大多数城市都可以实现朝发夕至的梦想。

近年来，中国轨道装备和技术"走出去"的步伐加快，从阿根廷到埃塞俄比亚、从泰国到美国，中国铁路正在连通世界、服务全球，铁路产业上下游企业乘风而上，迅速发展。以高速铁路为代表的高端产品开启了中国"世界工厂"的新时代。截至目前，中国拥有运营里程最长、时速最高的高速铁路，更拥有丰富的建造和运营经验。以中国北车股份有限公司中标南非内燃机车和美国地铁为标志，中国轨道交通装备出口正由产品输出向资本输出、技术输出转变，由"中国本土制造"向"国际本土化制造"转变。

目前，中国高速铁路总里程已经达到1.7万km，占全世界高速铁路总里程的55%，其中时速300km以上高速铁路9 600km，占全球60%，年运送旅客数量9.1亿人次，占全球55%。这就是中国高速铁路的含金量，它已经成为"中国制造"的一张永不褪色的金名片。根据新规划的目标，到2025年，中国铁路网规模将达到17.5万km左右，其中高速铁路3.8万km左右。

6.4.3 海洋工程装备

海洋是全球生命支持系统的一个重要组成部分，也是人类社会可持续发展的宝贵财富。当前，随着陆地资源短缺、人口膨胀、环境恶化等问题的日益严峻，各沿海国家纷纷把目光投向海洋，加快了对海洋的研究、开发和利用。一场以开发海洋为标志的"蓝色革命"正在世界范围内兴起。我国海域辽阔、资源丰富，合理开发海洋资源，有助于实现海洋相关产业集约化发展，提升海洋经济在经济总体中的贡献及地位。海洋经济中，船舶制造业、油气开采业及开采装备制造业的附加值、经济贡献值较高，在沿海地区将带动大量产业快速发展。

海洋工程装备是指用于海洋资源勘探、开采、加工、储运、管理及后勤服务等方面的大型工程装备和辅助性装备。海洋工程装备分类如图6.1所示。目前海洋工程装备的主体是海洋油气资源开发装备，包括生产平台、各类钻井平台、卸油船、海底挖沟埋管船、起重船、

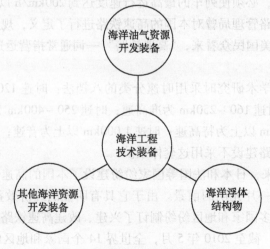

图6.1　海洋工程装备分类示意图

铺管船、浮式生产储油船、潜水作业船等。海洋工程装备属于高投入、高风险产品，从事海洋工程装备建造的厂商须具有完善的研发机构、完备的建造设施、丰富的建造经验以及雄厚的资金实力。目前，全球主要海洋工程装备建造商主要集中在韩国、新加坡、美国等国家，其中韩国和新加坡以建造中、浅水域平台为主，同时也在向深水高技术平台的研发、建造发展，而美国、欧洲国家的重点是研发、建造深水和超深水高技术平台装备。

按照业务特点和产品种类，海洋工程装备建造商可分为三大阵营。处于第一阵营的公司主要在欧美，它们垄断了海洋工程装备开发、设计、工程总包及关键配套设备供货；第二阵营是韩国和新加坡，它们在总装建造领域快速发展，占据领先地位；我国还处于制造低端产品的第三阵营。

本节中主要介绍海洋油气资源开发装备中的各类钻井平台、生产平台和浮式生产储油船。

海洋平台按照移动力可分为固定式平台和移动式平台，按照功能可分为生产平台和钻井平台。

目前市场上主流的海上油气钻井设备主要有自升式钻井平台、半潜式钻井平台、钻井船等，它们是开采海洋油气的主要装备。由于各个国家的海洋油气地质结构不同，所以各个国家海洋油气开采海域钻井设备的布局数量和形式也存在很大差异。其中自升式钻井平台主要用于浅海，而半潜式钻井平台和钻井船主要用于深海。

小知识

自升式钻井平台

自升式钻井平台由平台、桩腿和升降机构成，平台能沿桩腿升降，一般无自航能力。工作时桩腿下放插入海底，平台被抬起到离开海面的安全高度，并对桩腿进行预压，以保证平台遇到风暴时桩腿不致下陷。完成钻井任务后平台降到海面，拔出桩腿并全部提起，整个平台浮于海面，由拖轮拖到新的井位。自升式钻井平台广泛分布在南美、北美、亚洲、非洲、欧洲、大洋洲，根据 RigZone 统计，目前有 505 架自升式钻井平台。自升式钻井平台设计水深一般为 10~500m，属于近海海域，现有的自升式钻井平台大多由新加坡和美国船厂建造，基本于 1980—1990 年完成，服役大都超过 25 年，未来自升式钻井平台将会面临较大的更新换代需求。

国际航运界衡量一个国家造船实力的标准就是自主建造高水平的石油钻井平台的能力。因为石油钻井平台作为"人工海上岛屿"，要经受各种严苛的考验，甚至包括台风。21 世纪以来，伴随着越来越严峻的能源问题，国际油价上涨，海洋工程市场又变得火热起来，海上钻井设备成了抢手货。我国虽然是一个海洋资源大国，但受到开采技术及设备的限制，海洋石油的开发只停留在浅水海域。国内首座深海石油钻井平台（JU2000）由大连船舶重工集团有限公司建造。这座钻井平台全部实现了自动控制，一次定位最多能钻 30 多口井，额定水深约 100m，可在 122m 水深钻井作业。它的建成意味着我国石油开采从浅海走向了深海，对保障我国大规模开发海洋石油资源、实施能源安全战略具有重大意义。

半潜式钻井平台

半潜式钻井平台（Semisub）主要由浮体、立柱和工作平台三大部分组成。浮体用于提供浮力，立柱用于连接平台和扶梯，支撑工作平台，工作平台上即上部结构，用于布置钻井设备、钻井器材、起吊设备、动力、通信以及人员生活等设施。钻井平台有两次建造高峰期：第一次为1972—1977年；第二次为1982—1985年。和自升式钻井平台一样，半潜式钻井平台平均服役年限已超过25年，同样，今后的更新需求巨大。目前半潜式钻井平台的数量为223台，主要分布在英国北海、美国墨西哥湾、巴西、西亚、东南亚等地，而从作业水深来看，用于500m以上的半潜式钻井平台占了大约三分之二。

钻井船

钻井船（Drillship）属于浮船式钻井平台，由上部结构和船体组成，通常钻井设备布置在机动船或驳船上，依靠锚泊或动力定位系统对平台进行定位。钻井船按工作情况可分为三个基本模块：钻井模块、动力模块、生活模块。

总体而言，目前在钻井设备中，自升式钻井平台、半潜式钻井平台和钻井船均有各自的特点，例如，适合深海钻井的主要是半潜式钻井平台和钻井船，其中搭载第六代技术的深海半潜式钻井平台能够工作于极恶劣的水深为3 048~3 810m的海洋环境中。巴西海域、美国墨西哥湾和西非海域现在主要使用的是钻井船，而自升式钻井平台只用于近海海域。

目前世界主流的海上采油设备主要有FPSO、TLP、SPAR等，它们与主要钻井设备（如自升式钻井平台、半潜式钻井平台、钻井船等）一样，也是当前各国开采海洋油气的主要装备，由于结构特点的差异决定着它们不同的工作海域。

小知识

FPSO（浮式生产储油船）

FPSO不同于一般意义上的油船，它集生产、储油及外输等功能于一身，可以看作海上大型石油加工厂。FPSO一般通过单点系泊长期固定于海上油田，与水下采油装置和穿梭油船组成一套完整的生产系统，适用于早期生产和边际油田的开发。与其他形式的石油生产平台相比，浮式生产系统具有储油量大、初期投资小、建造周期短、安装费用低、移动灵活、退役成本低等一系列优点。FPSO海工结构至今有40多年的历史。1976年壳牌石油公司用一艘59 000t的旧油轮改装成了世界上第一艘FPSO，并于1977年将其应用在地中海卡斯特利翁油田（西班牙近海）。由于FPSO适应水深范围广，能够很好地解决开采边际油田的经济性与可行性问题，所以自问世以来，其技术发展突飞猛进，已成为国际海上油田开发的主要设备。

随着我国海上油气开发工程的发展，作为一种经济合理有效的采油方式，井口平台与浮式生产储油装置配套生产得到了广泛的应用。FPSO发展迅速，已成为我国开发海上油气资源的重要设施，以FPSO为中心的制造产业正在崛起。

TLP（张力腿平台）

TLP包括上部大型复式结构、细长的张力腿和基础结构，工作水深为1 500~6 000英尺。2008年，全球仅有24座TLP，2005—2007年增加了4座，分布地区主要是美国墨西哥湾，占比在70%左右。TLP的主要建造商为荷兰Heerema公司，此外还有美国的Guif海事公司、J. Ray McDernott公司、Aker Gulf海事公司以及新加坡的远东莱温斯顿造船有限公司（FELS）等。

SPAR（柱体式平台）

SPAR主要由顶部模块、体壳、系泊系统、立管（生产、钻探、输油）四个系统组成。SPAR和TLP相似，具有很好的稳定性和运动性能，工作水深大约为1 700m。和TLP一样，SPAR数量也不多，2008年仅有18座，也基本在美国墨西哥湾运营，建造商主要为美国J. Ray McDermott公司、美国Litton Ingalls造船公司。

总体来看，FPSO是采油设备的主流以及未来主要的发展趋势，并且亚洲在FPSO建造改装上具有不可替代的主导地位，这个与其他海洋工程装备有很大区别。

世界海洋油气资源开发的先行者主要集中在欧美，它们引领了世界海洋工程装备技术的发展。随着亚洲地区制造业的兴起，欧美企业逐渐退出了中低端海洋工程装备建造领域，但垄断着世界高端海洋工程装备的建造和设计以及海洋工程装备运输与安装、水下生产系统安装和深水铺管作业业务，主要的企业有美国的J. Ray McDermott公司和Subsea公司、法国的Technip公司、意大利的Saipem公司等。

欧美企业在海洋油气开发方面长期占据主导地位与其不断创新实践密不可分。在长期积累的丰富的工程实践经验基础上，欧美企业形成了大量的技术专利并且研发出了大量的相关技术，为其研发新技术和装备提供了重要的技术支持。所以，世界大多数海洋油气开发工程仍然由欧美企业承包，它们在海洋油气田开发方案设计、装备设计和油气田工程建设方面占据主导地位。

在亚洲地区，主要的海洋工程装备建造国有韩国、新加坡、中国和阿联酋等。其中，钻井船市场被韩国垄断，截至2009年年底，韩国的三星重工、大宇造船、现代重工和STX造船共有钻井船33艘，市场占有率达94%。而FPSO改装和新建市场被韩国和新加坡占据，市场占有率分别高达67%和82%。新加坡、中国和阿联酋在自升式钻井平台和半潜式钻井平台建造领域占据主导地位，截至2009年年底，自升式钻井平台共有54座属于中国、新加坡和阿联酋，市场占有率达77%；半潜式钻井平台共计39座，市场占有率达85%。

海洋工程装备建造虽然由亚洲地区引领，但欧美国家依然垄断着装备设计方面的大部分高端技术，我国与它们之间的差距巨大。进入21世纪以来，我国建造完成和在建钻井平台共40余座，但70%以上的设计工作由欧美公司完成。其中美国F&G公司、荷兰GustoMSC公司等负责自升式钻井平台的设计；而挪威GM公司、Sevan公司，意大利Saipem公司等主要进行了半潜式钻井平台的设计。

近年来，巴西和俄罗斯等资源大国为满足本国海洋油气资源开发的巨大需求，开始为本国的海洋工程装备建造企业提供优惠政策，成为世界海洋工程装备领域的一支新军。巴西为了促进本国相关企业的发展，规定在本国海域进行油气勘探开发的装备必须由本国企业建造，其国内的几家船厂加快了建设的步伐，建设能力不断提高。而俄罗斯通过本国能源领域的一系列订单，刺激本国海洋工程装备建造企业的技术革新，并邀请日本、韩国造船企业共同完成这些订单。

随着开发海洋资源的步伐日益加快，作为海洋开发的战略性产业的海洋工程装备建造业，为海洋资源的开发提供了必不可少的装备，发展海洋工程装备建造业的重要性不言而喻，越来越多的国家认识到这一点并制定了一系列刺激政策，开始在这一领域大刀阔斧地建设，这也使得海洋工程装备建造业的竞争更加激烈。我国应该在现有技术和装备的基础上，大力发展，快速发展，不断缩小与世界海洋工程装备建造产业第一阵营的差距，为我国在海洋开发领域和参与海洋国际竞争提供有力保障。

不管装备如何，标准都是引领，也是保障，更是"世界语"。中国装备制造企业要跟着标准"走出去"，带着标准"走出去"，"走出去"对标与定标。标准可以帮助"走出去"的企业打造技术精品、建立产业联盟、获取政策支持以及牵手当地企业建立共赢机制等，可以推动更多高附加值的中国制造、中国标准到国际市场竞争。

思考题

1. 高端装备制造业一般包括哪些行业？
2. 高端装备制造的"高端"有哪些含义？
3. 培育高端装备制造产业，成为装备制造业"由大到强"转变的关键突破口，当前我国高端装备制造有哪些普遍存在的问题？
4. 《中国制造2025》中提出我国未来高端装备制造重点有哪些？
5. 高端装备制造产业的发展模式分为几种？
6. 简述中国制造主要包括制造领域的哪些变革。
7. 发展高端装备制造业对我国工业竞争力整体提升有哪些作用？

参考文献

[1] 薛慧，邓大松. 美国福特号航母作战能力解析 [J]. 飞航导弹，2015 (7)：39-45.

[2] 朱伟. 沥青路面压实度检测技术分析 [J]. 中国新技术新产品，2016 (5)：80-81.

[3] 庞玉柱. 2000m³高炉水冷壁更换与检修方法 [J]. 中国设备工程，2012 (2)：48-49.

[4] 刘磊. 浅析机器人的研究现状与发展前景 [J]. 科技创新报道，2016，13 (6)：57-58.

[5] 陈少甫，潘磊，陈洁，等. 传感器在军事后勤中的应用与发展 [C].//四川省电子学会传感技术第11届学术年会论文集. 2009：56-58.

[6] 孟田华. 一种家庭安保机器人支撑系统的设计 [D]. 南京：东南大学，2012.

[7] 兰勇. 移动式直角坐标机器人设计与研究 [D]. 西安：陕西科技大学，2009.

[8] 卓然然. 变焦f-theta镜与后扫描聚焦系统设计 [D]. 天津：南开大学，2007.

[9] 王斌. 不同脉宽激光致光学薄膜元件损伤特性和机理分析 [D]. 南京：南京理工大学，2013.

[10] 周广德，陶守林. 电子束焊接技术在航天领域中应用 [J]. 电工电能新技术，1999，(1)：25-28.

[11] 杜双娟，郭世璋，吴娟，等．纳米光刻加工技术的研究与应用［J］．硅谷，2010，(22)：22-23．

[12] 赵双双．微光学集成的高精度MOEMS加速度传感器研究［D］．杭州：浙江大学，2013．

[13] 余健民，魏江平，王川红，等．双源CT临床应用进展［J］．江西医药，2009，44(11)：1142-1143．

[14] 陈萍．航天知识产权保护的法律问题研究［D］．深圳：深圳大学，2007．

[15] 杨子杨．工信部装备工业司解读《高端装备制造业"十二五"发展规划》［J］．中国科技投资，2012 (13)：12-15．

[16] 刘元．SPORT卫星子星结构布局及动力学仿真分析［D］．北京：中国科学院空间科学与应用研究中心，2010．

[17] 孙栓．微小卫星星载微内核实时操作系统设计及系统容错技术研究［D］．南京：南京航空航天大学，2008．

[18] 高洋．载人航天地面验证系统中高性能分布式专家系统的研究与应用［D］．北京：中国科学院研究生院，2012．

[19] 牛付震．温盐深传感器测量技术的研究与设计［D］．哈尔滨：哈尔滨工程大学，2008．

[20] 那荣庆，伞立忠．中国海洋平台的设计与制造［C］．//2013海洋平台用钢国际研讨会论文集．2013：58-71．

[21] 孙红军．贸易融资在海洋工程行业的应用研究［D］．北京：北京交通大学，2011．

[22] 邓勇．钢构产业的现状及其在广东的发展探讨［J］．冶金丛刊，2014 (1)：46-50．

[23] 孙华，许俊斌，蔡文军，等．海上平台发展现状以及未来发展重点［J］．装备机械，2014 (2)：2-8．

[24] 刘峰．世界海洋工程装备产业发展动态［J］．竞争情报，2010 (3)：34-45．

[25] 芮立军．上海艾克船舶设备有限公司战略转型研究［D］．上海：上海交通大学，2012．

第7章

科技改变未来

> 每一次科学突破都会给人类文明带来巨大贡献。例如，用手机与远在千里之外的亲人通话，用手机拍照、开会、上网，手机通信让人类生活更为方便。也许在不远的将来，我们就能对着空气通过三维影像发射装置实现在虚拟光幕计算机上进行信息处理。基因工程、纳米技术、超级人工智能……不断有新的科技在诞生，且每一个新的发现都会让人们欣喜若狂，这些新科技正逐步改变着我们的生活。科技改变生活，生活又推动科技发展。人们已经越来越认识到科技的重要性，也知道了科技的普遍性。

7.1 创新——科技力量的本源

乔布斯曾说："人的时间是有限的，不要把宝贵的时间浪费在重复其他人的生活上，人活着就是要找到你真正热爱的东西，让每天都过得精彩绝伦，人活着就是要改变世界！"

创新指的是科技投入品的整个物质生产过程中所发生的"革命性"的变化或突变，包括原材料、能源、设备和产品等硬件及工艺程序设计、操作方法改进等软件，以及新的生产方式的引入、投入产出过程中的"突变"。创新按变革对象可以可以分为：产品创新、工艺创新、新材料创新；按新颖性可以分为：突破型创新、渐进型创新；按创新道路可以分为：原始创新、集成创新、引进消化吸收再创新。

1）原始创新。原始创新一般出现在基础研究领域和高端领域，其过程漫长，需要持续投入与激励。原始创新有四个典型特点：一是原始创新是小概率事件；二是原始创新是观念、思维、方向和方法等方面的变革；三是原始创新往往有连锁反应，产生一系列影响；四是原始创新产生的影响是长远的。和国外相比，我国在原始创新方面差距较大，特别是高技术领域的发明专利，绝大部分为跨国公司所有。面对全球科学技术革新的挑战，必须改变跟踪和模仿的发展思路，大力抓好原始创新。

2）集成创新。集成创新就是利用各种信息技术、管理技术与工具，对各个创新要素和创新内容进行对比选择、优化并系统集成，以此占有更多的市场份额，创造更大的经济效益。它和原始创新的区别在于所应用到的技术不是原创的单项技术，是已经存在的单项技术，其创新之处就是按照自己的需求对这些已经存在的单项技术进行了系统集成并创造出全新的工艺或产品。

3）引进消化吸收再创新。引进消化吸收再创新是最普通、最基本的创新形式，即利用各种引进的技术资源，在消化吸收的基础上继续完成重大的创新。它和集成创新的相同点在于，都是以已经存在的单项技术为基础，不同点是集成创新的结果是一个全新的产品，而引进消化吸收再创新的结果是在产品价值链上的某些或某个重要步骤的重大创新。引进消化吸收再创新是各国尤其是发展中国家普遍采取的方式。

创新涵盖众多领域，包括政治、军事、经济、社会、文化和科技等。据此，创新可以分为科技创新、文化创新、艺术创新和商业创新等。

案例

多年前的手机仅用于通话，现在的手机功能多种多样，这得益于2007年苹果公司生产的iPhone手机，该手机重新定义了移动电话的功能：将创新的移动电话、可触摸宽屏以及具有桌面级电子邮件、网页浏览、搜索和地图功能的突破性因特网通信设备这三种产品完美地融为一体。今天，上网听音乐已经是手机的标准功能了。

几十年来，从摩托罗拉到诺基亚，再到三星，它们前仆后继地在手机功能改进方面做了很多努力，尤其是诺基亚。但是最核心的问题是什么？虽然除了打电话和发短信，手机还有很多功能，但是我们在很多时候都不知道怎么用这些功能，这使得用户体验很差。苹果手机的界面设计，从本质上改变了技术导向的方式。苹果手机的成功，就是因为其在用户体验上做到了极致。相信这个创新只是开始，在手机行业，苹果公司生产的苹果手机对整个行业的影响是革命性的。

苹果公司的利润是惊人的。2016年，苹果公司凭借苹果手机获得了全球智能手机行业79.2%的利润份额，其营业利润率达到32.4%；在全球智能手机出货量前列的中国手机品牌，华为手机业务2016年的营业利润为9.29亿美元，仅占全球智能手机行业利润的1.6%，OPPO和vivo同期的利润份额则分别为1.5%和1.3%。华为、OPPO和vivo的赢利能力依旧相对较弱。苹果公司赢利的原因是其商业模式的创新，从过去传统意义的一次性收益模式，向未来多次性、连续的收益模式转变。比如，用苹果公司的iTunes下载歌曲，可能是每天、每周、每个月都会发生的事。再比如Google，人们对Google的每次点击都会为其带来收益。所以一定要力争将一次性的赢利模式变成多次的赢利模式，哪怕每次的利润都不多，可能只有几分钱，但是有了聚集效果，赢利就会很大。因此，未来的创新应包括赢利模式、运营模式、营销模式和品牌理念等方面的创新。如今的创新不仅是技术的创新，而且是用户体验创新、商业模式创新和应用技术创新的完美结合。这就是未来所有的企业要运用的创新理念。

创新产品要持续成功需要良好的时机把控和产业环境的配合，更需要在此后的竞争中稳住地位，并顺应时代的变化。当我们都在对今天的创新日益关注的时候，不妨来看看那些曾辉煌一时，但却已经被人们淡忘的产品：20世纪90年代，东芝、惠普、夏普等众多科技巨头都投入手机行业，不过，惠普、夏普、东芝、索尼以及当时没有乔布斯的苹果公司推出的一系列类似设备均败下阵来。后来乔布斯在经过慎重考虑后，表示产业环境并不成熟，不是推出智能手机的好时机。其原因在于当时的移动网络的网速极慢，只有几 K，收一个邮件都要很长时间。与短暂尝试之后就退出智能手机市场的惠普、东芝等企业不同，一家名为 Palm 的企业并没有接受乔布斯的意见。Palm 的目标是设计一个轻巧方便、人性化的随身计算设备——正如今日的智能手机。Palm 及时对市场进行了重新思考——让新产品简单化，将所有可以"选用"的功能全部删除掉，只留下核心模块。1994 年，Palm 推出了能保持长时间续航，仅包括"时间管理""电话簿""待办事项""记事本"四个功能的产品。这相当于对之前业界对智能手机过于超前的期望的理性回归。正是这一步后退，打造了 Palm 一个时期的神话，其推出的首款 PalmPilot PDA 手机，仅 18 个月就销售出 100 万部，超越了当时由彩色电视机和录像机保持的电子产品销售纪录。之后，多个版本的 Palm 手机销售超过 1 000 万部，领跑智能手机行业长达 10 年。然而，除了极客和商务人士，普通民众对 Palm 手机并不感兴趣。直到 2007 年，在网络、处理器性能等各方面条件已经成熟的情况下，苹果公司推出了苹果手机，这让 Palm 遭遇了灭顶之灾。2010 年，陷入困境的 Palm 被惠普收购，2011 年 8 月，惠普宣布终止运营与 PalmWebOS 相关的手机业务和平板计算机业务。时至今日，人们公认苹果开启了智能手机时代，而知道 Palm 的人已经寥寥无几。

创新产品想要获得持续的成功就需要良好的时机把控和产业环境的配合，更需要在此后的竞争中稳住地位，能顺应时代的变化。超前一步是成功，超前一百步是毁灭。乔布斯和智能手机的故事印证的正是这个道理。

7.2 中国科技——在创新中崛起

无人机。无人机时代已经到来，而中国制造正在成为闪亮的新名片。全球每卖出 10 架民用无人机，就有 7 架产自中国。以深圳大疆创新科技有限公司为代表的中国企业已经在世界无人机生产中处于领先地位，正在逐渐成为世界级的创新者和引领者。大疆创新科技有限公司被《华尔街日报》称为"首个在全球主要的消费产品领域成为先锋者的中国企业"。

"双十一"。"双十一"网购狂欢节源于淘宝商城（天猫）2009 年 11 月 11 日举办的促销活动，当时参与的商家数量和促销力度均是有限的，但营业额远超预想的效果，于是 11 月 11 日成为天猫举办大规模促销活动的固定日期。近年来"双十一"已成为中国乃至全球电子商务行业的年度盛事。每年 11 月 11 日的网络促销日，许多网络商家都进行大规模的促销活动，与之对应的人群被称为"剁手党"。很多人都经历了"双十一"的惊讶和购物体验。在"双十一"那天，大家感受到的是 1 000 亿元的成交额，虽然是在 24 小时内发生的一个购物的体验，其背后则是以飞天技术平台为基础的整个技术架构在发挥作用。阿里巴巴创造的纪录就是整个电子商务交易系统支撑每秒钟数十万笔的交易订单和支付订单，整个交易系统及时、可靠地履行订单，零错误、零报错。这就是阿里巴巴商业生态体系的技术创新。

手机支付。手机支付也称移动支付（Mobile Payment），是指允许移动用户使用其移动终端（通常是指手机）对所消费的商品或服务进行账务支付的一种服务方式。继银行卡类支付、网络支付后，手机支付已成为全球第三种通用支付方式。其中，微信支付和支付宝是引领手机支付的核心创新。以微信为例，2016年，其在技术、产业、社会等多个层面提升了生态创新能力，从一个沟通工具发展成为开放平台，并且成为一种新的生活方式。在技术生态方面，微信构建了一个全面开放的智能生态平台，通过语音识别、图像识别、音频指纹、微信BOT平台、生物识别等技术服务，以创新的人机交互方式提升了用户体验。微信已经构建了一个不断迭代创新的生态系统，并与产业链伙伴共同努力提升人类的生活品质，这就是微信智能生态平台。

超级计算机。2010年，中国人民解放军国防科学技术大学研制的"天河一号"超级计算机TOP500在全球超级计算机榜单上名列前茅。2013年，由科技部与中国人民解放军国防科学技术大学共同研制的"天河二号"超级计算机以33.86千万亿次/s的浮点运算速度成为全球最快的超级计算机。2014和2015年，"天河二号"超级计算机继续荣登全球超级计算机500强排行榜榜首。2016年，我国最新的超级计算机"神威·太湖之光"登顶。"神威·太湖之光"运算速度达到93千万亿次/s。这一数值约为"天河二号"的两倍。区别于"天河二号"采用的英特尔Xeon E5-2692 v2 12核处理器，"神威·太湖之光"首次采用国产核心处理器"申威26010"。

"天宫二号"空间实验室。"天宫二号"空间实验室是继"天宫一号"空间实验室后我国自主研发的第二个空间实验室，也是中国第一个真正意义上的空间实验室，它用于进一步验证空间交会对接技术及进行一系列空间实验。"天宫二号"空间实验室主要开展地球观测和空间地球系统科学、空间应用新技术、空间技术和航天医学等领域的应用和实验，包括释放伴飞小卫星，完成与货运飞船的对接。

北斗卫星导航系统。北斗卫星导航系统是我国自行研制的全球卫星导航系统，是继美国全球定位系统（GPS）、俄罗斯格洛纳斯卫星导航系统（GLONASS）之后第三个成熟的卫星导航系统。北斗卫星导航系统空间段由5颗静止轨道卫星和30颗非静止轨道卫星组成，计划于2020年左右建成覆盖全球的北斗卫星导航系统。2012年，"北斗"已正式建成区域卫星导航系统并向中国及周边地区的用户提供定位、导航、授时以及短报文通信等服务。截至2016年6月，"北斗"已发射23颗卫星，正在向全球覆盖的建设目标迈出坚实步伐。

中国的高速铁路。中国已成为世界上高速铁路运营里程最长、在建规模最大的国家。中国的高速铁路赢得众多"世界之最"，已经成为新时代"中国制造"的优秀代表。凭借"引进—消化吸收—再创新"的技术路线，加上一以贯之地打造全产业链，中国高铁已超越日本、法国、德国等国家的高速铁路，成为世界领先的产业。

桥梁。衡量桥梁技术水平和建设能力的重要标志是桥梁的主跨长度。跨径越大，技术难度也就越大。目前世界上已建成的主跨长度1 000m以上的悬索桥有28座，中国占11座；全球目前在建的主跨长度在1 000m以上的悬索桥有13座，中国占9座；全球建成和在建主跨长度600m以上的斜拉桥有21座，中国占17座；全球已建主跨长度420m以上的拱桥有12座，中国占9座；世界已建主跨长度250m以上的预应力混凝土桥梁有20座，中国占12座。因此，有"世界桥梁建设20世纪70年代以前看欧美，90年代看日本，21世纪看中国"

的说法。

从上述案例可以看到，各种新兴技术，尤其是"互联网+"的快速发展，已经让普通人有了更多的创新、创业机会。从无到有、从小到大的经典案例，则反映了当代中国的创造性实践过程，也是13亿中国人崛起的过程。近年来，宽带网络速度大幅提升、移动通信终端迅速普及、生产管理的自动化程度提高，众筹等新的商业形态有助于形成风险共担、利益分享机制，这让有梦想、有意愿、有能力的人有了更广阔的施展平台。

7.3 科技与教育

第六次科技革命涉及的学科领域，如数学、物理、计算机以及经济学、管理科学等，均是一个从事系统科学研究与应用的科技人员必须涉猎的。因此，系统工程培养的是一种具有合理知识结构的"T"型人才。所谓"T"型人才是指那些既具有比较广博的知识面——天文、地理、历史、文学、数学、物理、化学均懂一点，又同时在某一学科造诣颇深的专家，如经济学家、数学家等，这样的人才是从事系统科学研究与应用最为理想与适合的人才。"T"型人才具有良好的知识结构和较大的整体优势，为其他某一领域、专业学科的专家所不及，因此能取得更多卓越的成就。

当然，在实际工作中培养这类"T"型人才很不容易，为了弥补这一不足，系统科学研究通常会组建一个具有良好知识结构的研究小组，该小组一般由社会科学与自然科学两方面的专家学者组成，所以，系统工程工作者应重视团体的协作。如果有谁打算从事系统科学方面的工作，那么需注意两点：一是要有意识地调整自己的知识结构，在成为某一方面专家的同时，注意吸收其他学科的知识与营养；二是要培养自己的集体主义精神与协作精神，因为系统工程需要协作。

毫无疑问，具有"T"型知识结构的系统分析工程师将是最令人羡慕的职业之一。

7.3.1 教育存在的问题

教育是当今时代消除极度贫困最有效的手段之一。然而，如今世界上仍有1.21亿儿童没有学上。贫困、性别障碍、偏远和残疾等原因，使得这些儿童很难接受良好的教育。除了提升入学率和增加教育机会外，全球还面临着一个更大的难题：如何确保在校儿童真正掌握知识。一个令人悲哀的事实是，大多数教育体系并没有服务好最贫困的儿童。据估计，全世界有2.5亿儿童虽然上过多年学，但是却不会读书写字。

最贫困的儿童中只有很小一部分有机会从小学毕业，他们往往会因为学习的费用高、学校远、人身安全、性别障碍、教师缺勤和学习成绩跟不上等原因而中途辍学。对于我们来说，关键是要确保儿童有机会掌握他们在21世纪发展所需要的阅读、算术和非认知技能。

现今，全世界有近10亿人仍然陷于贫困状态。要想消除贫困，就必须确保为最贫困家庭提供的教育采用的是更明智的、以实证为基础的解决方案式的模式。我们必须利用数据、技术和问责制来加强教育体系，为全民提供优质教育。而且我们必须坚守一个原则，即所有儿童都应当上学并终生拥有获得优质教育的机会，这与他们的出生地、性别或家庭收入等无关。

此外，我们可以利用技术来跨越目前的做法，如将与外界隔绝的师生接入网络教室。这样做有助于教师创造或者获取创新型多媒体教材，如可汗学院的免费内容。

中国的教育是高度集中的"考试模式"。其基础教育过度重视考试成绩，而忽略了学习过程。学生的创新能力、发散性思维均未能得到很好的培养。

"一切照旧"无法让所有儿童上学读书和真正地掌握知识。第六次科技革命中新的"文盲"是不会使用计算机与互联网的人，因此，必须大力推进教育制度的改革，交流教育领域的最新思想，加快全民优质教育的步伐。

7.3.2 教育与创造力培养

创造力与教育的关系非常密切，创造力的培养要从孩子抓起。伽利略、麦克斯韦、博鲁茨基等许多科学家在少年时代就已经显露才华，不能否认有天分因素，但是与教育也有很大关系。至少在中学要培养学生对科学的兴趣、动手能力和发散性思维。迎接第六次科技革命，人才是关键，而创新型人才是关键中的关键。

中国在大规模基础知识和技能传授方面很有效，这使得中国学生在这方面的平均水平比较高，用统计学的语言叫作"均值"较高。这是中国教育的重要优势，是其他发展中国家，甚至一些发达国家都望尘莫及的。其原因在于：首先是政府和民间对教育的投入较多。其次是中国传统文化对教育的重视。另外，中国的教育制度使学生在学业上投入的时间较多，且教师上课和学生学习都很规范。这种教育优势对推动中国经济在低收入发展阶段的增长非常重要，因为它适合"模仿和改进式"的"追赶"，特别是与开放结合在一起时。开放让我们看到了先进，加上我们的毕业生基础知识扎实，模仿能力强，员工队伍整齐，就有了很强的执行力。这种教育制度在制造业体现的优势非常明显，即使是服务业也一样，包括超级市场的收银员、银行的柜台服务、医院的挂号和收费、出入关的检查人员等。中国服务人员的服务速度和精准程度，甚至超过发达国家。

然而，"杰出人才"少、"拔尖创新人才"少是中国目前面临的问题。正常情况下"杰出天赋"的分布在不同人种之间不应有太大差别。因此，出现杰出天赋的概率就应该与人口正相关。中国有13亿多人口，至今只有1位中国籍学者在中国大陆的研究获得诺贝尔奖（仅指科学方面）。这同发达国家差距较大，就是与发展中国家（如印度）比较也有差距。

这就产生了一个问题，即钱学森之问：为什么我们的学校总是培养不出杰出人才？实际上，杰出人才很可能不是培养出来的，而是在一种有利的环境中"冒"出来的。因此，创造环境远比培养更重要。中国需要一种新的教育体制，新的考核教师与学生的机制。例如，今天的知识已经普及，通过手机就可以查到你所需要的知识。此时，真正对知识有渴望的人未必进学校；真正进了学校当老师的人，有可能不愿面对世界越来越快的节奏和竞争。这样，问题就来了，创新社会所需要的有创新特质的人，不一定是学校和老师所喜欢的，他们就有可能不被重视。

7.3.2.1 创新型人才的特征

> **案例**
>
> 英国细菌学家弗莱明研究各种葡萄球菌的变种时，在实验桌上曾留置了一部分培养皿，

以方便他不时地检查。由于经常打开培养皿的盖子，培养液难免会被空气中的微生物污染。1928年的一天，弗莱明一边与同事谈话，一边观察培养皿中的细菌，忽然，弗莱明惊奇地叫了起来："这真是件怪事。"原来他发现，在培养皿的边缘生长了一群霉菌，这群霉菌周围的葡萄球菌不仅没有生长，而且离它较远的葡萄球菌也被其所溶解，变成了一滴滴露水的样子。对于这个奇特的现象，弗莱明进行了认真仔细的研究，之后，他发现这些培养液里含有一种化合物，于是他便继续深入地研究，直到最后从中分离出一种能抑制细菌生长的抗生素——青霉素。

对新现象的深入思考要有两个条件：一是勤于观察。有时新现象表现微弱，并且与一般现象混杂在一起，稍有疏忽就会遗漏。二是善于质疑。由于各种现象混杂在一起，难以分辨，而且新现象也不一定都有价值，因此，需要多提出疑问，多进行分析，区别哪些是新现象，在新现象中哪些有价值，哪些是无价值的干扰现象。回顾科学史，所有科学家都是善于观察的，只有细心观察周边的事物才能发现新现象，要善于质疑，勇于尝试，这样才能获得有利于科学发明的信息。

创新型人才应该有如下特征：

1）有科学的世界观和方法论。有成就的科学家大都具备科学的世界观和方法论，其最突出的表现就是拥有唯物史观和辩证思想。科学的世界观和方法论的另一大重要表现就是善于根据现代科学发展特点来促成团队合作。科学研究存在专业化的分工，科学研究任务又大多具有综合性的特征，因此当代许多重大的科学技术成就都需要依靠群体力量、采取合作研究的方式，许多杰出的科学家也是从这些团队中涌现的。

2）有动态综合的知识结构。创新型人才通常拥有动态综合的知识结构，这种知识结构通常由知识、技能和能力等方面构成，一般具有较高的能效性、较强的适应性、较好的进攻性和较明显的独特性，而每一种特征体现了专业技术人才某个方面的认知。作为一名创新型的专业技术人才，不仅要有熟知本专业的知识，还必须有社会科学和自然科学其他方面的知识，才能有创造发明的综合能力，适应从一个领域转向另一个领域所发生的改变。此外，创新型人才还应熟练地掌握基本的技术技能，包括善于利用信息情报和图书资料，掌握各种基本的实验手段以及进行调查、计算、统计分析等方法。要熟悉1~2门通用外语，这样才能更好地获取、运用和创新知识。

3）有丰富的想象力和良好的抽象思维。丰富的想象力和良好的抽象思维是专业技术人员完成创新活动的关键。一般来说，无论是科学上的发明，还是技术上的创新，都来源于人们的生活实践。但是，这并不能否认抽象思维和想象力的重要性，反而恰好突出了它们的重要性。因为通过实践，我们只能得到科学事实，然而，事实不等于发明创造；只有经过丰富的想象力和良好的抽象思维，才能透过现象看到本质，从而完成创新活动。

相对论对全世界科学的发展做出了不可磨灭的贡献。但相对论是建立在著名的理想实验上的。而这些理想实验的建立需要丰富的想象力和抽象思维，否则就很难开展研究。爱因斯坦说："想象力概括着世界上的一切，并且是知识化的源泉；想象力是科学研究中的实在因素。"

4）善于对新现象作敏锐观察和深入思考。科学技术的发明产生于对新现象的捕获和思考。这些新现象可能是一些信息,也可能是一些新思想,同时它又有新颖、奇特之处,与一般的现象不同,透过这些现象,可以抓住本质。

一个熟透的苹果掉下来砸在牛顿头上,牛顿就在思考:为什么苹果熟了就要掉下来?而不是掉上去?进而继续假设:如果苹果树像月亮一样高,那么为什么月亮不会掉下来?一定有一种力把月亮拉着,让月亮不会掉到地球上来。最后他得出了著名的万有引力定律。

7.3.2.2 创新型人才的能力提升

哈佛大学教授托尼·瓦格纳认为,当前教育与创新文化的培养之间存在着根本的区别。学校正减弱每个人与生俱来的创造力。教育成了创新的绊脚石。创新是一种团队协作,教育只评估和表扬个人的成就。从全球创新公司的发展结果来看,当前的创新成就绝大多数是团队成就。因此,创新教育模式要求每一次作业都要深度合作。每一次授课都尽可能地进行团队授课。但实际的教育与这种团队协作的教育差距还很大。因此,托尼·瓦格纳提出以下观点:

1)创新应跨越学科界限。当前的教育注重对知识进行分类教学。实际上,创新应跨越学科界限。因为创新基本上不会单一地存在于某一门学科中。为此,我们应尽可能地针对创新中需要解释的或需要理解的问题开设跨学科课程。

2)创新教育应引导改革模式。当前,教育是被动"消费"的文化。一般只有一个老师在讲台上讲,而创新教育模式是:老师不再是传道授业解惑者,而是一个引导者,其使命是引导学生进入更高的水平,让学生解决实际问题,去创新,而不是去"消费"。

3)创新教育应认同失败。当前教育不允许失败,对失败的恐惧让学校处于顺从和规避风险的氛围中;而创新需要你去冒险,冒险就会出错和失败。所以,应鼓励学生正视失败。

4)创新教育应理清学习动力。我们都很依赖外在学习动力,如金钱或物质的刺激。但实际上,创新型人才对于创新的动力是发自内心的。因此,父母和老师应鼓励三件事:玩耍、激情和信念。少一点玩具,多到户外去玩耍。学生的追求和发现往往能成为真正的兴趣所在。在追求和发现中,又能学到坚持和耐心。老师应该在课堂上留出时间,让学生保持探索、兴趣和好奇心。

创新动机是指引起和维持主体创新活动的心理过程,是形成和推动创新行为的驱动力,也是产生创新行为的前提。创新主体的创新动机并不是单一的,而是多元的,这不但与创新主体的价值取向有关,也与组织的文化背景、创新者的素质相关。一般而言,创新动机的产生有以下几点:创新心理需求、成就感、经济性动机、责任心和勇气。

1)创新心理需求。创新心理需求是指创新主体对某种创新目标的欲望或渴求。根据马斯洛的需求层次理论,人的需求可以分为自我实现需求、生理需求、安全需求、社交需求和尊重需求五个层次。按照他的理论,自我实现需求是指人们希望完成与自己能力相当的工作,使自己潜在的能力得到充分发挥,成为自己所期望的人物。创新心理需求是创新主体对某种创新目标达到或实现的欲望,实际上是创新主体希望自己的创新能力能够在创新过程中得以发挥,因此,创新心理需求可以认为是人的需求的最高层次之一。创新主体的创新心理需求是由自己对自我价值、企业责任、个人成就、社会责任等的某种追求而产生的,即在各种创新刺激的作用下产生的。创新刺激可分为内部刺激和外部刺激两大类。内部刺激来源于创新主体内在因素变动的影响;外部刺激来源于外部各种环境因素的变动对创新主体的影响。内部刺激通常受到一定的生理、年龄等特点的约束；外部刺激则受到外部环境的制约。当内外刺激协调时就会产生共振，使创新心理需求程度加大，推动创新主体积极进行创新。创新心理需求可反复产生，按照心理学揭示的规律，需求产生动机，动机支配着人们的行动。

2）成就感。成就感是成功者获得成功时为所取得的成就而产生的一种心理满足。许多创新主体进行创新的直接动机就是追求成就感，因为他们把自己的成就看得比金钱更重要。对某些人来说，从创新工作中得到的心理满足和乐趣，超过了物质上的奖励。也正因为如此，具有成就感的创新主体更容易在艰苦的创新过程中保持顽强的进取心。

成就感通常只有成功的创新主体才会具备，因为如果创新总是不成功，那么创新主体的成就感就不会存在，且原有的一点成就感也会慢慢地消失。但创新主体追求成就仍然是维持创新行动的动机。尽管这种成功可能未必给他带来多少经济利益，却能为其带来尊重。例如，在那种自尊性很强的组织中，员工们的创新行动除了是把企业看作自己的家之外，还有就是希望创新成功能使其他人对自己刮目相看，受到他人的尊重。

3）经济性动机。在现实经济社会中，劳动依然是谋生的手段，创新主体也要先解决衣、食、住、行等基本生存问题，因此不能排除创新主体因对收入报酬的追求和需要而产生创新的行动。

创新主体在创新时的经济性动机可以分为两大类：第一类是为了提高组织的经济效益；第二类是为了增加个人利益。虽然第一类动机表面上只与组织效益有关，但组织效益良好最终还会以各种方式回报给为此做出贡献的创新主体。因此，创新主体的经济性动机是明确的。创新的成功会提高资源配置效率从而增加企业效益，且提高资源配置效率的同时也能增加自己的经济收入。

4）责任心。责任心是创新主体的另一个重要的创新动机，因为创新主体在自己的工作范围内是一个责任人，需要对其所做的工作负责。只有具备高度责任心的人才会去寻找当前工作中的缺陷和毛病，希望从中找到提高和改进的方向，进行创新，让自己的工作做得更好。责任心有两种：一是对社会的责任心，这是宏观的；二是对企业的责任心，这是微观的。这两种责任心会使创新主体在思想上产生一种使命意识，促使自己坚持不懈地努力，最终获得成功。

5）勇气。仅有创新欲望、创新意识是不够的，还要有创新的勇气。由于创新是对旧理论、旧观念的怀疑、突破，对权威的挑战。创新的结果有可能成功，也有可能失败。因此，既要敢于质疑、敢于创新，又要有充分的思想准备，勇于承担创新带来的风险。

7.3.2.3 创新人才培养的基本规律

人才成长有先天因素，也有后天的原因；有主观因素，也有客观原因。但究其本质，可以总结出一些基本规律，包括：

（1）师承效应

师承效应指在人才教育培养过程中，徒弟的德识才学得到师傅的指导、点化，从而使前者在继承与创新过程中与同行相比，能少走弯路，达到事半功倍的效果，有的还能形成"师徒型人才链"。

（2）扬长避短

人各有所长，也各有所短，这种差别是由人的天赋素质、后天实践和兴趣爱好形成的。成才者大多是选择扬其长而避其短的。

（3）最佳年龄

有学者对1500—1960年全世界1 249名杰出自然科学家和1 928项重大科学成果进行统计分析，发现自然科学发明的最佳年龄是25~45岁，峰值为37岁。

（4）马太效应

社会对已有相当声誉的科学家做出的特殊科学贡献给予的荣誉越来越多，对那些还未出名的科学家则鲜有人关注，这种现象被称为"马太效应"。我们应给那些具有发展前途的"潜人才"以大力支持。

（5）共生效应

人才的成长与涌现通常具有在某一地域、单位和群体相对集中的倾向，即在一个较小的时空内，人才不是单个出现，而是成批或成群出现的。

（6）综合效应

人才的成功与发展，离不开自身素质和社会环境这两个条件。前者决定其创造能力的大小，后者决定创造能力发挥到什么程度。

（7）队伍建设过程中的累积效应

人才资源与人口资源形成了一个金字塔，高层次人才居于塔尖，高层次人才的生成数量取决于整个人才队伍的基数。

另外，人们从事某项工作、采取某种行动的动力来自个人对行为结果和工作成效的预期判断。这也是现代管理激励理论的一个重要发现。

7.4 科技创新——布局第六次科技革命

自20世纪40年代以来，系统科学以它独特的思想、理论和方法深深地影响了现代科学技术的发展。由于系统的普遍存在性和系统思想的广泛适应性，系统科学的原理与方法已渗透到政治、军事、经济文化和教育等各个方面。今天，它为人们认识世界、改造世界提供了富有成效的、现代化的"新工具"。我国的系统工程研究可以追溯到20世纪五六十年代，在钱学森等著名科学家的倡导下，导弹的研制使用了网络技术等系统工程方法，并在20世纪70年代中后期开始大规模、有组织地研究和应用系统工程。

中国要在新一轮科技革命中抢抓机遇、赢得主动，前瞻布局是关键因素，采用系统工程学的方法论去指导、迎接新的科技革命是必由之路。

系统由两个或两个以上的元素组成，但并不是说将这些元素简单地堆聚或集合在一块，就会构成一个系统，而是这些元素之间必须存在这样或那样的关系，即元素之间必须是按一定的方式有机地结合在一起的，这时它们才可能组合成为一个系统。作为一个系统，除了上面讲述的两点外，还必须具有第三个特征——有特定的功能。换句话说，任何一个系统都具有特殊的作用，组建一个系统时，总是有其具体的目的，而不会无的放矢。

因此，第六次科技革命的系统，应当有下面三个特征：集合性——第六次科技革命系统是创新科技引领的，是由经济、政治和社会等各方面元素组合而成的；关联性——第六次科技革命的系统各元素间按一定的方式相互联系、相互制约，各元素间存在这样或那样的联系；目的性——第六次科技革命系统应具有实现社会经济发展、人类文明进步的功能和目的。

系统的结构是系统内部各要素相互作用的秩序，系统的功能则是系统对外界作用过程的秩序。归根结底，结构与功能所说明的是系统的内部作用与外部作用。系统功能揭示了系统外部作用的能力，是系统内部固有能力的外部体现。换句话说，系统的功能是由系统的内部结构决定的，即结构决定功能。

系统的整体不等于局部的总和，就像一栋房屋并不等于砖瓦、木料等部分的总和，人体并不等于手、脚、头等组织器官的总和一样。由此看来，有了组成系统整体的各部分，并不一定就有了整体。系统整体是各个要素按一定的方式构成的有机体，其要素作为整体的部分，与整体、环境以及各要素之间相互联系、相互作用，使系统整体呈现出各个组成要素所没有的新的质，具有局部所不具有的功能。因此，遵循系统的整体性原理，力求建立起"1+1>2"的良性系统结构，避免"1+1<2"的劣性系统结构，是当前深层次改革的核心。

如果把一本书一页一页拆开，然后打乱原有次序，乱七八糟地重新装订，那么尽管书的单元全部保留了，但由于书的结构被破坏了，所以其成了一堆废纸。

7.4.1 科技开放——耗散结构论

小知识

耗散结构的概念是对应平衡结构得出的。在此之前，人们认为，倘若系统原先是处在一种混乱无序的非平衡状态中，那么其是不可能在非平衡状态下呈现出一种新的稳定有序的结构的。普利高津等对此进行了20多年的研究后指出：一个远离平衡态的开放系统（不管是物理的、化学的、生物的，还是经济性的、社会性的系统），通过不断地与外界交换物质与能量，在外界条件的变化达到一定的阈（临界）值时，量变可能引起质变，系统能从原来的无序状态转变为在功能上、时间上、空间上的有序状态。当外部条件继续改变时，还会出现一系列新的结构状态。这种在远离平衡态情况下形成的新的有序结构，普利高津把它称为耗散结构。

研究耗散结构的性质以及它的形成、稳定和演变规律的科学称为"耗散结构论"。耗散结构论的建立使我们对自然和人类自身有了一个更加完整和深刻的认识：在平衡态附近，系统发展过程主要表现为趋向平衡，并伴随着无序的增加和结构的破坏；而在远离平衡的条件下，发展过程可以经过突变，导致新结构的形成和有序度的增加。普利高津因对非平衡态热力学，特别是对耗散结构论的研究获得了1977年的诺贝尔化学奖。耗散结构论是一门正在发展中的新学科，其理论体系与有关概念也在不断完善之中。现在，耗散结构论已广泛应用于物理学、化学、地质科学、生物科学、医学以及社会科学等领域，并取得了不少令人瞩目的成就。正如普利高津所说："我们正是站在一个新的综合、新的自然观念的起点上。"

系统和它的环境之间通常有物质、能量和信息的交换。一个系统要获得生存与发展就必须适应外界环境的变化。环境特点和性质的变化，往往会引起系统性质和功能的变化。因此，系统要有一种特殊的功能，来适应环境的变化，保持和恢复原有系统功能。这就是系统对环境的适应性。国家要想获得成功并不断发展，就必须时常注意外部环境（全球政治、经济、军事等）的变化，倘若不能适应这些变化，国家就可能陷入危机。系统要适应环境的变化，就必须是开放的。因为只有开放系统才能与外部环境进行物质、能量、信息的交换，进而实现与环境相互适应的目的。由此可见，开放是系统赖以生存和发展的必要条件，一个封闭系统自发运动、发展的结果只有"死亡"。今天的中国社会存在诸多矛盾。以城乡二元化系统来看，城市由于开放程度较高、交通发达、通信便利，与外界存在着大量的物质、能量、信息的交换，如农副产品、煤炭、电力、石油等源源不断地送到城市，城市通过输入原材料、输出加工产品发展经济，从而使城市得到较快的发展。偏远乡村开放程度较低、交通不便、信息不畅，大多仍处在自己生产、自己消费的自给自足的小农经济阶段，生活水平无法大幅提高。因此农村经济发展的主要途径之一是大力加速改革开放，加强与城市的物质、能量和信息的交流。无论城市还是乡村，开放程度越高，经济就越发达，人们的生活水平也就越高。更重要的是，任何一个系统，不管是生命系统、社会系统，还是自然系统、人造系统，都必须开放，物质、能量和信息的交流是维持一切系统生存发展的必要条件，一旦切断了这种交流，系统的新陈代谢、吐故纳新活动就无法维持，必然导致系统的终止。作为全球化进程的一个重要阶段，第六次科技革命是所有国家必须直面的课题，总结前几次科技革命的特点，分清楚第六次科技革命的开放规律，尤其注重遵从在科技领域的开放规律，发展壮大第六次科技革命的核心科技，是我们迎接新的技术革命的一条必由之路。

7.4.2　科技能力升级——突变理论

小知识

生命有机体的连续生长、地球绕太阳连续不断地旋转、流体（如水、油、气）的连续流动、气温的连续变化等，对这些连续不断的渐变现象，人们已经较成功地建立了各种模型并描述其发展规律。与此同时，自然界还存在着另一种大量且不连续的飞跃式的变化，如桥梁突然垮塌、水沸冰融、金属的突然断裂以及山洪、火山爆发等均属于这类变化。此外，飞机坠毁、政权变更、经济危机、战争爆发、细胞分裂、物种绝灭、工厂倒闭等都是事物的性质、状态、形态从一种形式突然跳跃到根本不同的另一种形式的不连续变化，我们将这种突然发生的变化称为"突变"，也有人称为"灾变"，意指巨大的、灾难性的突然变化。

突变理论最初是由托姆在20世纪60年代中期发展起来的一种理论。突变理论以数学理论为工具，研究自然界和社会现象中的各种形态、结构的非连续性变化。在突变理论中，把那些作为突变原因的连续变化因素称为控制变量，把那些可能出现突变的量称为状态变量。以水为例，给水连续不断地加温加压，其温度和压强都是连续变化的，但当这些连续变化的量一旦达到某一临界点，如沸点，即水在一个大气压下温度达到100℃时，便会引起不连续的突变——水突然沸腾，转变为水蒸气。在这个水的相变（指水从液态转变为气态）模型中，控制变量就是指由人们控制、掌握的两个量——温度和压强，它们始终是连续变化的；状态变量则是能表示水的不同形态特征的密度（密度高的状态对应着液态，密度低的状态对应着气态）。显然，是控制变量（温度和压强）连续不断的变化导致了状态变量（密度）的"突变"。突变理论引起了数学家、哲学家、生物学家、社会科学家以及系统科学家的广泛注意和极大兴趣，有人高度评价："突变理论是自牛顿、莱布尼兹以来，数学界的又一次最伟大的智力革命。"因为牛顿、莱布尼兹用他们的理论——微积分解释了所有连续的、渐变的现象，托姆的突变理论则解释了所有不连续的、突变的现象。

显然，第六次科技革命是一种较为典型的突变。与美国等发达国家相比，我国在关键基础材料、核心基础零件和器件、先进基础工艺及产业基础技术上存在短板，自主创新能力不足，核心技术受制于人是突出的问题。在第六次科技革命来临之际，我国的制造产业整体上还停留在工业2.0（电气自动化）和工业3.0（电子信息化）的水平上。《中国制造2025》面临的挑战是需要同时完成工业3.0和工业4.0的弯道超车。因此，提前布局，把握重点，在工业高档机床、机器人、大飞机、先进新能源与自动驾驶汽车、超级计算机和高性能诊疗设备等方面同时完成电气自动化和电子信息化的技术积累和储备是实现突变的关键。

7.4.3 科技协同——协同学

小知识

协同学是以研究完全不同的学科之间存在着的共同规律和特征为目的的一门横断学科，它以突变论、信息论、控制论等现代科学理论为依据和基础，通过运用类比的方法，针对各学科广泛存在的无序到有序的现象建立一整套处理方案和数学模型，从而将一门学科中所取得的研究成果很快地推广到其他学科的类似现象上。

协同学与耗散结构论一样，也是研究远离平衡态的开放系统在保证与外界有物质流或能量交换的条件下，能够自发地产生一定的有序结构或功能行为的一种理论。它以无序到有序的转变为主要内容，不仅包括非平衡态，也包括平衡态中的相变。协同学力图揭示各个不同学科之间存在的共同规律和共同特征，并且认为自然界中各种貌似不同的现象之间具有内在的神似的联系。因而协同学解决问题的方法与思想同目前其他解决问题的方法与思想相比较，具有更加深远的意义。

协同学的创始人是德国著名理论物理学家赫尔曼·哈肯教授。他在20世纪60年代初从事激光理论研究，曾成功地建立了整套激光理论。他在研究中发现，激光在远离平衡时所发生的从无序到有序的变化与热平衡系统中所发生的相变存在着惊人的相似，从而促使他进一步地研究了许多不同学科中存在的非平衡有序结构形成的现象，例如，在化学反应中出现的颜色由红变蓝，再由蓝变红的所谓"别洛索夫—扎玻廷斯基反应"；在生物学中，因竞争选择而造成的野兔数及其天敌山猫数变化的"时间振荡"等。结果他发现，这些结构从无序到有序的形成过程遵循着与激光的形成过程相同或相似的方程和规律。这充分说明，尽管它们的演化机制有所不同，但是它们形成的有序结构或功能的机理是相同的。这些发现奠定了哈肯等人创立协同学的基础。

协同学主要研究一类由许多子系统构成的系统——这些子系统的性质可能截然不同，如激光系统中的原子、光子，生物系统中的动物、植物，社会系统中的党派、集团，经济系统中的厂矿、乡镇等。子系统是系统的微观世界，系统则表现子系统的整体行为。协同学研究这些子系统如何协作而形成系统空间结构、时间结构，特别是研究这种有序结构是如何通过自组织的方式形成的。

协同学力图解决的一个主要问题是，是否存在着一个一般原理，它支配着所有这些彼此协同作用的系统？协同学的主要任务是寻找某种能够支配存在于各类系统中的自组织现象的一般原理，并且该一般原理与系统组成部分（要素）的性质无关。如果有这样的原理，那么就可以把已知系统的规律推广到我们尚不熟悉、尚未了解的未知系统。特别是可以把无生命世界中简单得多的系统的组织过程作为研究起点，而后将发现的基本原理用来阐明和解释极端复杂的生物现象，并最终研究解决生命物质的起源问题。

第六次科技革命是继蒸汽技术革命、电力技术革命、信息技术革命后的又一次科技革命；第六次科技革命是以互联网产业化、工业智能化、工业一体化为代表，以量子信息技术、人工智能、无人控制技术、虚拟现实技术为主的全新技术革命。它将整合生命健康、先进材料和制造、能源与资源等领域，实现科技社会的全面更新。然而，第六次科技革命的要素存在于社会总体结构中，结构的好坏决定未来工业革命整体功能的差异。如果不能协调好各要素之间的步调，那么中国就可能错失第六次科技革命的机遇，中华民族的世界地位、国家的振兴均可能受到影响。如果系统的结构良好，要素协同体现出更强的功能，就能抓住此次科技革命的契机，从而实现中华民族的伟大复兴。所以，针对国家现有系统的结构，以功能要求为核心，通过系统重构解决并确立国家系统在第六次科技革命的特定功能是协同的关键。

另外，从全球发展的角度来看，整个世界已是一个命运共同体。共同体就要共同发展、共享发展。我国如何利用先进技术帮助相关国家进行"一带一路"开发，既充分体现我国作为一个大国的开放胸襟、责任和担当，又充分地发展自己，是第六次科技革命的另一个重要方面。

思考题

1. 创新按其道路分为哪三类？
2. 中国目前在先进制造方面取得了哪些进展？
3. 教育的本质是什么？创新教育如何做？科技如何改变教育？
4. 创造力如何培养？
5. 人才成长的基本规律是什么？
6. 什么是系统？
7. 耗散结构论是什么？
8. 简述协同学的基本原理？

9. 第六次科技革命将会以什么面貌呈现?

参考文献

[1] 杨开新. 解读李克强大众创业万众创新: 少不了一个"众"字 [J]. 中国职工教育, 2015 (9): 31.

[2] 杨旸. 导航卫星电源系统智能管理系统设计与实现 [D]. 天津: 南开大学, 2015.

[3] 曹志娟. "十三五"新面貌: "中国制造"升级为"中国创造" [J]. 决策探索, 2016 (6).

[4] 卢宏明. 试论创新人才的素质特征 [J]. 科技进步与对策, 2000, 17 (10): 106 - 107.

[5] 黄海茵. 基于中部崛起的湖北科技人才开发策略研究 [D]. 武汉: 湖北大学, 2007.

[6] 单晓娅. 贵州少数民族地区人才资源开发研究 [D]. 成都: 四川大学, 2009.

[7] 单晓娅. 区域人才资源开发的规律研究 [J]. 胜利油田党校学报, 2010, 23 (3): 83 - 87.

[8] 赵学军. 河北省科技人才队伍建设研究 [D]. 天津: 天津大学, 2005.

[9] 李卓敏. 黑龙江省青年创新型科技人才队伍建设的研究 [D]. 哈尔滨: 哈尔滨工业大学, 2008.

[10] 向小伟. 企业实施管理创新研究分析 [J]. 知识经济, 2013 (7): 141.

[11] 张素珍. 企业管理创新研究 [D]. 武汉: 武汉理工大学, 2001.

[12] 许如宝. 论我国企业的管理创新 [J]. 湖南农机, 2007 (9): 94 - 95, 104.

[13] 王伦辉. 变异条件下内蒙古呼包平原地下水流场演化趋势研究 [D]. 北京: 中国地质大学 (北京), 2004.

[14] 项闯. 施工企业工程项目协同管理系统研究 [D]. 杭州: 浙江大学, 2010.

后　记

　　科技发展日新月异，科普教材总是无法跟上时代的步伐。这让我们感觉有必要编写一本超前一些的、对未来有一定指导意义的科普教育书。这就是编写《科技前沿与创新》的由来。在定下这一大方向后，具体的内容制定与安排，包括科技前沿有哪些内容、如何编写，就成为核心内容。相对来说，确定信息、能源和材料三个大的主题是比较容易的，生物主题则是在慎重考虑科技为人服务这一主题后而确定下来的。在构思这四大板块的过程中，发现科技的发展过程是必要的内容。尤其推测科技的未来是需要依据过去和现在的发展基础的。当然，考虑到对产业的指导作用，这一推测不能过于遥远，因此确定了30年左右的时间，即第六次科技革命期间。这当中的一些结论，如科技是第一生产力，是大家早已熟知的，再如创新是是引领发展的第一动力，也是全球科技发展的共识，更是我们在编写过程中一再被触动的地方。因此我们又增加了创新的内容，希望通过对科技发展的认知，着力探索科技与创新的本源，以引起大家的共鸣。另外，结合当前各国竞争力的发展情况来看，装备制造是未来发展的趋势，也是我国的核心竞争力所在，因此增加了装备制造的内容。

　　由于笔者水平有限，对科技生产力的多种要素理解不够深刻，信息、能源、材料和生物等内容难免存在不妥之处，恳请各位专家和读者不吝赐教，另外，由于经验不足和书的容量所限，有一些感觉很重要的内容未能在书中体现，个人感觉也很遗憾。除了关注内容之外，如何引起大家的兴趣？如何引发大家思考？这些一直都萦绕在心头，也是在编写完毕后另外一个感觉遗憾的地方。这只能寄希望于大家通过头脑风暴去实现了。

　　科技改变未来，创新引领发展。希望本书能对传播这一认知有所帮助。

编　者

引 言

科学普及读物是宣传文化科学知识的重要工具之一。对提高人们的文化科学水平起着十分重要的作用。对一个特定的对象——未来说，一部普及读物的质量首先决定于它的内容（科普对象），内容应该尽量广泛一些，至少要反映出该门科学的基本内容，特别是科学的新成就。其次是该书的体系和结构，结构应该简明扼要，条理清楚，循序渐进，突出主要的大的方面的内容，抓住核心。再次，就文字来说——主要是问题的叙述上来说，应该思路清晰，说理清楚，中国论述要求要正确而又通俗，这样就既能保证未来者能够顺利地阅读并掌握所要宣传的内容，同时，它也保证科学的严肃性。这一种不断积累、逐渐深化的工作是不容易的。有时是天长日久研究大家，编辑出版社的一些人力，要大家共同努力，一代一代地接下去一样，也是艰辛的。事实上，由于历史的具体条件——如编写者的文化水平的局限性、掌握文献内容的局限性、搜集资料及发表发表出来的，以及当时的科学水平、学术思想等方面的原因，使得所编出的科普书都是有所取舍的一些内容。为了扎实我们科普工作和通俗的内容。

为了提高水平，对科普作品的要求就更不应该是低的。情况、信息、插图、术语的运用以及文字的表达之效，篇一部科普读物不宜不考虑到诸一般，由于发生是如此，许多事都要以及直接地引起大家的兴趣。倘科学引了大家世界么，反不管是一直以来影响着发表。也会在成功此一个成熟的做法，所以我们想要从大家面对环境展开对发展。

作文我的作品。假如引导一般的读者接受一些普及的结果。

编者